나폴레옹의
불멸의 페이지

나폴레옹의
불멸의 페이지

옥타브 오브리 Octave Aubry 엮음
원윤수 옮김

살림

contents

프롤로그 _ 문인 작가 나폴레옹,
　　　　　역사를 상대로 웅대한 시를 쓰다 6

Ⅰ 젊은 시절 _ 평범함 보다 위대함을 택한 남자 61

Ⅱ 집정정치 시대 _ 베일을 벗는 거인의 얼굴 101

Ⅲ 제정시대 _ 스스로 황제의 관을 쓰다 129

Ⅳ 쇠퇴와 추락 _ 이름만 남기고 모든 것을 잃다 171

Ⅴ 세인트헬레나 _ 나폴레옹이 남긴 최후의 기록들 227

Ⅵ 초상과 판단 295

Ⅶ 자신에 관하여 325

Ⅷ 전쟁에 관하여 335

Ⅸ 명상과 격언 355

　역자후기 370

| 프롤로그 |

문인 작가 나폴레옹,
역사를 상대로 웅대한 시를 쓰다

　세계가 요동치는 비극적인 시대에, 토박이 프랑스인들에겐 하나의 위안이 남아있다. 그것은 과거를 생각하는 것이며, 어떠한 역경에도 상처를 받지 않는 영광 속에 우리의 영혼을 담그는 것이다. 그 영광은 우리의 뜻과 어긋나게 그리고 우리의 잘못에도 불구하고 우리 프랑스인들을 옹호해 주는 것이다. 우리는 그와 같은 비유할 수 없는 영광을 많이 갖추고 있다. 즉 생 루이[1], 잔 다르크, 앙리 4세[2], 리슐리외[3], 루이 14세[4], 프랑스 대혁명, 나폴레옹 제정(帝政). 세상의 그 어떤 나라도 이와 같은 모습들을 보여주지 못했다. 그처럼 모범적이고, 그처럼 희망에 차 있는 모습들을 말이다. 그 모습들은 우리의 정신을 일깨워 주고 있음에 틀림없고, 우리가 다시 앞으로 나가는 데 용기를 주고 있다. 왜냐하면 프랑스에는 아직도 미래가 있기 때문이다. 그것을 의

심하는 자는 살 가치가 없는 사람들이다. 그 미래는 지나간 영광의 나날들과 동등할 수 있으며 또한 동등해야만 할 것이다. 우리에게 이상을 다시 세워주는 것은 오직 우리의 의지와 인내에 달려 있을 뿐이다. 만일 우리 아이들이 영광과 희생 속에 살기를 원한다면, 프랑스는 다시 한 번 새롭고 빛나는 나날들을 맞이하게 되리라.

우리에게 더 큰 원기를 돋우어 넣어 줄 사람은 아마도 나폴레옹일 것이다. 120년 전에(이 글은 1941년에 쓴 것임 - 역자) 죽은 그는 아직도 우리의 보편적인 사고를 지배하고 있다. 그리고 여전히 근대 에너지의 교사로 머물러 있다. 세계의 주인이 된 이 작은 체구의 육군 중위는, 우리 인류가 갖고 있는 가장 남성적이고 가장 완전한 모습을 보여준다는 점에서 우리를 대표하는 것이다. 행복한 것으로 말하자면, 그는 행복했었다. 아마도 그는 ― 나는 떨면서 말하는데, 왜냐하면 그것은 하도 신비스러워 그렇다 ― 인간들 중에서 가장 행복한 사람이었기까지 하다. 그는 전적으로 자신을 완성했기 때문이다. 밭고랑에서 나온 어느 인간도 그보다 더 가까이 별들이 있는 곳까지 오른 일이 없기 때문이고, 또

---

1) 루이 9세로 1226년부터 1270년까지 프랑스 왕이었다.
2) 부르봉 왕조의 초대 왕(1553~1610).
3) 고위 성직자였으며, 정치가로 루이 13세 시기에 수상이었고 아카데미 프랑세즈를 창설했다(1585~1642).
4) 태양왕. 1615년부터 1643년까지의 프랑스 국왕. 대외에 프랑스의 위세를 떨치게 했으며, 문학과 예술의 꽃을 피게 했다.

한 노년에 도달해서 불구로 삶을 끝마치는 대신, 젊어서 비할 바 없는 불행 속에서 침몰되었기 때문이다. 그의 인생 곡선은 그처럼 완전해서, 그 곡선은 모든 지평선을 한눈에 보는 것이다. 그는 스물다섯에 유명해졌고, 마흔에 모든 것을 다 소유했고, 오십에는 이름 하나 이외엔 아무것도 가진 것이 없게 된다. 그러나 그 이름의 음절 하나하나가 사람들을 감동시키고 그 이름의 메아리는 오직 인류가 최후를 맞을 때에야 사라지리라.

나폴레옹은 훌륭한 지휘관, 심오한 입법자만이 아니었다. 그는 또한 위대한 작가였다. 나는 그 사실을 환기시키고자 이 자그마한 선집을 마련했고 그의 작품의 더미 속에서 글을 선별했다. 그 작품들이란, 서한들, 역사 연구, 이야기, 구술, 성찰의 기록, 나폴레옹이 남겨 놓은 가장 의미 깊은 페이지들이다. 작가의 문장은 뷔퐁[5]이 말했듯이 어느 개인의 전모를 말해 주는 것이라고는 할 수는 없다. 그러나 적어도 문장은 글쓴이의 가장 훌륭한 반영이라고 할 수 있으며, 특히 그가 여러 다른 환경 속에서 오랫동안, 그리고 많이 썼다면 확실히 그렇다. 글은 그의 생각과 그의 행동의 거울이다. 우리가 나폴레옹의 역사에 대해 아무것도 모른다면, 젊은 시절부터 죽을 때까지 그가 쓴 작품은 그에 대한 역사의 요약을 우리에게 주는 것이 되리라. 그 요약에서 또

---

[5] 프랑스의 박물학자 및 저술가(1707~1788).

한 나폴레옹의 위대함이 스며 나올 것이다.

물론 선정을 하면서 나는 수없이 망설였고, 여전히 미련을 갖고 있다. 선택이란 언제나 불공평한 것이다. 그러한 나의 의도는 비록 폭이 좁긴 했지만 그래도 이 모든 것이 나에겐 유익했다. 내가 책 원고들을 한장 한장 골라서 덧붙일 때마다 나는 한 병사, 한 연인, 한 정치가, 한 선생, 한 아버지, 마침내 한 프랑스인의 실루엣이 드러나는 것을 보았다. 독자들도 마찬가지로 그것을 볼 수 있기 바란다. 비록 가장 비통한 순교자로서 값을 치른 이 프랑스인의 야망은 끝없는 것이었지만, 그는 어떻든 자기 조국의 제1의 봉사자에 지나지 않았으며, 결코 그것 이외의 다른 사람이 되고자 하진 않았다.

사람들은 나폴레옹이 초등 교육만을 받은 수준의 사람이라고 흔히 생각한다. 그러나 그것은 잘못된 일이다. 그는 브리엔 사관학교에서, 이어 파리의 사관학교에서 완전한 교육을 받았다. 그 교육엔 얼마간의 결함은 있었으나 — 결함이 없는 교육이 어디 있는가?— 시대의 상이함을 참작해서 말한다면, 오늘날 생시르(프랑스 육군사관학교)에 다니는 우리 젊은이와 거의 같은 지식을 갖고 있었다. 그러나 그는 첫 주둔지 바랑스에서의 한가함,

고독과 가난함 때문에 더 많이 주어진 그 한가함 속에서, 자신이 알고 있는 지식이 대단치 않다는 것을 깨달았다. 5년 동안 그는 끊임없이 읽고, 주를 붙이고, 급히 갈겨 쓴 글씨로 그의 노트들을 가득 채웠다. 그는 자신의 교육을 처음부터 다시 했다. 비길 데 없는 그의 기억력은 모든 것을 놀랍도록 상세하게 기억했다. 그와 같은 독서열은 평생 지속되었다. 이 모든 것이 그에겐 좋은 것이 되리라. 즉 역사, 군사학, 소설, 시, 연극, 철학, 종교 연구 논문, 행정 보고서, 입법……. 튈르리 궁의 서재에서, 이동하는 동안에도, 군대에서조차, 후엔 유배지에서도 그는 늘 읽으리라. 무한한 지식이 그의 정돈되고 조직적인 머릿속에 머물게 되리라. 그리하여 나폴레옹은 자기 세기의 가장 학식이 깊은, 가장 넓은 교양을 갖춘 사람들 중의 한 사람이 되었다.

타고난 천분에 의해 일찍부터 활기를 띤 사람이라도 자신의 지적인 형성 과정에 있어 다른 사람의 깊은 영향을 받지 않은 사람이란 없다. 나폴레옹에게 가장 두드러지게 미친 영향은 알다시피 장 자크 루소의 영향이다. 사실 루소는 그의 정신적인 아버지이다. 『누벨 엘로이즈』와 당시 새로 나온 『참회록』을 쓴 낭만적이고 감상적인 루소, 그보다는 『사회계약론』과 『에밀』을 쓴 루소, 까다롭고 불행한 철학자인 루소, 그 자신이 코르시카의 친구라고 공언했고 코르시카의 솔롱[6]이 되려고 생각했던 루소 말이다.

"오! 루소! 왜 그대는 60세까지 살아야만 했소, 덕을 위해 그대는 불멸의 삶을 누렸어야 했는데!" 하고 리용 아카데미에 제출한 논문에서 그는 외쳤던 것이다.

인생의 경험은 그를 스승으로부터 벗어나게 하리라. 현실은 그가 젊었을 때 그를 매혹시켰던 그의 뇌리 속에 있는 교리들을 파괴해버리리라. 숭배하던 그 루소를 그는 저버리게 된다. 그는 루소의 이론들 속에 있는 위험한 이데올로기를 고발하게 되는 것이다. 그는 어느 날 지라르댕[7]의 귀에 이렇게 말하기에 이른다.

"이 지상의 안정을 위해, 루소도 나도 이 세상에 태어나지 말았어야 더 좋지 않았을까? 미래는 그것을 알려줄 것이다."

장 자크 루소의 사상과 유려한 문장에서 영감을 얻고 순박한 의인법으로 거의 텍스트 그대로 모방까지 하면서, 젊은이는 「코르시카의 역사」의 기초를 다지는 글을 쓴다. 그 코르시카의 역사는 프랑스인들에게 적의를 품는 것이 되리라. 무엇보다도 비록 루이 16세의 장교이긴 하지만, 자신은 여전히 코르시카인으로 머물러 있었기 때문에 그러한 것이며, 어느 날엔가 프랑스에 봉사하는 장군이 되는 것보다 아마도 한층 더, 자기의 자그마한 조국을 노예 상태에서 벗어나게 하고 새로운 파오리[8]가 되고자

---

6) 아테네의 정치가로서 민주주의 창시자.
7) 프랑스의 장군이며 행정가(1765~1827).
8) 코르시카의 독립운동가, 그는 코르시카의 독립을 기도했으나 그 뜻을 이루지 못했다(1725~1807).

하는 야망에 불탔기 때문에 그런 것이다. 그 때 그의 내면에 문인이 탄생한 것이다. 불타는 활력을 지니고 결코 무디어지지 않는 본능적인 작가가 말이다. 병사였고 군주였던 것과 마찬가지로 나폴레옹은 정치 평론가가 되리라. 그가 또 다른 영광을 쟁취하는 날엔 「모니퇴르」[9]에 보낼 익명의 기사들을 받아쓰게 하리라. 세인트헬레나 섬에선, 여러 전투 이야기와 장수들의 인물 묘사를 하는 사이에, 그는 여러 팸플릿을 간략하게 쓰게 되리라.

당연한 일이지만 그의 글 쓰는 방법은, 세월과 정황 그리고 기술된 것들의 성격과 함께 진화하였다. 그의 첫 에세이(試論)들, 특히 그의 중편 소설들은 대단히 빈약하였는데 『에섹스 백작』 『예언자의 가면』 『크리쏭과 외제니』 등이 바로 그것이다. 시대의 유행에 눈물을 흘리는 감상주의, 과장, 옛날의 추억에 얽매인 미려사구 같은 것 등을 그냥 추종하는 것이었다. 그러나 '인간들의 행복을 위해 어떤 진실들, 어떤 감정들을 가르치는 것이 가장 중요한 것인가?' 라는 주제로 리용에 제출한 그의 논문에는 번득이는 아름다움이 엿보였다. 한 포병대의 하위 장교가 집정관이 되고 황제가 되는 궤적을 보여주는 다음과 같은 한 행의 글줄이 바로 그 논문 속에서 반짝거리며 빛나는 것이다.

"천재들은 자기의 시대를 밝혀 주기 위해 불타도록 운명지어진 유성들이다." 라고.

---

9) 정부신문.

「보케르의 저녁식사」, 그것은 그가 툴롱 포위공략을 위해 떠나기 전 아비뇽에서 쓴 것인데 대화형식으로 된 팸플릿으로 그 속에 보이는 표현 형식은 긴장되고 세련되었다. 그 형식은 사상과 잘 일치된다. 그 사상은 정확하고, 강력하고, 간결하며 힘이 있는 것으로 곧장 그 목적으로 향하는 것이다. 그 목적이란 실익과 현실이다. 그리고 거의 곧바로 조제핀[10]에게 보낸 편지라든가, 이탈리아 원정군에 대한 포고문들 속에 성숙한 문인작가의 모습이 나타나고 있다. 문장의 거장들은 결코 오랫동안 자신의 참모습을 찾으려 하지 않는다. 나폴레옹의 경우도 마찬가지이다. 서른 살 이전에 그의 문체는 완성되었으며, 더 이상 높이 가지도 멀리 가지도 않으리라.

"이 문체는 외국인이라는 것을 드러내주고 있다."고 텐느[11]는 주장했다. 그는 늘 판에 박힌 식으로 판단을 하였다. 나는 선의를 갖고 많이 조사해 보았으나 그와 같은 주장을 정당화시켜주는 것은 아무것도 찾지 못했다. 때때로 나폴레옹에게서 이탈리아적인 면을 볼 수 있는데 그것은 그가 글을 쓸 때보다는 말을 할 때에 더 많이 나타난다. 게다가 그 이탈리아적인 것이 어투에선 결코 드러나는 일이 없었으며, 유독 유리된 특수한 낱말들의 경우에서 나타났다. 그것은 두 개의 언어를 아는 사람들에게 특

---

10) 나폴레옹의 첫 번째 아내로서 1809년에 이혼당했다(1763~1814).
11) 프랑스의 역사가이고 철학자이며 비평가(1828~1893).

유한 것이다. 그들은 자기네가 쓰는 통상적인 국어에서 한 낱말이 없으면 그것을 본능적으로 부속된 방언이 제공하는 낱말로 바꾸어서 자신들의 감정을 표현한다. 나폴레옹의 문장은 사상과 마찬가지로 전혀 이탈리아적인 것이 아니었다. 그 문장은 늘 프랑스적이고 단호하고 민첩한데, 우리 프랑스 사람들에게 고유한 생략된 표현과 간결함을 더불어 가지고 있다. 대단한 간결함이다. 빈약한 광채(光彩). 그의 문체는 광채를 추구하지 않는다. 그러나 일단 그의 글에 광채가 입혀지기만 하면, 그의 놀랍도록 뛰어난 필치가 분명히 드러나 반짝이는 것이다. 인상적인 문체의 뚜렷한 입체감은 바로 그 간결함 덕분이며, 그것은 회화보다는 에칭에 더 가까운 것이다. 권위, 양식, 장중함, 격조 높은 도덕적인 품위, 조국애, 영광에 대한 사랑, 그런 것들이야말로 나폴레옹 문체의 본질적인 특징들이다.

생트 뵈브[12]는 그의 통찰력과 총명함을 바탕으로 다음과 같이 지적했다. 즉 "가장 나폴레옹과 닮은 작가는 바로 파스칼[13]이다."라고. 파스칼이야말로 진짜 프랑스인인 것이다! 그 생트 뵈브의 판단은 진실로 가득 찬 경이로운 판단으로서, 다음과 같이 쓰고 있다.

---

12) 프랑스 작가이며 비평가(1804~1869).
13) 프랑스의 철학자, 수학가 그리고 물리학자로서 호교론(護敎論)을 주장한 『팡세』의 저자(1623~1662).

파스칼의 집에서 노트의 상태로 발견된, 그가 자신만을 위해 그 형태로 써 놓은, 불후의 명작 『팡세』에서의 파스칼은 바로 그 거친 갑작스러움 자체와 볼테르[14]가 비난한 바 있는 바로 그 전제적(專制的)인 악센트로 인해서, 나폴레옹의 구술문들과 편지들의 특징을 환기시켜 준다. 그 두 사람에겐 기하학적인 것이 있었다. 그들의 말은, 두 사람 모두에게 있어, 컴퍼스의 뾰족한 끝으로 새겨진 것이다. 그러나 물론 거기에 상상력 또한 결핍되어 있는 것은 아니다.

나폴레옹이 특히 닮은 두 작가, 파스칼이나 루소처럼 나폴레옹 역시 시인이다. 그러나 앞의 두 사람이 정신의 시인인데 반해, 나폴레옹은 행동의 시인이다. 그것이야말로 그의 운명을 가리키는 낱말이다. 그는 그 자신이 가진 꿈의 프리즘으로 전쟁과 정치를 윤색하였다. 그는 레드레르[15]에게 그 사실을 다음과 같이 내밀하게 고백했다. "권력, 내가 그 권력을 사랑하는 것은 예술가로서이다." 라고. 사실 인간들은 시(詩) 없이는 아무런 위대한 일을 하지 못한다. 학자들까지도 그렇다. 파스퇴르[16] 같은 사람, 베르톨레[17] 같은 사람, 브랑리[18] 같은 사람, 브로글리[19] 같은

---

14) 프랑스의 작가. 『자이르』 『캉디드』 『루이 14시대』 등의 작품을 남김(1694~1778).
15) 프랑스의 작가, 정치가(1753~1835).
16) 프랑스의 화학자, 생물학자(1822~1895).

사람, 이들 프랑스인들만을 예로 든다 해도 이들은 탐구에 앞서 일종의 미래를 예견하는 흥분 상태에서 가장 뛰어난 발견들을 달성했다. 따라서 시인이 아닌 사람, 꿈에의 취향을 지니지 못한 사람, 오직 그것만이 통찰력과 넓이를 허용해 주는 높은 품격과 고귀한 정신적 센스를 못 가진 사람, 그런 정치가는 진실한 정치가가 아니고 나약한 정객일 뿐이다.

나폴레옹은 시인이다. 상상력이 전진을 하고 그 상상력이 그의 모든 실제적인 계획들을 지배했다는 점에서, 그의 감수성은 늘 예민하게 떨리고 있다는 점에서 시인이다. 요컨대 이 비범한 현실주의자는 끊임없이 비유와 정경 묘사, 그림 같은 생생한 필치와 자연스런 기교로 자신의 마음을 털어놓는데 성공을 거두고 있다는 점에서 더욱 그렇다.

게다가 그는 시인들의 작품을 많이 읽었다. 호메로스에겐 뒤늦게 다가갔다. 처음엔 호메로스를 높이 평가하지 않았으나 세인트헬레나에 가서 그 시인에 대하여 찬양하지 않을 수 없게 되었다. 그는 늘 단테를 공경했으며, 그의 작품 전 페이지를 알고 있었다. 그는 맥퍼슨이 아주 교묘하게 만들어 낸 가짜 시인 오시앙[20]을 한층 더 좋아했는지 모른다. 그는 평생 동안 그의 시를 읽

---

17) 프랑스의 화학자(1827~1907).
18) 프랑스 물리학자(1844~1940).
19) 프랑스 물리학자(1892~1987).
20) 3세기 스코틀랜드의 영웅이며, 음유시인.

▶ 나폴레옹의 얼굴이 새겨진 주화.

었고, 그의 시를 꽤 자주 인용하여 편지에서조차 옮기게 된다. 그러나 오시앙이, 숭고한 것을 때로는 웃음거리로까지 이르게 하는 저 분명치 않은 문체의 장중함을 갖고서 나폴레옹에게 감명을 준 것은 아니다. 나폴레옹의 문체는 명료했다. 그의 거창한 문체는 결코 과장이 아니라 사건의 상황에서 비롯된 것이다.

그러나 그는 코르네유[21]에게서 더 많이 덕을 보고 있는데,

그것은 형식의 견지에서뿐만 아니라 정신적인 견지에서 그러하다. 중학생 때부터 그는 비극을 좋아했다. 그것은 그 시대의 경향이었고, 그 세기의 끝까지 지속된 경향이었다. 프랑스 대혁명은 사람들의 넋을 영웅적 행위로 돌리게 하였다. 1789년 이래로 수많은 비극이 상연되었다. 그리고 또 비극은 그가 받은 근엄하고 엄격한 교육에 부응하는 것이었다. 알렉상드랭[22]의 운율처럼 엄격한 규칙은 그의 질서와 균형에 대한 욕구를 만족시켜 주었을 것임에 틀림없다. 그 비극과 서로 마음이 맞아, 그의 서사시적인 영웅적 행위는 비극이 되는 것이다.

그는 비극 위에다 도덕적 그리고 사회적 교육의 역할을 부여한다. "비극은 역사보다 한층 더 높은 곳에 위치시켜야 한다. 비극을 고무하고 전파시키는 것은 군주들의 의무이다. 비극은 마음을 고양시킨다. 비극은 영웅들을 만들어 낼 수 있으며 또한 만들어 낼 것임에 틀림없다."고 그는 어느 날 저녁 생클루에서 말한다. 그리고 그는 바로 그날 다음과 같은 결론을 내린다.

만일 코르네유가 살아있다면, 나는 그를 제후로 삼을 텐데.

그는 라신[23]을 낮게 평가하였다. 나폴레옹은 그의 작품이 지

---

21) 프랑스의 극작가. 「르시드」의 저자(1606~1684).
22) 12철 운율을 지닌 시구.

나치게 애절하고 지나치게 여성적이라고 생각한 것이다. 라신의 작품에서 「이피제니」 이외에는 그의 마음에 드는 것이 없었다. 그는 "이 희곡은 진행되는 동안 그리스의 시적 분위기를 맛보게 한다."고 말했다. 라신보다는 「오이디푸스」와 「자이르」를 쓴 볼테르를 좋아했다. 알다시피 그가 늘 훌륭한 감식안을 보여줬던 것은 아니다. 그렇지만 그는 볼테르의 결점들을 잘 보고 있었다. 그는 "작가는 인간 정신을 충분하게 파헤치지 못하고 있다. 그 작품에 나오는 마호메트는 예언자도 아니며, 아랍인도 아니다. 그는 파리 이·공과 대학에서 교육을 받은 것처럼 보이는 협잡꾼이다. 그 까닭은 그 모하메드가 자신의 권력 수단을 증명하는 방법은 바로 내가 이 시대에서 그렇게 했을 법한 방법과 같기 때문이다. 아들이 아버지를 죽이는 것은 무익한 범죄이다. 위대한 사람들은 필요 없는 잔혹한 짓은 결코 하지 않는다."라고 말했다.

나폴레옹은 자기 시대의 시인들을 보잘것없다고 생각했는데 그 시인들이란, 드릴, 될시, 네포뮈센느 르메르시에, 레누아르, 뤼스 드 랑시발 같은 살롱의 작가들, 흐리멍텅한 서정시인들, 생기 없고 과장을 좋아하는 번역가들과 같은 사람들이었다. 집정 정치시대와 제정시대엔 최고의 시인이며 위대한 작가는

---

23) 프랑스 극작가로 프랑스 고전주의 문학의 대가(1639~1699)이다. 대표작으로 「앙드로마크」가 있다.

샤토브리앙[24] 하나밖에 없었다. 그들 간에 정치적 견해 차이가 없었다면, 『기독교의 정수』의 출판을 위해 강력하게 샤토브리앙을 도운 바 있는 나폴레옹은 아마도 샤토브리앙 역시 제후로 삼았을 것이다.

나폴레옹에게 있는 시인으로서의 재능은 이탈리아에서 자기 아내에게 부친 놀랄 만한 편지들에서만 잘 드러날 뿐이다. 매일 밤 그의 침대 시트가 바뀌는 일상에서가 아닌, 군기가 바뀌는 저 전쟁 중에 너무나 사랑했던 아내에게(비록 그러한 사랑을 받을 자격이 없는 아내지만) 썼던 편지에서 말이다.

그것은 근심, 걱정, 희망 그리고 사랑 등이 넘쳐 흐르는 진짜 시인 것이다.

> 너를 사랑하지 않고 단 하루도 보낸 적이 없어. 너를 내 두 팔로 포옹하지 않고는 하룻밤도 보낸 적이 없어. (……) 한창 일하는 중에서도, 부대의 선두에서도, 전선을 두루 돌아다니면서도 내 마음엔 열렬히 사랑하는 조제핀만이 있어. 너는 내 정신을 점유하고, 내 생각을 빼앗고 있어. 내가 론 강 급류와 같은 빠른 속도로 너에게

24) 프랑스의 작가(1768-1848). 『기독교의 정수』의 저자.

서 멀어져 가는 것, 그것은 너를 더욱 빨리 다시 만나기 위해 그러는 것이지. (……) 나의 넋은 슬픔에 잠겨 있고 내 마음은 노예가 되어 있으며, 내 상상력은 나를 겁나게 하고 있어. (……) 너는 전처럼 사랑해 주질 않으니, 마음이 가라앉혀져 편안할거야. 어느 날인가, 네가 나를 더 이상 사랑하지 않게 될 터인데, 그때엔 그것을 나에게 말해주도록. 나는 적어도 그러한 불행을 당해 마땅하다는 것을 알게 될거야. (……) 만일 내 마음이 너무 치사해서 그래도 너를 사랑한다면, 나는 그 마음을 이빨로 다져버릴거야……. 조제핀! 조제핀! 내가 몇 번인가 너에게 한 다음과 같은 말을 기억해 봐. 자연은 나를 강인하고 결연한 정신의 소유자로 만들어내고 너는 레이스와 얇은 천으로 만들었다고. 너는 나를 사랑하지 않게 되었는지?

그 뒤 그는 얼마 지나지 않아서, 다음과 같은 놀라운 글을 쓰고 있다.

미래란 무엇이지? 과거란 무엇이지? 어떤 마술적인 신통력이 우리를 에워싸고, 무엇보다도 먼저 우리가 알아야 할 필요가 있는 것들을 감추는지? 우리는 신비로운 것 한가운데를 지나가고, 살아가고 있으며, 죽어가는 거지.

그날 그는 텐트 안의 누추한 테이블에 팔꿈치를 괴고 앉아 꿈을 꾼다. 예전에 파리의 지붕 밑 다락방에서 자기 형 조제프에게 다음과 같은 초연함과 멜랑꼴리로 가득 찬 몇 글자를 썼던 무명의 젊은 장교로 돌아간 양.

> 인생이란 흩어져버리는 하나의 가벼운 꿈이다.

그는 자기 친구로서 전투 중에 사망한 지불 명령관 쇼베에 대해 다음과 같이 말한다.

"그의 마지막 말은 나와 만나기 위해 떠난다는 것이었어. 암 그렇고 말고. 그의 망령이 보여. 그는 싸움터에서 떠돌고 있어. 그는 대기 속에서 획획 소리를 내고 있어. 그의 넋은 구름 속에 있으며, 그는 내 운명을 유리하게 해 줄 것이야."

시인으로서의 나폴레옹은 그가 낸 포고령들 속에서도 또한 시인이었다. 그러나 거기엔 하나의 다른 음(音), 해방자이고 싶어 한 정복자의 자부심이 울려 나타나는 것이다. 오스텔리츠의 포고문은 그 군사적 서정시의 절정을 다음과 같이 나타내고 있다.

> 병사들이여, 나는 그대들에게 만족하고 있다. 그대들은, 오스텔리츠의 전투에서, 내가 그대들의 용맹성에 기대했던 것이 옳았음을 증명해 주었다. 그대들은 그대들의 수리표 군기를 불멸의 영광으

로 장식해 주었다……. 그대들의 칼날을 벗어난 자들은 호수에 빠져 죽었다. 러시아 황제 근위대의 깃발인 마흔 개의 군기, 백이십 문의 대포, 스무 명의 장군, 삼만 명 이상의 포로들, 그것들은 영원히 기릴 그날의 전과인 것이다.

병사들이여, 우리 조국의 행복과 번영을 굳건히 하는 데에 필요한 모든 것이 이루어지고먼, 나는 그대들을 프랑스로 다시 데려갈 것이다. 그 곳에서 그대들은 나의 가장 다정스런 배려의 대상이 될 것이다. 내 백성들은 그대들을 즐겁게 다시 볼 것이고, 그대들은 다음과 같은 말만 하면 충분할 것이다. "나는 오스텔리츠 전투에 참가했었어요." 그러면 사람들은 이렇게 답할 것이다. "아, 용사로군!"

그 포고령들은 아주 독창적인 것이다. 나폴레옹 이전에는 그와 같은 것이 전혀 없었고, 그 뒤에도 그것들과 흡사한 것이 결코 없었다. 나폴레옹은 그 포고문을 통해 아무도 그를 따를 수 없는 하나의 장르를 고안해 낸 것이다. 거기에는 카이사르의 '제왕적인 간략함'이 보이지 않는다. 그 포고문들은 권위와 간결함을 지니고 있으나, 그 이상의 것 또한 담겨 있다. 즉 아주 독특한 사상의 떨림, 깊은 인간성, 그를 자기 병사들과 일치시켜 주는 정신적인 연대감의 나무랄 데 없는 의식(意識) 같은 것을 갖고 있는 것이다. 카이사르는 또한 그와 같은 마음의 비약, 그와 같은 숨가쁨을 갖지 못하였다. 특히 그는 그와 같은 서사시적인 숨결을 갖지 못하였는데, 그 서사시적인 숨결은 나폴레옹의 포고에 나타나기 이전에, 먼저 그의 수리 군기들의 날개 밑을 지나온 것이었다.

포고령은 전투를 개시하고, 공보(公報)는 그 전투를 마감하는 것이다. 그 공보들은 그가 치른 전투의 직접적인 메아리 같은 것이다. 수많은 세월이 지난 후에 아직도 울리는 북소리, 대포 소리, 진군하는 종대의 리듬에 맞춘 행진 소리들이 그 공보에서 들려오는 것이다. 거기에는 먼지, 탄약, 땀, 피가 느껴진다. 거기에선 영광이 느껴진다. 사실 위급한 시기, 특히 아일라우우 전투[25] 이전의 1807년의 공보, 에쓰링 전투[26] 이후의 1809년의 공보, 1812년 러시아 전쟁 동안의 공보 같은 것들은 과감하게 진실을 위장한다. 그러나 거짓말을 하면서도, 그 공보들은 진짜다운 톤을 간직한다. 그 공보들은 비록 단호하고 대담하게 패배를 숨기더라도, 성공을 과장하는 일은 드물었다. 나폴레옹은 결코 공보에서 무익한 것을 위해 자신을 희생하지 않으며 단지 본질적인 것만 말하는 것이다. 그는 자신이 기하학자라는 것을 잊지 않고 있다. 전투 사령관으로서의 그 장점들이 거기에 반영되어 있다. 즉 폭넓은 사고방식, 날카로운 통찰력, 신속한 실천력 같은 것 말이다. 그의 언어는 가라앉고 울리며 맑은 소재로 된 것이다.

---

25) 러시아 영토, 어디가 이겼는지는 알 수 없다.
26) 나폴레옹이 오스트리아 대공과 싸워 이긴 전투.

▶ 프랑수아-조제프 산드만, 〈세인트헬레나 섬의 나폴레옹〉, 1820~25년.

즉 하나의 훌륭한 프랑스어이다. 그렇다, 생트 뵈브가 그를 파스칼에 비유한 것은 옳은 일이다. 그 두 사람은 꾸밈없고 고귀하며 눈부신, 똑같은 웅변적 표현력을 갖고 있다. 그들은 갑작스럽게 비상하는가 하면 뜻밖의 전략을 한다. 다만 파스칼에게는 모든 것이 정신적인 것과 관계되어 있고, 나폴레옹에게는 모든 것이 현실적인 것과 관계되어 있다는 것이 다를 뿐이다. 그들의 영역은 서로 통하지 않는 것이다.

황제의 군사상의 편지들, 그것들 또한 모든 것을 휩쓸고 가는 하나의 움직임을 간직하고 있다. 그가 오즈로[27]에게 1814년 2월 21일 프랑스에서의 전투 중에 쓴 편지가 있다. 그 전투에서 그는 한 움큼밖에 안 되는 소수의 병사를 가지고, 파도처럼 밀려오는 무한한 유럽의 군대들을 차례차례 저지시켰는데, 전투 중에 쓴 그 편지는 영구히 다시 읽을 가치가 있을 것이다. 나폴레옹은 옛 전우에게 보내는 편지에서 일종의 대화를 즉석에서 만들어 내고 있다. 그 전우는 적을 향해 전진을 해야만 하는 터에, 주저하고 트집을 잡고 있었던 것이다.

---

27) 프랑스의 원수로서 제국의 모든 전투에 참전했음(1757~1816).

육군 대신은 당신이 16일 그에게 써 보낸 편지를 내 눈앞에 내놓았소. 그 편지는 나를 몹시 마음 아프게 했소. 뭐라고? 스페인에서 온 첫 부대들을 맞이한 지 여섯 시간이 되었는데, 당신은 아직 전투 중이 아니라니! 여섯 시간의 휴식은 그들에게 충분했소. 나는 낭지스의 전투에서 스페인에서 오는 용기병 여단과 함께 승리를 얻었는데, 그들은 아직 고삐도 풀지 못하고 쉬지도 못한 터였다오. 님므의 6개 대대는, 군복도 없고 장비도 없으며 훈련도 받지 않았다고 얘기하는 겐가? 당신은 참 구차스런 변명을 대고 있소, 오즈로! 나는 탄약 주머니도 없고 옷도 겨우 간신히 입은 신병들로 구성된 대대를 갖고 80,000명의 적을 때려 부수었어. 당신은 국민 군병들[28]이 딱하다고 말하고 있어. 나는 여기에 앙제와 브르타뉴에서 온 4,000명의 국민 군병들을 데리고 있는데 그들은 둥근 모자를 쓰고 있으며 탄약 주머니도 없다오. 그러나 훌륭한 총들을 갖고 있어. 그래서 나는 그들을 잘 활용하고 있다오. 돈이 없다고, 당신 계속해서 말하고 있어. 그래, 당신은 어디에서 끌어내길 바라고 있소? 적의 수중에서 우리의 수입을 빼앗았을 때에나 오직 당신은 그 돈을 가질 수 있을 것이오. 말을 수레에 연결시키는 장비 등이 부족하다고 하는데, 사방에서 그것을 징발하시오. 당신은 병기고가 없다고 하는데 그것은 아주 우스꽝스러운 말이오! 명령하건데, 이 편지를 받은 뒤 열두 시간 안에 출발하여 전투

---

[28] 1789년부터 1871년까지 있던 국민군.

에 임하시오. 그대가 여전히 변함없는 게스티그리온느[29]의 오즈로 장군이라면 사령관의 지휘권을 간직하시오. 만일 육십 세의 당신 나이의 무게를 견딜 수 없으면, 그 사령관의 자리를 떠나시오. 그리고 당신 밑의 장군들 중에서 제일 연장자에게 그것을 넘기시오. 조국은 위협을 받고 있으며 위험에 처해 있소. 조국은 대담함과 열의에 의해서만 오직 구출될 수 있으며, 헛된 대기 상태로 구출되진 않소. 당신에겐 틀림없이 정예군 6,000명 이상의 핵심 병사가 있을 것이오. 나는 그만큼의 병사들을 갖고 있지 않지만, 3개 군단을 격파하고 40,000명의 포로를 잡고 200문의 대포를 노획했으며 세 번이나 수도를 구해냈소. 적은 트루아에서 사방팔방으로 도주를 했소. 적탄 앞에 서시오. 최근에 하던 행동은 더이상 하지 말고, 장화를 다시 신고 1793년의 결심을 다시 새롭게 해야만 하오. 프랑스인들이 당신 군모의 깃털을 전초에서 보게 되고, 당신이 적의 총탄이 날아오는 속에 선두에 선 것을 보게 되면, 당신은 프랑스인들을 당신이 원하는 대로 움직일 수 있을 것이오.

'총탄이 날아오는 속에 선두에 서시오!' 그는, 나폴레옹은 적의 총탄이 날아오는 속에 선두에 섰었다. '93년처럼 장화를 다시 신어야만 하고 결심을 새롭게 해야만 하오.' 그는 그렇게 하였다. 그는 지쳐버린 프랑스 안에서 단호한 마음과 명석한 정신을 간직

| 29) 이탈리아 지방으로 1796년 오즈로 장군이 오스트리아군을 쳐부수고 승리를 거둔 곳.

한 유일한 사람이었다. 그가 항복한 날 저녁, 파리에서 16킬로미터 떨어진 지점에 이르렀을 때, 그는 여전히 그 파리로 달려가서 파리 성벽 아래에서 싸우고자 한다. 그 마지막 날들에 그가 갖고 있는 에너지의 절정이 나타난 것이다. 다른 사람들이 절망할 때, 그는 악착같이 희망을 갖는 것이다. 그는 자기 휘하의 원수(元帥)들이 일으킨 반란 앞에서만 오직 전의를 상실했을 따름이다.

 나폴레옹은 국무(國務)에 관한 편지를 쓰기 위해 ― 우리는 그와 같은 편지를 놀랄 만큼 많이 갖고 있는데 ― 문자 그대로 제왕다운 문체를 사용하였다. 바로 그러한 이유 때문에 그는 루이 14세[30]와 그 말투가 서로 비슷한 것처럼 보이기도 하는데, 나폴레옹의 말투는 더 활기가 있으며 부자연스러운 뻣뻣함은 덜하다. 그에게 있어서는 공익이 모든 것에 앞서기 때문에, 큰일에서나 작은 일에서나 그 공익을 헤아려 보는 것이다. 전쟁터에서조차도 제국(帝國)의 모든 행정은 그의 감시 아래 이루어졌다. 헌데 제국은 백삼십 개 지방으로 이루어져서 함부르크에서 로마까지 펼쳐져 있었던 것이다!

---

30) 프랑스의 국왕(1615~1643)으로 적극적인 대외 정책을 통해 프랑스를 국외에 크게 선양했고, 문학과 예술을 꽃피게 하였다.

전투가 확대되고 있는 폴란드에서, 그는 샹파니에게 '문학을 뒷받침해 장려할 수 있는 방법을 찾아내도록' 명령하고 증권거래소를 세우라고 결정한다. 그리고 그는 캉바세레스에게 오데옹 극장의 문을 열라고 명령한다. 아일라우우 전투 후에, 그는 리용의 공장들과 오페라 극장의 무대 설치 기계 도구들에 몰두한다. 모스크바에서 그는 코메디 프랑세즈[31]를 재조직할 것을 지시한다. 그의 생각은 가능한 한 가지 일에 집중되어 있다. 그는 명령과 그 명령을 집행할 수 있는 방법들을 동시에 준다. 그는 자신이 다루는 대상을 단순화한다. 그러나 중요한 세부사항은 결코 누락되는 일이 없도록 한다. 그 편지 속에서 나폴레옹 제국의 모든 정치가 다 드러난다. 그것은 사실 전제군주의 정치이다. 그러나 그것을 하기 위한 무한한 노고, 용기 그리고 그 정치가 내포하고 있는 의무감 같은 것은 그를 존경하지 않을 수 없게 한다. 그 정치는 결정하기 전에 자기 자신이 모든 것을 살필 것을 요구하는 정치이고, 명령을 내리고 난 다음 자신의 눈으로 모든 것을 통제하는 정치이다.

그 사무적인 편지들의 표현 속에 얼마간의 자연적인 것이 있기는 하지만, 그 편지들은 고심하여 쓰여진 것이다. 나폴레옹 자신이 그것을 레드레르에게 다음과 같이 알려주었다.

| 31) 1689년에 파리에 세워진 극장.

▶ 폴 들라로셰, 〈생-베르나르 고갯길을 지나는 보나파르트〉, 1848년.

나로 말하면, 나는 늘 일을 하고 있으며, 심사숙고를 많이 하오. 모든 것에 대응하고 모든 것을 감당할 채비를 내가 늘 갖추고 있는 것처럼 보이는데, 그것은 무슨 일이건 꾀하기 전에 오랫동안 심사숙고하여 일어날 수 있는 일을 예견하였기 때문이오. 다른 사람들은 예상치 못했던 상황 속에서 내가 말해야만 될 것과 행해야만 될 것을 알 수 있는 것은 내가 천재이기 때문이 아니오. 내게 그것을 알려주는 것은 바로 성찰이고, 심사숙고인 것이오. 나는 늘 일을 하고 있다오. 저녁을 먹으면서 또는 극장에서도. 밤에는 일을 하기 위해 눈을 뜬다오. 지난밤에 나는 새벽 두 시에 일어났소. 불 앞에서 야전용 침대 의자에 앉아서 어제 저녁에 육군 대신이 나에게 제출한 우리가 처해 있는 상황들에 대한 보고를 점검하였소. 나는 거기에서 스무 개의 잘못을 지적했고 그것에 대한 각서를 오늘 아침 대신에게 보냈는데, 그는 지금 자기 참모들과 그것을 바로잡느라 바쁘게 일하고 있소.

전설에도 불구하고, 나폴레옹은 자기 손으로 간결하고 강렬한 초고를 많이 썼다. 급히 갈겨 쓴 글씨체여서 거의 읽을 수 없는 초고였다. 자기 예하 대신들의 보고서에 붙인 많은 각서들, 개인적인 편지들은 그가 펜으로 직접 쓴 것인데, 그 시기는 집정

정치 시대뿐만 아니라 제정이 끝날 때까지에 이른다. 그렇지만 그는 구술을 훨씬 더 많이 했다. 그에게는 세 사람의 중요한 비서가 있었다. 우선 브리엔 사관학교의 옛 동급생인 부우리엔이 있다. 그는 하도 독직과 횡령이 심해서 나폴레옹이 멀리하지 않으면 안 되었던 인물이다. 두 번째 인물인 메네발은 아주 청렴하고 충성스러웠다. 그리고 마지막 인물인 펭이 있다. 나폴레옹은 또한 자주 그의 손이 미치는 곳에 있는 대신, 국무원 참사, 부관 같은 사람에게 구술을 했다. 이리저리 걸으면서 처음엔 느리게 가다가 곧 빨라지는 걸음걸이로, 때때로 군복 소매의 휘장을 잡아 다니면서 자신의 생각을 강조하였는데, 취미로라기보다는 괴벽으로 코담배를 맡으면서, 한 번 한 것은 되풀이하지 않고, 고치지도 않으며, 극도로 빠르게 구술을 하였다. 어휘는 늘 적합하고 쉬운 것들이었다. 메네발 ― 왜 그러냐 하면, 그가 가장 훌륭하게 그리고 가장 오랫동안 나폴레옹을 섬겼기 때문이다 ― 은, 작은 책상 위에서, 창가의 공간 같은 곳에서 재빨리 받아썼다. 그는 단축된 약어, 주요한 문구, 의미 있는 단어들로 이루어진 특이한 속기술과 훌륭한 기억력 덕분에, 그리고 나폴레옹에 대한 완전한 이해력 덕분에, 그 뒤 이어서 받아 쓴 것을 갖고 텍스트 전체를 복원할 수 있었던 것이다. 꼼꼼하고 경계심이 많은 나폴레옹은 자신의 모든 편지를 다시 본다. 그리고 자주 그것들을 고친다. 서로 다른 여러 생각들을 함께 담고 있는 머리이며,

층층이 쌓여있는 것을 동시에 생각하는 기적 같은 사고를 지닌 그는 같은 시간에 아주 다양한 문제들을 다룬다. 즉 외교, 해운, 상업, 재정 같은 것을 말이다……

그의 꼼꼼함, 모든 것을 자상하게 다 예견코자 하는 그 마음 씀은 도를 지나칠 정도이다. 퐁텐블로에 사관학교를 설립코자 하는 그는 샵탈[32]에게 517개 조항으로 된 완전한 계획을 한순간도 쉬지 않고 구술한다. 조제핀이 온천 치료를 하기 위해 엑스에 가야할 때, 바로 그 샵탈에게 다음과 같이 말한다.

"황후는 내일 떠나오. 그녀는 선량하고 유혹에 빠지기 쉬운 여인이라 그녀에게 행동 지침을 제시해 줘야만 하오. 받아쓰시오……."

그리고 그는 대형 지면의 이십일 페이지에 해당하는 구술을 한다.

"여기에는 모든 것이 예견되어 있소. 그녀가 여정에서 만날 당국자들에게 할 것임에 틀림없는 질문과 질의응답까지."

메네발은, 예전에 부우리엔이 그랬듯이, 아니 그보다 한층 더 끔찍한 생활을 했다. 끊임없는 구술을 한 후 황제가 집무실

---

32) 프랑스의 화학자이며 정치가로 나폴레옹 밑에서 장관을 했음(1756~1832).

을 떠났을 때, 그는 자기 집에 돌아가 식구들을 보거나 옷을 바꿔 입을 틈도 없이 그 구술을 정리하느라 책상 위에 몸을 구부린 채 이틀 동안이나 지내는 일이 생기는 것이다. 때때로 메네발을 대신하는 부관들 또한 기진맥진하였다. "우리가 하고 있는 직무를 견뎌내기 위해선 강철과 같은 힘이 있어야만 한다."라고 라프[33]는 말했다. 나폴레옹은 엄격하였고, 자신의 협력자들에 대해서 요구가 많은 꽤 까다로운 사람이었다. 그는 자신이 그렇게 할 권리가 있다고 생각했다. 그는 자신이 그들보다도 더 많은 일을 하기 때문에 그렇다고 생각했다. 전투 중에 그는 조제핀에게 다음과 같이 쓰고 있다.

> 나는 인간들 중에 가장 최대의 노예야. 나의 주인은 매정해. 그 주인은 바로 사물의 본성이지.

그의 보좌관들 또한 그와 마찬가지로, 그것 때문에 죽을 각오를 하고 공공 이익을 위해 모든 것을 희생해야 했던 것이다.

---

33) 프랑스의 장군(1772~1821).

나폴레옹은 젊은 시절부터 근대 세계에 있어서의 신문의 중요성을 이해하였다. 프랑스 대혁명은 신문 없이는 결코 이루어지지 못했을 것이다. 모든 정치적 운명은 여론의 지지가 필요했다. 그래서 그는 기자가 된 것이다. 그는 자기 시대의 일류 기자들 중의 한 사람이다. 그리고 그의 인생 곡선의 정점에서조차도 신문사의 주간(主幹)이었다.

그는 그의 첫 기사를 1797년 3월 6일 망투[34]의 사령부에 보내어 집정 내각의 관보인 「레닥퇴르」에 실리게 하였다. 그는 거기에서 좌파와 우파의 극단주의자들에 대해서 항의하고 있다. 그것은 아주 졸렬한 기사로서 군말이 많고 내용이 없는 것이다. 그러나 그는 이내 훌륭한 기사들을 보내게 되었다.

그는 주의 깊게 프랑스와 외국의 신문들을 읽는다. 그는 자주 그 신문들에 대하여 역정을 부렸고 경멸하는 필체로 5집정관 정부에 보내는 각서 속에서 답을 한다. 그 어조에서 이미 대단한 교만함이 보인다!

무식하고 말 많은 변호사들이 클리시 클럽[35]에서 왜 우리가 베니

---
34) 이탈리아의 도시로 삼면이 호수로 둘러싸인 곳으로 1797년 나폴레옹이 점령했다.
35) 1795~1797년에 이르러 클리시(Clichy)에서 모임을 가졌던 왕당파 모임.

스의 영토를 점령하고 있는가를 묻고 있다. 말 잘하는 웅변가들이여, 지리 공부들을 좀 하시오. 그러면 우리가 그곳에서 2년 전부터 싸우고 있는 아디제, 라 브랑타, 르 타그리아멘토 강변 등이 베니스의 영토들이라는 것을 알게 될 겁니다. 아! 물론 우리는 당신네들의 의도를 알고 있습니다! 당신네는 이탈리아 원정군이 모든 장애를 극복하고 이탈리아를 가로지른 것에 대해, 알프스를 두 번이나 넘은 것에 대해 그리고 비엔나에 달려들어서 당신들, 클리시의 여러분이 파괴하려고 하는 그 공화국(나폴레옹이 1797년에 북 이탈리아에 세운 공화국)을 비엔나 정부가 승인하지 않을 수 없게 한 것에 대하여 이탈리아 원정군을 나무라고 있습니다. 당신네는 보나파르트가 화해를 하도록 해 놓았다고 보나파르트를 비난하고 있다는 것을 나는 잘 알고 있습니다.

그러나 나는 당신들에게 팔 만 명의 병사의 이름을 걸고 예언하는데, 비겁한 변호사와 비루한 수다쟁이들이 병사들을 기요틴으로 처형케 했던 시대는 지났습니다. 게다가 당신네가 그렇게 하도록 한다면, 이탈리아 원정군의 병사들은 클리시 법정에 자기네 장군과 함께 올 것입니다. 하지만 그리되면, 당신들에겐 불행이 닥칠 것입니다!

보나파르트는 그 전투 중에 신문을 하나 만드는데, 「이탈리아 원정군 신문」이 그것이다. 그는 거기에다 자신의 여러 선언을 게재하고, 파리의 '미치광이 같은 과격파 분자들'에 대항해서 싸우는 것이다.

이집트에서 그는 「이집트 신문」이라는 군사 신문인 동시에 홍보지 성격의 신문을 만들어 자기 주장을 폈다. 그리고 자신이 직접 글을 쓰지 않을 때엔, 정치 기사의 지침을 내리곤 했다.

집정정치 기간 동안 그는 신문의 숫자를 열셋으로 줄이고 그 신문들을 엄밀하게 규제한다. 그렇기는 하지만 그에게는 자신의 신문이 있어야만 한다고 생각했다. 그는 「모니퇴르」지의 진영을 바꾸고 자신이 편집국장이 된다. 그는 기사를 고르고 지출에 신경을 쓰고 부수와 보급에 관심을 갖는다. 그는 그 신문을 대외선전의 도구로 삼는다. "나폴레옹은 적들과 전쟁을 하기 위해 자신이 신문들을 사용했다. 특히 영국인들에게 그렇게 했다. 그는 직접 자기 자신이 모든 짧은 기사들을 써서 「모니퇴르」지에 게재함으로써 영국 신문이 내놓은 비방과 주장에 대하여 회답하였다."고 샵탈은 자신의 '회상기'에 적고 있다.

나폴레옹은 또한 그 「모니퇴르」를 자신의 홍보 수단으로 이용한다. 그는 그 사실을 숨기지 않는다. "군주는 언제라도 광고를 자신을 위해 몰수할 줄 알고 있다."라고 그는 말했다.

아미엥 조약 체결 전에, 보나파르트는 치밀한 논법으로 된 논설로써 평화를 갖게 되는 것이 얼마나 유익한 것인가를 영국에 납득시키려고 노력한다.

▶ "원한다면 그대들의 황제를 죽여라!" 장-피에르-마리 자즈, 〈엘바 섬에서의 귀환하는 나폴레옹〉, 1827. 엘바섬에 유배된 나폴레옹은 유배 1년만인 1815년 섬을 탈출하여 쥐잉 만에 도착한다. 그가 모인 병사들 앞을 지나가며 "원한다면 그대들의 황제를 죽여라!"고 외치자, 병사들은 환호하며 황제의 귀환을 기뻐했다.

전쟁을 계속해서 무슨 소용이 있는가? 왜 두 위대한 백성들의 운명을 이처럼 위태롭게 하는가? …… 그 국민들의 번영이 최고 지점에 도달하여 얻게 될 너무나도 많은 유리함을 운명의 변덕이나 부침에 노출시키지 않는 현명한 정부들을 갖게 된다면, 그 국민들은 얼마나 행복할 것인가!

평화, 그에게는 평화가 필요한 것이다. 그는 프랑스의 재조직과 쇄신이라는 과업을 완성시키기 위해 평화를 바라는 것이다. 그런데 런던의 신문들은 빈정거림으로 그것에 응답한다. 보나파르트는 러시아 황제의 암살을 계기로 다음과 같이 날카롭게 논쟁을 북돋는다.

폴 1세는 3월 24일과 25일의 밤 사이에 죽었다. 영국 함대가 31일에 선드 해협[36]을 통과했다. 역사는 그 두 사건 사이에 존재할 수 있는 관계에 대하여 우리에게 말해 주리라.

긴 논전이 계속된다. 그것은 어려운 협상을 지원한다. 보나파르트의 글은 영국 외교의 악의로 인해서 배척되고 있는 그의 형 조제프를 도와주는 것이다.

---

36) 발틱 해와 북해를 연결하는 좁은 해협.

1802년 10월 29일, 그는 이렇게 쓰고 있다.

위협적인 방법으로는 프랑스 국민들에게서 아무 것도 얻지 못할 것이다. 공포는 용감한 사람들의 마음에 대해선 아무런 힘도 없다.

11월 5일, 새로운 기사는 이렇게 적고 있다.

우리가 비겁해졌다고 생각하는지? 우리가 지금 과거보다 강하지 못하다고 생각하는지?

아미엥 평화 조약은 마침내 조인이 되었지만, 그것은 짧은 휴전에 불과한 것이리라. 1년 뒤에 전쟁은 다시 시작되고 그 전쟁은 오직 워털루에서나 끝나게 되리라. 나폴레옹은 12년간의 전쟁 동안에, 무기로 영국과 싸웠듯이 끊임없이 펜으로 영국과 싸운 것이다. 그때까지 그는 외교정책의 필요를 채우기 위해 신문을 이용했다. 그러다가 이제는 국내 정치를 설명하거나 뒷받침하기 위해 기사를 쓸 일이 생긴다. 그리하여 「가제트 드 프랑스」지에서 너무 비관적이고 반항적인 파리 사람들에게 정부의 소재지를 파리 밖으로 옮기겠다고 위협한다. 온 제정시대를 통하여, 전쟁에 대한 걱정에도 불구하고 그는 민사 일을 돌보느라고 기진맥진하고, 끊임없이 신문을 감시하고 신문에다 영감을 불어넣는다. 베를린에서, 비엔나에서, 마드리드에서, 그는 자신의 예하 대신들인 샹파니, 푸셰, 사바리, 마레들에게 거역할 수 없는 지침을 보낸다. 그 자신이 그 지침들의 결과를 늘 통제한다. 그는 자주 격노하여 난폭해지고 욕설을 한다. 그의 폭정은 해가 갈수록 더 심해진다. 그러나 그는 자기 정신을 휘게 하긴 했지만 그 정신을 꺼버리지는 않았다.

타키투스[37]에 대한 그의 증오는 의미심장하다. 그 증거로 「데바」지의 기사를 들 수 있다. 그 기사 속에서 그는 카이사르 같은 로마 황제들을 깎아 내린 그 고명한 중상자(中傷者)에 대한 원망의 감정을 드러내고 있다. 샤토브리앙이 「메르퀴르」에서, 네로의 허울뿐인 번영 속에서 '백성들의 복수의 임무를 띤' 타키투스가 태어난 것을 상기시켰을 때, 나폴레옹은 숨이 막힐 뻔할 정도로 화가 나 이렇게 말한다.

"샤토브리앙은 나를 얼간이로 생각하는 모양이지? 그를 내 궁전의 계단에서 군도로 참하게 할 거야!"

그는 샤토브리앙을 군도로 참하지는 않을 것이었다. 어쨌거나 그는 샤토브리앙의 재능을 아주 높이 평가했기 때문이다. 퐁탄느[38]는 그를 진정시킨다. 레뮈자 부인[39]은 나폴레옹이 두 번에 걸쳐서, 「순교자들」[40]을 쓴 저자의 빚을 저자 본인도 모르게 갚

---

37) 로마의 역사학자(55~120).
38) 나폴레옹 제정 때 문교부 대신(1757~1821).
39) 백작부인, 그녀는 나폴레옹 1세의 궁정에 관한 흥미로운 회고록을 썼다(1780~1821).

아주었다는 것을 증언하고 있다. 얼마 후에 그는 세인트헬레나에서 「순교자들」의 저자를 다음과 같이 찬양하게 되리라.

> 샤토브리앙은 천성적으로 성스런 열정을 지닌 사람으로 태어났다. 그의 작품들은 그와 같은 사실을 증명하고 있다. 그의 문체는 라신의 문제가 아니다. 그것은 바로 예언자의 문체인 것이다. (……) 위대하고 국민적인 모든 것은 그의 천분에 걸맞도록 되어 있다.

늙은 르네[41]는 자신의 「무덤 저편에서의 회상」에서 나폴레옹의 죽음에 대하여 쓴 가장 고상한 몇 페이지를 나폴레옹에게 바침으로써 그 찬사에 또 답하게 되리라.

황제가 자신의 완전하고 결정적인 작가의 능력을 발휘하게 되는 것은 바로 세인트헬레나에서의 6년 동안으로, 그는 그 곳 바위섬에 꼼짝 못하고 유배되어 있는 동안 자신의 영광과 불행을 되새긴다. 그의 활동은 이제 물질적인 무대가 없기 때문에 그는 자신에게 다른 무대, 덜 무너지기 쉬운 무대를 제공했는데, 그것은 정신의 무대이다. 자신의 지루함을 가라앉히고 여전히

---

40) 샤토브리앙의 대표작 중 하나.
41) 샤토브리앙을 가리킴.

▶ 프란츠 제라슈와 요한-조제프 로츠, 〈세인트헬레나 섬의 나폴레옹〉, 1825년경. 유배 생활에 지쳐가는 나폴레옹의 모습. 체중이 늘어난 나폴레옹이 사실적으로 그려졌다.

세상일에 몰두하기 위해, 자신의 적들의 중상에 응답키 위해, 영국 내각에 대항해 싸우기 위해, 자신에 대한 지지자들의 열성을 되살려주기 위해, 그는 팸플릿의 작가가 되려는 참이다. 자신의 서사시적인 행위를 회상하고, 죽은 후의 자신의 명성을 지키고, 자기 아들의 미래를 준비해 주기 위해 그는 역사가가 되리라. 그의 문체는 더욱 세련된다. 과장된 말투는 이제 그 문체에서 나타나지 않는다. 기하학자가 몽상가와 균형을 이룬다. 상상력은 단호한 현실감에 의해 바로잡힌다.

일종의 당당하고 엄격한 우아함이 그 페이지들 속에 배어든다. 그 페이지에서는 타키투스를 좋아하지 않는 그가, 사고의 고귀함과 표현의 농도와 날카로움에 의해 타키투스와 대등하게 된다. 그는 유럽을 떠나면서 라스카즈[42]에게 다음과 같이 말한다.

"우리는 우리의 회상록을 쓰리라. 그래, 우리는 일을 해야만 하오. 일은 또한 시간의 낫[43]이기도 합니다. 어떻게든 사람은 자신의 운명을 달성해야 됩니다. 우리들이 이룩한 위대한 것들의 이야기를 쓸 것이오."

그는 약속을 지켰다. 그는 기념비적인 불후의 작품으로 만들고 싶었던 그 「회상록」을 작성키 위해 일정한 계획을 세웠던 것 같진 않다. 그는 생각나는 대로 구술을 했는데 우선 라스카즈에

---

[42] 역사학자, 나폴레옹이 세인트헬레나에 유배될 때 그를 동반하여, 『세인트헬레나 비망록』을 작성했음(1766~1842).
[43] 시간과 죽음의 표상으로서의 낫을 뜻하는 것으로 시간을 없애준다는 뜻.

이어 몽토롱⁴⁴⁾에게, 구르고⁴⁵⁾에게, 그 뒤에 마르샹⁴⁶⁾에게, 자신이 벌인 원정들, 자신이 싸운 주된 전투들의 비판적인 해설, 프랑스 대혁명에 대한 추억, 옛 전쟁에 대한 연구, 위대한 지휘관들에 관한 평가 등에 대한 일련의 진술을 한다. 그것들은 무한한 다리의 기둥들 같은 것을 형성하는데, 그 다리의 아치는 결코 완성되지 못하였다. 그를 모시던 아랫사람들의 도주, 그 자신의 낙담, 병 같은 것이 나폴레옹으로 하여금 그 훌륭한 자료들을 하나의 총체적인 것으로 구성하는 데 방해하였다. 나폴레옹이 프랑스로 돌아온 다음, 그와 함께 싸운 동반자들은 개별적으로 단편적인 글들을 간행하리라. 몽토롱과 구르고의 정성으로 된 아홉 권의 책, 베르트랑⁴⁷⁾ 또는 그의 아들들이 쓴 『이집트와 시리아 원정』, 마르샹이 쓴 『율리우스 카이사르의 전쟁 개요』 등이다. 그 책들은 일어난 사건들에 대한 자상한 평가와 함께, 원래 군사적인 연구에선 아주 드문 시야의 폭넓음, 본능적인 하나의 예술과 움직임 같은 것을 보여주고 있다. 그것은 한 저명한 군인의 '역사'에 대한 기여라기보다는, 정신이 넓게 열려 있는 한 인간의 명상이다. 그리고 그 사람은 흐트러진 사건들로부터 힘들이

---

44) 프랑스의 장군. 『몽토롱 회상록』의 저자(1783~1853).
45) 프랑스의 장군. 『세인트헬레나 일기』가 있음(1783~1852).
46) 엘바섬뿐만 아니라 세인트헬레나에서도 나폴레옹을 섬겼음. 나폴레옹 임종 때 백작의 칭호를 받았고 유서를 위탁받았음(1791~1876).
47) 프랑스의 장군. 나폴레옹을 따라서 엘바섬과 세인트헬레나로 갔고, 1840년에 나폴레옹의 유해를 프랑스로 가져왔다(1773~1844)

지 않고 보편적인 여러 사상에로 뛰어드는 것이다.

「이집트와 시리아 원정」을 예로 들자. 그 두 권의 책은 거의 완전한 하나의 작품을 이룬다. 이야기가 하도 경쾌해 그것을 읽다가 중단하기 힘들 정도이다. 이야기의 서술은 분명하고, 군더더기가 없으며, 군데군데 번쩍이며 빛나는 부분이 있고, 전혀 꿈꾼 것이 아니라 눈으로 본 그림같이 아름답고 생생한 말들이 있으며, 또한 선입관을 가진 사람조차도 갑자기 흥분에 휩쓸리게 하는 날개의 퍼덕임과 같은 것이 있다.

> 말트 시(市)는 자신을 방어할 수 없었고, 방어하길 원하지도 않았으며, 자신을 방어해서도 안 되었다. 그 도시는 24시간의 폭격을 견디어 낼 수가 없었다. 나폴레옹은 감행할 수 있다고 확신을 했고, 그는 과감하게 실행에 옮겼다.

이집트에서는 사막에서의 해적이자 파발꾼인 베두인족에 대하여 이렇게 쓰고 있다.

> 그들을 파멸시켜서는 절대 안 된다. 그것은 하나의 섬을 위해 모든 선박을 파괴시키는 것이 될 것이기 때문이다.

그는 이동 중에 아라비아인들에 의해 끊임없이 공격을 받는 프랑스 군대를 '상어 떼의 추적을 받는 함대'와 비교한다. 이집트를 보아 왔던 사람들에겐 가슴에 파고드는 진실인 것이다. 즉 사막은 오직 망망대해로만 비유될 수 있는 것이다.

고대의 병사나 혹은 근대의 장군들을 그리는 인물 묘사 속에서, 나폴레옹은 본능적으로 핵심으로 들어간다. 그는 판단을 하는 데 있어서 선입관이나 원한에 좀처럼 휩쓸리지 않는다. 이탈리아에서 그의 측근에 있으면서 5집정관 정부의 첩자 노릇을 한 클라르크, 그런데도 불구하고 원수(元帥)로 그리고 공작으로 임명해 준 클라르크에 대하여 나폴레옹은 몽토롱에게 다음과 같이 구술하고 있다.

> 클라르크는 조금도 군사적인 두뇌가 없었다. 그는 관리로서 정확하고 청렴한 일꾼으로 사기꾼들에 대해선 강적이다. 그는 자기 출생에 심취해 있는 사람으로, 자신이 내세웠던 의견과 그 자신이 지내온 경력 그리고 그 시대의 상황과 대조가 되는 집안 혈통의 추구로 인해 나폴레옹 제정 시대의 웃음거리가 되었다. 그것은 하나의 괴벽이었다. 그러나 그 괴벽은 황제가 육군 장관의 자리를 그에게 맡기는 것을 가로막지는 못하였다. 황제에 소속시켜야만 하는 훌륭한 행정관처럼 말이다. 그것은 황제가 그에게 너무 많은 혜택을 베풀어 주었기 때문이다.

나폴레옹이 그와 같은 글을 구술하고 있을 때, 클라르크는 저열하게 부르봉 왕가에 가담해서 나폴레옹 통치 시절 육군에서 살아남은 병사들을 비참함 속에 던져 버리고 있었다.

마세나에 대해서는 다음과 같이 표현하였다.

> 마세나는 니스에서 출생하여, 르와얄-이탈리엥 연대에 들어가 프랑스에 봉사하게 되었다. 프랑스 대혁명 당시 그는 장교였다. 그는 빨리 승진하였다. 그리고 이어 사단장이 되었다. 이탈리아 원정군에서, 그는 지휘 장군들인 뒤고미에, 뒤메르비옹, 켈레르만 그리고 세레르 밑에서 복무했다. 그는 체력이 강건해서 암석 사이와 산속에서 밤낮으로 말을 타고도 지칠 줄 몰랐다. 그가 특히 정통했던 것은 전쟁이었다. 그는 단호했고, 용감했으며, 대담했고, 야심에 가득 찼으며 또한 자존심이 강했다. 그의 성격상의 두드러진 특징은 집요함이었다. 그는 결코 낙담하는 일이 없었다. 그는 규율을 소홀히 했고, 행정을 잘 살피지 못했다. 그 때문에 병사들에게서 사랑을 받지 못하였다. 그는 공격의 준비를 아주 서투르게 하곤 했다. 그의 말솜씨는 그리 흥미롭지 못했다. 그러나 첫 대포 소리가 나면, 포탄과 위험 한가운데에서 그의 사고는 힘과 명석함을 동시에 얻게 되는 것이다. 싸움에 패하여도, 그는 자신이 마치 승리자인 양 다시 싸움을 시작했던 것이다.

『샤를 12세』를 쓴 볼테르도 그보다 더 훌륭한 표현은 하지 못했을 것이다. 그렇게도 적은 몇 줄 안에 모든 것이 다 들어있다. 그것은 하나의 영상인 동시에 전기(傳記)이다. 그 쓰여지는 인간이 눈앞에 그린 듯 보여짐으로써 그 사람의 성격을 알게 된다. 그것들은 단숨에 그 윤곽이 뚜렷하게 그려졌지만, 소멸되지 않는 것이다. 나폴레옹은 결코 마세나를 사랑하지 않았다. 그러나 그가 잘한 일에 대해선 그 공적을 얼마나 옳게 인정해주고 있는가! "그는 결코 낙담하는 일이 없었다." 그것은 전투 사령관의 첫 자질로서, 나폴레옹은 그것을 모든 것 위에 둔다. 그리하여 그 자질 때문에 그는 모든 것을 용서하는 것이다.

한니발, 카이사르, 귀스타브 아돌프, 위젠느 왕자, 프레데릭 2세와 같은 그가 모범으로 삼는 사람들 하나하나의 경우에도 사정은 같은 것이다. 나폴레옹은 그들의 운명을 몇 줄의 문장으로 묘사하고, 그들의 내적인 구조를 분해하여, 그들의 결점에 대해 언급을 하고, 그들의 특별한 재능을 강조하는 것이다. 평범한 역사가라면, 단지 하나의 요약으로만 끝났으리라. 그러나 자신이 맡은 직무를 알고 있는 그는, 그리고 오랫동안 자신의 선구자들과 스승들에 대하여 깊이 생각해 온 그는, 유럽의 사방을 뛰어다녔던 사람으로 두 눈에 전쟁터를 간직하고 있었던 그는 번득이는 불꽃을 그 망령들에게 던지는 것이다. 그리고 마치 그 망령들이 다 함께 샹젤리제 들판[48]에 모여 있는 것처럼, 그들과 함께 거리낌 없이 동등하게 영광을 나눠 가진 사람으로서 토론을 하는 것이다.

나는 팸플릿에 대하여 앞에서 말하였는데, 그 팸플릿을 통해 그는 유럽에서 간행된 자신에 관해 쓴 작품들에 대해 응답을 하곤 했다. 그는 그 팸플릿에서 자신을 정당화하기보다는 영국에 대항해서 고도의 맹렬한 전투를 계속했던 것이다. 논쟁에 대한 그와 같은 마음씀은 결코 그에게서 떠나지 않았다. 그는 자주 ─ 그것은 유감스런 일이지만 ─ 그의 일상적인 일을 중단했다. '노섬벌랜드' 선박의 의사인 워든은 나폴레옹과 함께 오랫동안 선상에서 이야기를 나누었고 영국으로 돌아가자마자, 일련의 건방지게 우쭐대는 편지들을 출판하였는데, 그것은 항해 동안의 황제와 나폴레옹의 유배 초기 모습을 묘사하고 있었다. 그는 나폴레옹이 그에게 정말 하지도 않은 속 이야기를 했다고 주장한다. 황제는 그것에 대해 화를 냈다. 그는 오마라[49]에게 이렇게 말했다.

"이 책은 수많은 터무니없는 말과 거짓말을 담고 있다. 그는

---

48) 정의로운 사람, 영웅 등이 죽은 후에 가는 낙원.
49) 선상에서 근무하는 의사로서, 노섬벌랜드선에 동승했고 세인트헬레나에서 나폴레옹을 측근에서 돌봤음. 『유배당한 나폴레옹』이라는 책을 썼음(1786~1836).

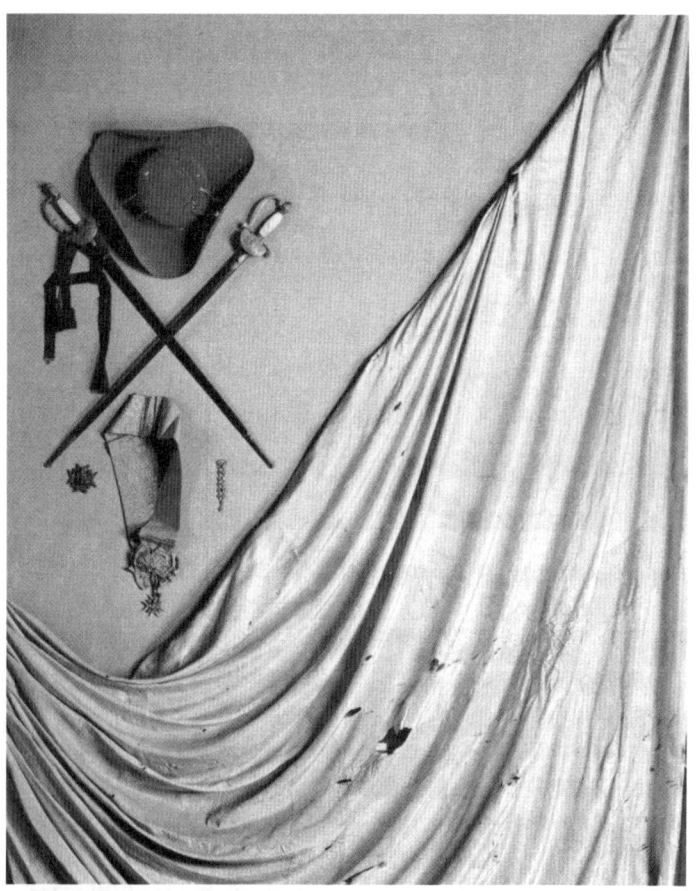

▶ **파브리초 루포 추기경(1744~1827)의 기(旗)와 무기.** 루포 추기경은 나폴레옹 치하의 프랑스에 대항하여 나폴리의 혁명운동을 주도한 인물이다. 1799년 프랑스의 지원하에 나폴리는 혁명을 일으키고, 파르테노페 공화국의 탄생을 선포한다. 이에 루포 추기경은 공화국 군에 대항하여 농민과 산적, 죄수 등으로 이뤄진 소위 '그리스도의 군대'를 만들어 대항했다.

나에게는 걸맞지도 않고, 또한 내 어투도 아닌 표현을 내 입으로 했다고 한다."

곧바로 위든에 대한 회답으로 나폴레옹은 베르트랑을 통해 여러 통의 구술편지를 쓰게 했다. 그 편지들은 베르트랑 부인에 의해 영어로 번역되어 런던에서 '희망봉 편지들' 이란 제목으로 인쇄가 되었다. 그러나 그 편지들은, 어처구니없게도 라스카즈의 것으로 간주되고 있다.

갇혀 있는 나폴레옹에게 행해진 비열한 행위의 최고 책임자이며 감옥지기 우두머리인 사나운 배더스트가, 나폴레옹에 대하여 상원에서 연설한 내용을 나폴레옹은 '의견서'로 응답하리라.

그리고 이어서『엘바 섬의 원고 또는 1815년의 부르봉 왕가』,『나폴레옹에 대해 행한 불필요한 가혹함』,『세인트헬레나의 원고는 나폴레옹의 것이었나?』(그것은 교묘한 가짜 위조품으로 그 저자는 스위스 사람인 뤼렝 드 샤토비외인 것 같다.)와 같이 영국을 크게 떠들썩하게 한, 그 모든 소책자들은 같은 정신에서 나온 것이다. 나폴레옹은 항의하고, 위협하고, 논증한다. 그는 정복된 것이 아니었다. 그는 단지 난폭한 불공평에 의해서 갇힌 사람이 되었을 뿐이다. 그의 휘하 장교들, 특히 구르고와 베르트랑은 경의 표시의 거절, 충분치 못한 음식, 줄어든 운동의 자유 같은 것에 트집을 잡고 그와 같은 논쟁을 하는 것은 자신을 낮추는 것이라고 그에게 환기시켰으나 헛일이었다. 그들의 말은 옳았으나 그의 투쟁에 대한 열의는 아직도 너무나도 강하게 나폴레옹에게 남아 있었던 것이다. 체념의 시간은 그에게 오는 것이 더디었다. 그 체념은 마침내 그에게 와서 자신이 받는 수난의 최후까지 사라지지 않게 되리라. 그 최후의 몇 해 동안 말보다도 더 한층 폐부를 찌를 듯한 침묵만을 갖고 이천 리외나 떨어져 있는 곳에서 아직도 여러 왕들을 위협할 수 있게 되리라.

그의 전체 작품 속에서, 나폴레옹은 정치적 모럴리스트이다. 그는 하나의 일반적인 관찰, 한 국가의 교리, 나아가서는 하나의 풍자시, 하나의 철학 사상 같은 것을 단지 열다섯 내지 스무 개의 단어로 명확하게 표현하는 레츠[50]나 리바롤[51]이나 샹포르[52]와 같이 뛰어나게 프랑스적인 천부적 재능을 지니고 있었다. 그것을 증명할 실례는 수없이 많다.

일반적인 관찰은 다음과 같다.

---

50) 프랑스 추기경이며 정치가이고 작가(1613~1679).
51) 프랑스 언론인이며 작가(1753~1801).
52) 프랑스 작가(1740~1794).

사람은 자신이 어디로 가는지 모를 때만큼 높이 올라가는 일은 결코 없는 것이다.

그렇게 말하는 그가 먼저 자기 자신을 생각했음은 물론이다. 그 고백은 무엇인가 천진난만한 동시에 끔찍한 것이다. 그 고백은 그 자신을 넘어서, 모든 비상한 운명을 지닌 사람들에게 적용되기 때문이다. 나폴레옹은 그들의 비상한 운명이 얼마나 큰 우연에 의한 것인지를 어느 누구보다도 잘 알고 있었던 것이다.

국가의 교리는 다음과 같다.

민중은 그들의 뜻과 상관없이 구제되어야 한다.

아무것도 그보다 더 진실한 것은 없다. 이는 또 하나의 마키아벨리의 말을 듣는 것 같다. 이 말이 나폴레옹이 민중을 멸시하고 있음을 얘기하는 것은 아니다. 그는 물론 민중의 행복을 원한다. 그러나 그는 그 민중이 스스로 행복을 이루는 권리를 인정하지 않았다. 왜냐하면 그들은 기껏해야 그 행복을 꿈꿀 능력밖에 없었으니까.

풍자는 다음과 같다.

영국은 모든 것을 다 팔아먹는다. 왜 자유를 팔려고 하지는 않을까?

그것은 세련된 절도를 갖춘 완벽함이며, 욕설보다 통렬한 것으로서 더 위험한 것이기까지 하다. 활잡이가 미소 지으며 살짝 시위를 잡아당겨 쏜 느슨한 활의 화살. 그 현을 출발한 화살이 아주 정확하게 가장 깊은 곳에 적중하여 꿰뚫게 되리라.

철학사상은 다음과 같다.

악덕이나 미덕에도 그 상황이 있는 것이다.

마치 라로슈푸코[53]의 글을 읽는 것 같다. 환멸 속에서 생겨난, 그러나 차분한 이 하나의 문장 속에 한 인간의 체험이 전부 담겨 있다.

나폴레옹이 쓴 두 개의 마지막 작품은 「유서」와 「아들에게 주는 조언」이다. 첫 번째 작품은 유명하다. 그것은 그의 최후의 승전 보고서로서, 모든 다른 승전 보고서보다 위대한 것이다. 일주일 동안 그는 그것을 몽토롱에게 구술했고 이어 그것을 다시 옮겨 썼는데 무척이나 정성스런 글씨로 써서 손으로 쓴 원고로서는 가장 읽기 쉬운 것이었다. 그는 생각을 프랑스와 옛 병사들

---

53) 프랑스의 모럴리스트 작가, 그의 『잠언집』은 유명하다(1613~1680).

▶ 청년 시절의 나폴레옹.

에게로 돌려, 아내의 부정한 행실을 잊고 적들을 용서한다. 아들에겐 돈 한 푼 없이 개인적인 추억만을 물려준다. 사실 그럴 필요가 왜 있겠는가? 그는 아들에게 자신의 이름과 '세계가 아들에게 들려줄 아버지의 추억'을 남겨주는데 말이다. 그는 정말로 불안한 마음을 갖고, 죽어가는 자기 기억의 깊은 곳까지 추적을 하며, 젊은 시절의 코르시카 사람들, 툴롱 포위 공격 때의 국민의회 의원들, 이집트의 전우들, 집정정치 시대의 친구들, 제1제정 시대의 장군들과 대신들, 그 모든 사람들 중에 자신이 감사해야 할 사람 중 어느 누구를 빼놓은 건 아닌지 자문하고 있다. 나폴레옹 생애에서 자신을 사랑했고 자신을 섬겼던 사람들을 보상하고 돕기 위해 과거의 깊은 기억 속으로 숭고하게 몰두하는 모습보다 더 아름다운 것은 없다.

두 번째 작품, 그것은 황제가 자기 아들[54]에게 주는 것이다. 죽음 저쪽에서도 그는 아들을 여전히 보호해 주고자 하며 그에게 미래를 열어주고 싶어한다. 그것은 1821년 4월 17일 낮에 이루어진 일로, 그 숨 가쁘게 헐떡거리며 하는 구술을 받고 몽토롱이 연필로 아주 빠르게, 정말로 예언자적인 견해로 가득 찬 일곱 페이지를 받아 쓴 것이다. 거기에는 인간적인 다정함이, 국가에

---

[54] 나폴레옹의 아들인 프랑스와 샤를 조제프 보나파르트(1811~1832). 마리 루이즈 황후와의 사이에서 태어나 탄생하자마자 로마 왕으로 봉해지고, 후에 나폴레옹 2세가 되었음. 나폴레옹 몰락 후 모친을 따라 오스트리아로 가 비엔나 부근의 성관에서 살다가 사망함. 가슴의 병 때문이라 하나 최근의 연구에서 독살당했다고 알려졌다.

대한 배려가 녹아 있어 읽는 이의 폐부를 찌른다.

> 내 아들은 내 죽음에 대해 복수를 할 생각을 해서는 안 된다. 내 죽음을 유익하게 이용하도록 해야만 한다. 내 아들은 나처럼 골수까지 프랑스 사람으로 영원히 머물러 있도록. (……) 나는 괴멸해 가는 프랑스 대혁명을 구해내고, 그 혁명이 저지른 죄악으로부터 그 혁명을 깨끗이 씻어내었다. (……) 부르봉 왕조는 존속되지 못할 것이다. (……) 내 아들은 외국의 영향을 입어 다시 옥좌에 올라서는 결코 안 된다. 내 아들은 모든 당파들을 경멸하기 바란다. (……) 내 아들은 새로운 사상을 가진 인간이 되어야만 한다. (……) 민족의 소망들이 있는데 조만간 그것을 만족시켜 주어야만 한다…….

나폴레옹의 목소리는 마침내 힘이 빠지고 있다. 그렇지만 그는 중얼대듯 말한다.

"내 아들이 자신의 운명에 걸맞은 사람이 되기를 바란다……."

그의 운명이라, 아아 슬프도다!

이제 그만해 두는 게 좋겠다. 나는 여기서 멈추어야 한다. 18세기를 마감하고 19세기를 연, 그보다는 오히려 그 두 시대 사이에 다리를 놓고 프랑스의 모든 과거를 프랑스의 현재에다 연결시킨, 우리 프랑스어가 갖는 가장 훌륭한 산문가의 한 사람으로서의 작가 나폴레옹은 이 양심적으로 쓴 한 권의 책을 통해 탐구와 연구의 대상이 될 자격이 있는 사람이다. 나는 이 빈약한 개설서를 통해 그의 위대한 면들에 대해 경의를 표하고자 할 따름이었다. 이제 우리에게 아주 가깝고, 또한 아주 생생하게 살아서 머물러 있는 그 위인이 말을 하도록 놔두지 않으면 안 된다. 다음에 이어지는 페이지의 글을 읽을 사람들, 특히 그 문장이 지니는 얼마만큼의 리듬을 아주 큰 소리로 반복을 해서 낭송하는 여유를 갖게 될 사람들은 신기한 마술에 의해, 내 자신이 그것을 경험했듯이, 자주 황제와 자신이 서로 마주 대하고 있다고 생각을 할 것이다.

- 옥타브 오브리

I

젊은 시절
평범함 보다 위대함을 택한 남자

너를 사랑하지 않고 단 하루도 보낸 적이 없어.
내 두 팔로 너를 포옹하지 않고 하룻밤도 지낸 적이 없어.
내 삶의 중심인 너에게서 멀리 떨어져 있게 하는 영광과 야망을 저주하지 않고서는
차 한 잔이라도 마시지 못하지. 한창 일을 하는 중에도, 부대의 선두에서도,
전선을 두루 돌아다니면서도, 내 마음엔 열렬히 사랑하는 조제핀만이 있으며,
내 정신을 점유하고 내 생각을 빼앗고 있어.

젊은 시절 리옹의 아카데미에 제출된 논문

1791년

인간은 자기 체질에 맞는 생활 속에서만 오직 행복을 맛볼 수 있기 때문에, 그 지적 체질에 의해 이성이 인간 행동의 규범이 되기 때문에, 속박은 인간을 손상시키고 인간을 없애기 때문에, 어느 누구에게도 그 사람이 동감하지 않을 사상을 받아드리도록 강요해선 결코 안 된다.

완전하고 절대적인 사상의 자유, 사회 질서를 해치지 않는 범위 내에서 말하고 쓰는 언론의 자유, 그런 것은 도덕과 자유 그리고 개인의 행복의 기초이다. 따라서 자연법은 정확한 법률에 의해서만 오직 제한 받아야 한다. 그리고 그 법률은 오직 사회에 직접적으로 반대되는 행동만을 금지할 수 있어야 한다. 만일 사정이 다르다면, 사회 질서는 하나의 재해이며, 견딜 수 없는 노예 제도가 될 것이다.

형 조제프에게

1792년 6월 22일

자코뱅 당원들(급진 공화주의자)은 상식이 없는 미친 자들입니다. 그저께 칠, 팔천 명의 인간들이 창, 도끼, 칼, 총, 쇠꼬챙이, 뾰족한 막대기 등으로 무장하고 입법 의회에 청원을 하러 갔어요. 거기에서 그들은 왕궁으로 갔답니다. 국왕의 집인 튈르리 궁의 정원은 닫혀 있었고 만 오천 명의 국민군이 그것을 지키고 있었습니다. 그들은 문들을 쓰러뜨리고 궁전 안으로 들어가서 왕의 방을 겨냥해서 대포들의 포구를 잡아 놓고, 네 개의 문을 바닥에 쓰러뜨려 버리고선 국왕에게 두 개의 모표 휘장을 제시했는데 하나는 백색[55]이고 다른 하나는 삼색[56]이었소. 그들은 요구하기를 이곳에서 군림을 하든가 코블렌츠[57]에서 군림을 하든가 둘 중 하나를 선택하라고 국왕에게 말했다오. 국왕은 훌륭한 태도를 보였소. 그는 붉은 모자[58]를 썼소. 황후와 황태자도 마찬가지로 그렇게 했다오. 그들은 국왕에게 마실 것을 주었소. 그들은 네 시간 동안 궁전에 머물렀다오. 그것은 페이양 파[59]의 귀족들 선언에 충분한 소재를 제공하였답니다. 하지만 그 모든 것이 위헌적이고 아주 위험한 본보기라는 것에는 변함없는 사실인 것이지요. 이처럼 파란만장한 상황에서 제국이 어떻게 될 것인가를 분별해 내기란 아주 어려운 것이랍니다.

---

55) 왕당파의 휘장.
56) 혁명군을 나타내는 휘장.
57) 독일의 도시로 대혁명 시 프랑스 귀족들이 집결했던 곳.
58) 프랑스 대혁명 당시 과격파가 쓰던 테 없는 붉은 모자.
59) 프랑스 대혁명 시 입헌군주파의 정치결사(1791~1792).

보케르의 밤참

1793년

군인: 당신네의 군대가 엑스에 집합을 해서, 무엇을 할 것입니까? 그 군대는 끝이 난 것입니다. 참호에 머물러 있는 자는 패합니다. 그것은 병법의 공리입니다. 경험과 이론은 그 점에 있어서 의견의 일치를 보이고 있습니다. 그리고 엑스의 성벽들은 가장 나쁜 들판의 방어진지만도 못합니다.

마르세유 사람이여, 내 말을 믿으시오. 당신네를 반혁명에로 이끄는 소수의 간악한 인간들의 멍에를 떨쳐 버리시오. 법률로 정해진 권위를 다시 세우고, 헌법을 받아들이고, 대표자들에게 자유를 돌려주시오. 그 대표자들이 파리로 가서 당신네를 위해 개입할 수 있도록 하시오. 당신네는 혼란에 빠져 있어요. 즉 민중들이 소수의 음모자와 책략꾼들에 의해 그렇게 혼란에 빠지는 일은 그리 새로운 사실이 아닙니다. 언제 어느 시대에나 수월하게 이끌리는 대중의 어수룩함과 무지는 대부분 내란의 원인이 되었습니다.

마르세유 사람: 이보시오! 도대체 누가 선행을 할 수 있습니까? 지방의 각지에서 우리에게 오는 피난민들일까요? 그들은 자신

의 이익을 쫓아 필사적으로 행동합니다. 아니면 우리를 통치하고 있는 사람들일까요? 그러나 그들 또한 같은 처지가 아닙니까? 그렇다면 선행을 할 수 있는 사람은 민중들이 될까요? 민중의 일부분은 자기네의 위치를 모르고, 분간 못하는 장님처럼 되고, 광신적이 됩니다. 다른 한 부분은 무장이 해제되고 의심을 받으며 모욕당합니다. 따라서 나는 깊은 비탄에 잠겨서 어찌할 도리가 없는 불행을 봅니다.

시민 보아르네[60]

1795년 12월, 파리

너에 대한 생각으로 머리가 가득 차서 눈을 떴어. 너의 초상과 황홀한 어젯밤은 내 관능에다 전혀 쉴 틈을 주지 않았어.

부드럽고 그 어느 것에도 비길 데 없는 조제핀, 참으로 괴상한 영향을 당신은 내 마음에 미치고 있다오! 당신이 화를 내고 있나? 당신이 슬퍼 보이는가? 당신이 걱정을 하고 있나? 그런 생각이 들면 나의 영혼은 두려움 때문에 부서져 버린다오. 그래서 당신 친구인 나에게 마음의 쉴 틈이 없다오. 그러나 나를 지

---

60) 조제핀을 가리키는 말. 그녀는 나폴레옹과 만나기 전에 보아르네 자작과 결혼하여 두 아이를 낳고 과부가 되었음. 그 후, 나폴레옹과 결혼하여 황후가 되었으나 1809년에 이혼당하였고 나폴레옹은 마리 루이즈와 결혼한다(1763~1814).

▶ 다비드, 〈보나파르트 장군의 초상〉, 1798.

배하고 있는 깊은 감정에 몸을 맡기면서, 당신의 입술에서, 당신의 가슴에서 나를 불태우는 하나의 불길을 걷어 올릴 때엔 더 한층 마음의 쉴 틈이 없다오. 아! 바로 어젯밤에 나는 알아차렸어요. 당신의 초상은 당신이 아니라는 것을!

너는 정오에 떠나게 되어 있어. 세 시간 후에 너를 또 보게 되겠지. 그러는 동안에 미오·돌체·아모르(나의 감미로운 사랑이여)……. 무수한 키스를 보내겠어. 그러나 그 키스를 나에게 보내지 말도록. 그것은 그 키스가 내 피를 불태우기 때문이지.[61]

군(軍)에게 고한다
1796년 3월 27일, 니스

병사들이여, 그대들은 헐벗고 굶주렸다. 정부는 그대들에게 많은 신세를 지고 있는데 아무것도 주지 못하고 있다. 그대들의 인내심, 이 바위산의 한가운데서 보여준 용기는 감탄스러운 것들이다. 그러나 그것들이 그대들에게 아무런 영광도 마련해 주지 않고, 아무런 찬란함도 미치게 하지 않고 있다. 나는 그대들을 세상에 가장 비옥한 들판으로 인도하고자 한다. 풍요한 지방들, 크나큰 도시들이 그대들의 지배하에 들어 올 것이다. 그대들

---

61) 이 편지에 나폴레옹은 tu(너)와 vous(당신)을 섞어서 쓰고 있다.

은 거기에서 명예, 영광 그리고 부귀를 발견하게 될 것이다. 이 탈리아 원정군의 병사들이여, 그대들에게 용기와 끈질김이 없을 것이라니?

시민 보나파르트에게

1796년 3월 31일, 니스(공화력 4년, 제르미날 10일)

너를 사랑하지 않고 단 하루도 보낸 적이 없어. 내 두 팔로 너를 포옹하지 않고 하룻밤도 지낸 적이 없어. 내 삶의 중심인 너에게서 멀리 떨어져 있게 하는 영광과 야망을 저주하지 않고서는 차 한 잔이라도 마시지 못하지. 한창 일을 하는 중에도, 부대의 선두에서도, 전선을 두루 돌아다니면서도, 내 마음엔 열렬히 사랑하는 조제핀만이 있어. 너는 내 정신을 점유하고, 내 생각을 빼앗고 있어. 내가 론 강의 급류와 같은 빠른 속도로 너에게서 멀어져 가는 것, 그것은 너를 더욱 빨리 다시 만나기 위해 그러는 것이지. 내가 일을 하기 위해 한밤중에 일어나는 것은 그것이 나의 다정스런 연인의 도착을 며칠 앞당기게 할 수도 있기 때문이야. 그럼에도 불구하고, 풍월 23일과 26일의 편지 속에서 너는 나를 vous[62]라고 부르고 있어. 바로 네 자신이 vous라고 나

---

62) 보통 잘 모르는 상대에게 쓰는 표현으로 '당신'에 해당됨.

를 부르다니! 아! 고약한 사람, 어떻게 너는 그와 같은 편지를 쓸 수 있었는지? 그 편지는 얼마나 냉랭한지! …… 아! 보름 후엔 어떻게 될 것인지? …… 나의 넋은 슬픔에 잠겨 있고 내 마음은 사랑의 노예가 되어 있으며, 내 상상력은 나에게 겁을 주고 있어. 어느 날인가, 네가 나를 더 이상 사랑하지 않게 될 것인데 그렇게 되면 나에게 그것을 말하도록. 나는 적어도 그와 같은 불행을 당해 마땅하다는 것을 알게 될 거야……. 나에게 다정한 감정을 품게 하여 내가 자연을 부르게 하는가 하면, 천둥과 마찬가지로 폭발적인 격렬한 충동을 품게 해주는, 내가 사랑하는, 내가 두려워하는 아내여, 고통이여, 행복이여, 희망이여, 내 삶의 핵심이여, 안녕히 잘 가라. 나는 너에게 영원한 사랑도 정숙함도 요구하지 않는다. 다만…… 진실함, 무한한 솔직함. "난 당신을 전만큼 사랑하지 않아요."라고 네가 말하는 날은, 내 사랑의 끝이고 내 인생의 끝이 될 거야. 만일 내 마음이 너무 치사해서 그래도 너를 계속해서 사랑한다면, 그 마음을 이빨로 잘게 다져버릴 것이야……. 조제핀! 조제핀! 내가 몇 번인가 너에게 한 다음과 같은 말을 기억해 봐. 자연은 나를 강인하고 결연한 정신의 소유자로 만들어내고 너는 레이스와 얇은 천으로 만들었다고. 너는 나를 사랑하지 않게 되었는지?

추신 : 전쟁이 금년엔 분간할 수가 없게 되었어. 나는 고기와

▶ 황후의 관을 쓴 나폴레옹의 연인 조제핀.

젊은 시절

빵과 말 먹이를 주도록 했지. 내 무장한 기병대는 곧 행진을 할 거야. 병사들은 표현할 길 없는 나에 대한 신뢰심을 보여주고 있어. 너만이 오직 나를 슬프게 하고 있어. 너만이 오직 내 생활의 즐거움이고 번뇌이지. 네가 말을 하지 않은 네 아이들(조제핀과 전 남편 사이에서 태어난 자식들)에게 입맞춤을 보내겠어! 물론, 그렇지! 아이들 이야기를 쓰게 되면 네 편지들은 절반 이상 길어지겠지. 그리되면 방문객들은 아침 열 시에, 너를 만나는 즐거움을 갖지 못하게 되겠지. 아내여!!!

시민 보나파르트에게

1796년 4월 5일, 알벵가(파종의 달 16일)

자정이 지난 한 시야. 나에게 편지 한 통이 전달되었어. 그 편지는 슬픈 편지야. 그 소식에 마음이 아파. 쇼베가 죽은 것이야. 그는 군의 총 지불 명령관이었어. 너는 바라스[63]의 저택에서 이따금 그를 만났지. 여보, 나는 위로를 받아야만 되겠어. 그것은 오직 너에게만 이 편지를 쓸 때에야 가능하지. 너에 대한 마음이 내 생각의 정신적 상황에 많은 영향을 미치고 있고, 나는 나의

---

63) 프랑스 혁명가. 그는 로베스피에르를 제거하는 데 큰 역할을 했고 5집정관 정부의 일원이었다(1755~1829).

고통을 너에게 토로하지 않으면 안 되기 때문에 너에게 편지를 쓰지. 미래란 무엇이지? 과거란 무엇이지? 어떤 마술적인 신통력이 우리를 에워싸고, 무엇보다도 먼저 우리가 알아야 할 필요가 있는 것들을 감추는지? 우리는 신비로운 것 한가운데를 지나가고, 살아가고 있으며, 죽어가는 거지. 승려들, 점성가들, 협잡꾼들이 그와 같은 경향과 그와 같은 기묘한 사정을 이용해서 우리들의 생각을 끌고 다니다가 자기네의 뜻대로 이끌어 가는 것이 놀랄 일인가?

쇼베는 죽었어. 그는 나에게 애착을 갖고 있었어. 그는 '조국'에 중요한 봉사를 했어. 그의 마지막 말은, 자신은 나와 만나기 위해 떠난다는 것이었어. 암 그렇고말고. 그의 망령이 보여. 그는 싸움터를 떠돌고 있어. 그는 대기 속에서 휙휙 소리를 내고 있어. 그의 넋은 구름 속에 있으며, 그는 내 운명을 유리하게 해 줄 것이야.

하지만 분별없이도, 난 잃어버린 우정에 대해 눈물을 흘리고 있어. 돌이킬 수 없는 일에 대해 흘릴 눈물이 이젠 없다고 말한 것은 누구였지? 내 존재의 핵심인 그대여, 모든 우편물이 전달될 때마다 편지를 써 보내도록. 그렇지 않으면, 나는 달리 살 수가 없을 것이야.

이곳은 너무나 바빠. 볼리외[64]는 자기 군대를 움직이고 있어. 우

---

64) 오스트리아 장군(1725~1819).

리는 서로 대치하고 있지. 난 좀 피로해. 매일 말을 타고 있지.

안녕, 안녕, 안녕. 난 잘 참이야. 잠은 나를 위로해 주기 때문이지. 잠은 너를 내 곁에 있게 해줘. 그래서 난 너를 두 팔로 껴안지. 그러나 눈을 뜨면, 아아 너무나 슬프다! 난 여전히 너에게서 멀리 떨어져 있으니…….

군에 고한다
1796년 4월 26일

병사들이여, 그대들은 보름 동안에 열 번의 승리를 획득했고, 스물하나의 군기를, 쉰다섯 문의 대포를, 여러 곳의 요새를 탈취하였고 피에몬테[65]의 가장 중요한 부분을 정복했다. 그대들은 만오천 명의 포로를 잡았고, 만 명 가까이 적군의 사상자를 내었다.

그대들은 여기까지 불모의 암석들을 얻기 위해 싸웠다. 모든 것이 부족한 그대들은 그 모든 것을 스스로 채웠다. 그대들은 대포도 없이 여러 전투에서 승리를 거두었고, 다리 없는 강을 건넜으며, 군화도 없이 강행군을 했으며, 브랜디도 없이, 빵도 없이 야영을 했다. 공화국 군대, 자유의 병사들인 오직 그대들만이 이

| 65) 북이탈리아 지방.

러한 고통을 견디어 낼 수 있었던 것이다.

그러나 병사들이여, 아직도 그대들에겐 할 일이 남아 있기에, 그대들은 아무것도 하지 않은 것이다. 토리노[66]도 밀라노도 그대들의 것이 되지 않고 있다. 조국은 그대들에게 위대한 것들을 기대할 권리가 있다. 그대들은 그대들에 대한 조국의 기대가 당연한 것이라는 것을 증명해 줄 것인가? 그대들은 아직도 교전해야 할 전투들이 있고, 전취해야 할 도시들이 있으며, 넘어야 할 강이 있다. 모두가 프랑스 국민의 영광을 멀리까지 미치게 하고자 열망에 불타고 있다. 모두가 영광스런 평화를 받아 들이게끔 하고 싶어 한다. 모두가 자신의 고향 마을로 돌아가면서 다음과 같이 자랑스럽게 이야기하고 싶어 한다.

"나는 승리한 이탈리아 원정군에 속해 있었어!"

전우들이여, 나는 그와 같은 정복을 그대들에게 약속한다. 그러나 거기에 하나의 조건이 있는데 그 조건을 이행할 것을 맹세해야만 한다. 그것은 그대들이 해방시킬 백성들을 존중하는 일이고, 끔찍한 약탈을 억제하는 일이다. 약탈자는 용서 없이 총살당할 것이다.

이탈리아 국민들이여, 프랑스군은 그대들을 얽매고 있는 사슬을 끊어주려고 왔다. 믿음을 갖고 그 군대를 마중하러 오기를.

[66] 이탈리아 피에몬테 지방의 수도.

조제핀에게

1796년 4월 26일, 쉐뤼블(공화력 4년, 화월(花月) 10일)

나의 행복은 네가 행복하다는 것에 있어. 나의 기쁨은 네가 명랑하다는 것에 있어. 나의 즐거움은 네가 그 즐거움을 갖고 있는 것에 있어. 어느 여자도 이보다 더한 헌신, 더한 열정, 더한 애정을 갖고 사랑을 받은 일은 일찍이 없어. 이 이상 한 사람의 마음의 완전한 지배자가 된다는 것, 그리고 그 사람의 모든 취향과 경향을 지시하고, 그 마음의 모든 욕망을 만들어 낸다는 것은 결코 가능한 일이 아니지. 나는 그러한데 너의 경우는 다른 것이라면 내 무분별함을 한탄스럽게 여기고, 나는 그것을 네 양심의 가책에 맡기겠어. 내가 그 때문에 고통으로 죽지 않는다면, 평생 마음의 상처를 입고, 내 마음은 더 이상 즐거움 혹은 다정한 감정에 마음의 문을 열지 않을 거야. 나의 생활은 온통 육체적인 것이 될 거야. 너의 사랑, 너의 마음, 너와 같은 홀딱 반할 사람을 잃는 것은 생활을 사랑스럽고, 소중하게 해 주는 모든 것을 잃어버린 것이 되기 때문이지.

나의 생명 같은 사람아, 어떻게 내가 슬프지 않겠어? 네 편지가 없는 터에. 나흘에 한 번밖에 네 편지를 받지 못하니 말이야. 네가 나를 사랑해 준다면, 하루에 두 번은 편지를 써 보냈을 터인데. 그런데 너는 아침 열 시가 되자마자 보잘것없는 손님이란 작자들과 수다를 떨어야만 하고 이어서 수많은 경박한 남자들의 객쩍은 소리와 어리석은 말들을 자정이 지난 새벽 한 시까지 들어야만 하니. 풍습이 올바른 나라에선, 열 시가 되면 누구나 자기 집에 가 있어야 하는 것이지. 그리고 그러한 나라에선 아내는 남편에게 편지를 쓰고, 남편을 생각하고, 그 남편을 위해 살고 있지. 잘 있어, 조제핀, 너는 나에게 설명되지 않는 괴물이야. 너에 대한 나의 사랑은 하루하루 더해 갈 뿐이야. 너의 부재는 자질구레한 정열에서 벗어나게 하고, 크나큰 정열을 증대시키지. 네 입에 혹은 네 심장에 키스를 보낸다. 나 외엔 아무도 없지. 그렇지? 그리고 네 젖가슴에 키스를 보낸다. 뮈라[67]는 얼마나 행복한가. 귀여운 손……. 아! 네가 오지 않는다면!!!

조제핀에게

1796년 6월 11일, 밀라노(공화력 4년, 목월(牧月) 23일)

조제핀, 너는 5일에 파리에서 떠났어야 했어. 아니면 적어도 11일에는 떠났어야 했어. 헌데 12일에도 떠나지 않았어. 내 영혼은 기쁨을 향해 열려 있었는데 지금은 고통으로 가득 차 있어.

---

67) 프랑스의 원수. 나폴레옹 여동생 카트린의 남편. 나폴리 국왕이었음(1767~1815).

모든 우편물이 도착했는데, 너의 편지는 없어. 네가 편지를 써 보내도, 몇 마디 쓴 것뿐이고, 그 문체에는 깊은 감정이란 전혀 없어. 너는 가벼운 일시적인 기분으로 나를 사랑했지. 그같은 일시적 기분에 마음이 멈춘다는 것이 얼마나 우스꽝스러운 것인가를 너는 이미 느끼고 있어. 내 생각에 너는 선택을 끝냈고 나를 대신할 상대를 정해 놓은 것 같아. 나는 너의 행복을 바라고 있어. 변절이 그와 같은 행복을 얻게 해 준다면 나는 부정(不貞)이란 말을 하지 않겠어……. 너는 나를 결코 사랑한 적이 없으니까……. 나는 내 군사 작전을 서둘러서 행했어. 나는 네가 13일에 밀라노에 올 것으로 예상을 했는데 너는 아직 파리에 있어. 나는 마음을 되찾고 내게 걸맞지 않는 감정을 억누르고 있어. 내 행복은 영광만으로 충분하지 않지만, 영광은 죽음과 불멸의 요소를 제공하지. 너의 경우, 나에 대한 추억이 지긋지긋한 것이 되지 않기를 바라는 바야. 나의 불행은 네 사람 됨됨이를 거의 알지 못한 것에 있어. 그리고 네 불행은 너를 에워싸고 있는 남자들과 마찬가지 동류의 남자로 나를 판단한 것에 있지. 내 마음은 일찍이 하찮은 것에 대하여 아무 것도 느낀 것이 없어. 내 마음은 사랑이란 감정을 받아들이지 않았는데 너는 끝없는 정열과 내 마음을 타락시키는 도취를 그 마음속에 불어넣어 주었어. 너에 대한 나의 생각은 내 영혼 속에 자연 전체에 대한 생각보다 앞서 있었어. 너의 변덕은 나에겐 성스러운 하나의 법이었어. 너를 볼 수 있다는 것은 나에게는 지상의 행복이었어. 너는 아름답고 우아하지. 너의 부드럽고 천사와 같은 영혼은 너의 얼굴에 표시되어 있어. 나는 네 안에 있는 모든 것을 열렬히 사랑하지. 네가 더 고지식하고 더 젊었다면, 나는 너를 이렇게 사랑하진 않았을 거야.

 네 모든 것이 내 마음에 들었어. 너의 잘못들에 대한 추억까지도……. 나에겐 네가 하는 바가 바로 덕이었어. 네 마음에 드는 것이 바로 명예였어. 영광이 내 마음을 끄는 것은 너를 기분 좋게 하기 때문에, 그리고 너의 자존심을 만족시켜주기 때문에 그런 것이었어. 너의 초상화는 늘 내 가슴 위에 있었어. 그 초상화를 보지 않고, 거기에다 키스를 퍼붓지 않고는 결코 아무런 생각도 할 수 없었어. 그런데 너는 내 초상화를 꺼내지도 않고 6개월 동안 놔두었어. 내가 모르는 일은 아무것도 없지. 내가 계속 이렇게 한다면, 나 혼자만 너를 짝사랑하는 게 되리라. 한데 모든 역할 중에서 그것은 내가 택할 수 없는 유일한 것이지. 조제핀, 너는 나처럼 괴상하지 않은 남자라면, 그 남자를 행복하게 해줄 수 있었을 거야. 미리 알리는데, 너는 나를 불행하게 만들었어. 그것을 내가 느꼈을 때엔 내 영혼은 말려들어 갔고 너의 영혼이 끝이 없는 지배력을 발휘하여 하루하루 내 모든 관능을 노예로 만든 터였어. 무정한 사람이여!!! 어찌하여 네 느껴지지도 않던 감정을 나로 하여금 기대하도록 하였는가!!! 그러나 그 같은 비난을 하는 것은 나에게 걸맞지 않지. 나는 결코 행복을 믿지 않았으니까. 매일처럼 죽음이 내 주위를 날아다니고 있어. 인생이란 이렇게 요란하게 소란을 떨 만큼 가치가 있는 것일까?

조제핀에게

1796년 6월 14일, 토르토네(공화력 4년, 목월(牧月) 26일)

사랑하는 조제핀, 나는 18일부터 네가 오기를 바랐고 밀라노에 도착해 있다고 믿었어. 보르게토의 전선에서 나오자마자, 나는 너를 찾으러 밀라노로 달려갔지. 그러나 너는 그곳에 없었어! 며칠 후, 우편물이 네가 출발하지 않았다는 것을 알려주었어. 그러나 그 우편물 속에 네가 보낸 편지는 없었어. 내 마음은 고통으로 산산조각이 났지. 나는 이 지상에서 내 관심을 끄는 모든 것으로부터 버림을 받았다는 생각이 들었어. 나는 나약하게 생각하지는 않았어. 고뇌에 빠져서, 너에게 아마도 너무 심하게 편지를 쓴 모양이야. 내 편지들이 너를 슬프게 했으면, 나는 평생 비탄에 잠기게 될 거야……. 르 테생 강은 범람했기 때문에, 나는 토르토네에 가서 너를 기다렸지. 나는 매일 기다렸으나 헛일이었어. 요컨대, 네 시간 전에도 아직 난 거기에 있었어. 간단한 편지가 도착하는 것을 보았는데, 그것은 네가 오지 않는다는 소식을 알리는 것이었어. 얼마 뒤, 네가 병에 걸려 세 명의 의사가 집에 와 있으며, 나에게 편지를 쓰지 못할 만큼 위험에 처해 있다는 것을 알았을 때, 내가 얼마나 깊은 불안에 빠졌는가를 너에게 묘사해 쓰려고 하진 않겠어. 난 그때부터 어느 무엇도 묘사해낼 수 없는 상태 속에 빠져 있었어! 내가 너를 사랑하듯이 너를 사랑하고 내 마음과 같은 마음을 가진 사람만이 내 괴로움을 알 수 있지! 아! 나는 그와 같은 슬픔과 그렇게 끔찍한 번뇌를 겪는 일이 있을 수 있다고 믿지 않았어. 나는 고통이란 제한되고 한정된 것이라고 믿었는데 그 고통이 내 영혼 속에서는 끝이 없구나. 타는 듯한 열이 아직 내 혈관 속에 돌고 있어. 내 마음속에는 절망이 있어. 너는 괴로워하고 있는데 나는 너에게서 멀리 떨어져 있단 말이야. 아아! 너는 아마도 이제 이 세상 사람이 아닌지도 몰라! 인생이란 참으로 보잘것없는 거야. 하지만 내 참담한 이성은 죽음 뒤에 너를 다시 만나지 못하게 되는 게 아닌가 하고 나로 하여금 걱정하게 하고 있어. 그리고 다시 너를 만나지 못한다는 생각에 익숙해질 수가 없어. 조제핀이 이제 이 세상 사람이 아니라는 것을 내가 알게 되는 날, 나는 사는 것을 끝내고 죽어 있을 거야. 아무런 의무도, 아무런 칭호도 나를 더 이상 이 땅에 매어 놓지 못할 거야. 인간들이란 그다지도 보잘것없는 것이지! 너만이 오직 인간 본성의 수치스러움을 내 눈에서 지워 없애 주었어.

    모든 열정이 나를 괴롭히고, 모든 예감이 나를 슬프게 하고 있어. 아무것도 고통스러운 고독과 내 영혼을 괴롭히는 뱀들로부터 나를 벗어나게 하지 못해. 우선 너에게 써 보낸 미친 것 같고 무분별했던 편지들에 대해 너는 나를 용서해 주어야만 해. 네가 병에 걸린게 아니었다면, 이해해 주었을 거야. 너에 대한 열렬한 사랑이 아마도 나를 혼란스럽게 하였으리라는 것을. 네가 위독한 상태에 있지 않다는 것을 내가 잘 납득하고 있을 필요가 있어. 사랑하는 사람이여, 건강에 모든 것을 다 기울이도록. 모든 것을 다 희생하고 휴식하도록. 너는 섬세하고, 약하며, 병중이야. 그리고 계절은 덥고, 또한 여행은 길어. 무릎 꿇고 청하건대, 너무나도 귀중한 생명을 위험에 두지 말도록. 인생이 아주 짧은 것이긴 해도, 삼 개월은 지나가는 것일 거야. …… 우리 서로 보지 않고 또 삼 개월! …… 나는 떨고 있어. 사랑하는 사람아, 나는 마음대로 내 생각을 미래로 돌릴 수 없어. 모든 것이 끔찍하고, 때문에 내가 틀림없이 침착하리라는 유일한 기대가 나에겐 없어. 나는 영혼의 영원불멸성을 믿지 않아. 네가 죽으면, 나는 절망과 기진맥진으로, 곧 죽을 거야.

뭐라는 네 병이 가벼운 것이라고 나를 설득시키려 해. 그러나 너는 나에게 편지를 써 보내지 않아. 네 편지를 못 받은 지 한 달이 되었어. 너는 다정하고, 예민하며 나를 사랑하고 있어. 너는 병과 의사들 사이에서 싸우고 있어. 분별없는 사람이여, 병과 죽음의 신의 팔에서 너를 서슴없이 벗어나게 해 줄 수 있는 사람인

나로부터 멀리 떨어져서 말이야……. 너의 병이 계속되면, 한 시간 동안 너를 보러 가는 허락을 얻어내도록 할게. 닷새 후엔 파리에 도착할 것이고, 열 이튿날에는 내 군부대에 돌아와 있을 거야. 너 없이, 너 없이 나는 이곳에 더 이상 유익한 사람이 못 돼. 영광을 원하는 사람은 영광을 사랑하고, 조국에 봉사하고자 하는 사람은 조국에 봉사하도록. 이 유배지에서 나의 영혼은 숨이 막힐 것 같아. 내가 사랑하는 여인이 고통스러워하고 병이 나 있을 때 어떻게 내가 냉정하게 승리를 계산할 수가 있겠어. 나는 어떤 표현을 써야 할지 모르고, 어떤 행동을 취해야 할지 모르고 있어. 나는 역마를 타고 파리로 가고 싶어. 그러나 네가 명예에 민감하기 때문에 부득이 여기에 머물러 있어. 이런 나를 불쌍히 여겨서 편지를 써 보내도록. 그래서 내가 네 병의 성격이 어떤 것이고, 걱정해야 할 것이 무엇인가를 알 수 있도록. 우리들의 운명은 아주 끔찍해. 결혼을 하자마자, 둘이 합치자마자 이내 떨어져야 하니! 내 눈물은 너의 초상화를 흠뻑 적시고 있어. 그 초상화만이 오직 나를 떠나지 않고 곁에 있지. 내 형은 나에게 편지를 보내지 않아. 아! 아마도 자신이 알고 있는 바를 나에게 알려주면 내가 돌이킬 수 없는 괴로움을 받을 것임에 틀림없다고 두려워하고 있을 거야. 잘 있어, 사랑하는 이여. 인생이란 얼마나 고되고 우리가 괴로워하는 고통은 얼마나 끔찍한 것인가……. 백만 번의 키스를 받도록. 내 평생 동안 계속될 너에 대한 내 사랑에 필적할 만한 것은 아무것도 없다는 것을 믿어 줘! 그 사랑은 내 평생 계속될 것이니까. 나를 생각해 줘. 하루에 두 번 나에게 편지를 써 보내도록. 나를 초췌하게 하는 고통으로부터 나를 빨리 벗어나게 해 줘. 와, 빨리 와. 그러나 건강을 돌보도록.

조제핀에게

1796년 6월 15일, 토르토네(공화력 4년, 목월 27일, 정오)

내 생활은 끊임없는 악몽이야. 불길한 예감이 내 숨을 막히게 해. 나는 이제 사는 것이 아니야. 나는 생활 이상의 것을, 행복 이상의 것을, 편안함 이상의 것을 잃었어. 나에게는 거의 희망이란 것이 없어. 너에게 파발을 보냈겠어. 그는 파리에서 4시간밖에 머물지 않을 거야. 그리고는 너의 회답을 내게 가져 올 거야. 열 페이지를 써 보내 주도록. 그것만이 오직 나를 얼마간 위로해 줄 거야. 너는 병중인데, 나를 사랑하고 있어. 나는 너를 슬프게 하고, 너는 위중한데 나는 너를 만나 보지 못하고. 그와 같은 생각은 나를 혼란스럽게 한다. 나는 너에게 너무나 많은 잘못을 저질러서, 그것을 어떻게 속죄해야 할지를 모르고 있어. 나는 네가 파리에 머물러 있다고 비난을 했는데, 너는 그곳에서 병중이었어. 용서해 줘, 아내여. 네가 나로 하여금 느끼게 해 준 사랑이 나에게서 이성을 빼앗아 갔어. 그 이성을 결코 되찾지 못할 거야. 그와 같은 병에서 치유되진 못해. 내 예감이 하도 불길해서 나는 너를 보고, 너를 내 가슴에 품고 함께 죽는 것으로 만족하리라……. 네 병이 위험하다면, 미리 알려 두는데, 난 즉시 파리로 떠나겠어. 내가 도착하면 병을 이겨낼 거야. 나는 언제나 행복했어. 결코 운명이 내 의지에 맞서지 못했어. 그런데 오늘 나는 나에게만 오직 관계되는 것에서 타격을 받고 있어…….

…… 나의 모든 생각은 너의 내실, 너의 침대, 너의 가슴 위에 집중되어 있어. 너의 병, 바로 그것이 밤낮 나를 사로잡고 있어. 입맛도 없고, 잠도 못 자고, 우정에도, 영광에도, 조국에도 관심이 없고, 너, 너뿐이야. 그리고 그 외의 것은 마치 사라져 버린 듯 이제 더 이상 내게 존재하지 않아. 나는 명예에 집착하는데 네가 그것에 집착하기 때문이야. 나는 승리에 집착하는데 그것이 너를 기쁘게 하기 때문이야. 그런 것이 없었다면 나는 모든 것을 버리고 네 발 밑으로 달려갔을 것이야.

…… 때때로 나를 위로해 주는 것은, 네가 병을 앓게 된 것은 운명에 달려 있는 것이고, 네가 죽고 난 다음에도 내가 살아남도록 하는 것은 어느 누구도 할 수가 없다고 생각하는 일이다.

…… 내 눈에는 자연도, 대지도 네가 그 곳에 살고 있기 때문에 오직 아름다울 뿐이야. 그러한 모든 것을 네가 믿지 않는다면, 너의 영혼이 그러한 모든 것을 마음 가득히 납득하지 못한다

면, 너는 나를 슬프게 하고, 너는 나를 사랑하지 않는 것이다. 서로 사랑하는 사람들 사이에는 자기(磁氣)를 띤 신통력이 있지. 너는 잘 알고 있지. 네가 애인을 갖는 것을 내가 결코 용인하지 않는다는 것을. 하물며 남자 애인을 너에게 제공한다는 것은 있을 수 없는 일이다. 그러한 남자를 보면, 즉시 가슴을 찢어버릴 것이다. 그리고 이어, 내가 너의 성스러운 몸에 손을 대 때린다면……. 아냐, 나는 결코 감히 그렇게 하지는 못할 거야. 그럴 것이면, 나는 이 인생을 하직할 거야. 세상에서 가장 정숙한 인간조차 나를 속이고 부정(不貞)을 저지르는 이따위 인생에서 나는 벗어날 거야. 하지만 나는 너의 사랑을 확신하고 그 사랑에 대해 자랑스럽게 여기고 있어…….

그 꿈을 기억하고 있어. 내가 너의 신과 옷가지를 다 벗기고, 너를 온통 내 심장 속에 들어오게 한 그 꿈을. 왜 자연이 그것을 그렇게 되도록 정리해 주지 않았을까? 자연에는 할 일이 많은 터에…….

조제핀에게

1796년 11월 13일, 베로나(공화력 5년, 무월 3일)

나는 이제 너를 조금도 사랑하지 않는다. 오히려 그 반대로 너를 미워해. 너는 천하고, 아주 서투르고, 아주 바보스럽고, 아주 천덕스런 여자야. 너는 나에게 편지를 전혀 써 보내지 않고 있어. 너는 남편을 사랑하지 않고 있어. 네 편지가 네 남편을 즐겁게 해 준다는 것을 알고 있지. 그런데 너는 내갈겨 쓴 여섯 행 밖에 안 되는 편지조차 남편에게 써 보내지 않고 있어!

도대체 하루 종일, 당신은 무엇을 하고 있단 말이오, 부인? 무슨 그렇게 중요한 일이 있기에 당신의 선량한 남편에게 편지를 쓸 시간조차 뺏어 버린단 말입니까? 당신이 남편에게 약속했던 다정하고 한결같은 사랑, 그와 같은 사랑을 억누르고 무시하게 한 것은 어떤 애정입니까? 당신의 온 시간을 빼앗고, 당신의 나날을 속박하며, 당신이 당신 남편을 돌보지 못하게 하는 그 새로운 애인, 그 경이로운 남자는 도대체 어떤 인간인가요? 조제핀, 조심하시오. 어느 날 밤, 문짝들이 때려 부서지고, 내가 현장에 나타난다는 사실을.

사랑하는 사람아, 나는 정말 네 소식을 받아 보지 못해서 걱정을 하고 있어, 빨리 네 페이지의 편지를 써서, 애정과 기쁨으로 내 가슴을 가득 채우는 저 사랑스러운 것들을 말해줘.

나는 기대하는데, 곧 두 팔로 너를 포옹하고, 적도(赤道) 아래와 같은 불타는 듯한 백만 번의 뜨거운 키스를 너에게 퍼부어 줄 수 있으리라 생각해.

조제핀에게

1796년 11월 28일, 밀라노(공화력 5년, 무월 8일 저녁 8시)

베르티에[68]가 제노바에 보낸 파발 우편을 받았어. 너는 나에게 편지를 쓸 틈이 없었지. 나는 그것을 어렵지 않게 느껴. 유흥과 도박에 에워싸여 있는 터에 나에게 아주 사소한 희생이라도 한다는 것은 잘못된 일이겠지.

베르티에는 네가 그에게 써 보낸 편지를 나에게 보여 주었어. 내가 너의 예정이나 너에게 마련된 파티와 같은 것을 틀어지게 하는 것은 내가 의도한 바가 아니지. 나는 그럴 만한 가치가 없는 사람이야. 네가 사랑하지 않는 남자의 행복이나 불행은 네 관심거리가 안 되니까.

나로 말하자면, 너만을 사랑하는 것, 너를 행복하게 해 주는 것, 너를 언짢게 하는 짓은 어느 것도 하지 않는다는 것, 그것이 바로 내 삶의 운명이고 목적이야.

행복하도록. 나에 대해 아무것도 나무라지 말도록. 네가 살아 있음으로 해서 오직 삶을 영위하고 너의 기쁨과 너의 행복만을 즐기는 한 남자의 큰 행복에 관해 흥미를 갖지 말기를. 나의 사랑과 같은 사랑을 너에게 강요한다면 내가 잘못하는 것이다.

---

[68] 프랑스의 원수. 나폴레옹에게 적극적으로 협력한 군인(1753~1815).

다시 말하면, 왜 레이스가 황금과 마찬가지로 무겁게 되기를 바란단 말인가? 내 모든 욕망, 내 모든 생각, 내 삶의 모든 순간을 너를 위해 희생하는 것은, 너의 매력, 너의 성격 그리고 너의 모든 사람 됨됨이 등이 나의 불행한 마음에 미치는 지배력에 내가 복종을 하고 있다는 것이지. 나에게 너를 사로잡을 매력이 없다면, 그렇게 타고났다면, 그건 내 잘못이다. 그러나 조제핀에게서 내가 받을 수 있는 가치있는 것은 존경과 평가이다. 그것은 내가 조제핀만을 오로지, 열광적으로 사랑하고 있기 때문이다.

안녕, 열렬히 사랑하는 아내여. 안녕, 나의 조제핀이여. 운명이 내 마음 속에 모든 슬픔과 모든 고통을 집중시켜 주길 바란다. 그러나 운명은 나의 조제핀에겐 풍요롭고 행복한 나날을 부여해 주기를. 누가 그녀 이상으로 그와 같은 것을 받을 자격이 있단 말인가? 그녀가 더 이상 사랑을 할 수 없다는 것을 확인하면, 나는 마음속에 깊은 고통을 감출 것이다. 그리고 그녀에게 유익하고 무엇인가 좋은 것을 해 줄 수 있는 것으로 만족할 것이다.

나는 편지를 다시 열고 너에게 키스를 보낸다……. 아! 조제핀…… 조제핀…….

5 집정관 정부[69]에게

1797년 6월 30일, 몽벨로

시민 집정관들이여, 나는 방금 뒤모라르의 동의(動議)를 받았습니다. 그 동의는, 국민의회의 명에 따라 인쇄되었는데, 온통 나를 반대하는 것들입니다. 나는 다섯 개의 평화조약을 체결하고, 반 프랑스 대동맹에 결정적인 최후의 일격을 가했습니다. 이런 내겐 공민적 개선식을 요구하지는 않아도 적어도 조용히 지낼 수 있는 권리가 있습니다. 오늘날 나는 갖가지 수단이 다 동원되어 고발당하고, 학대 받고, 헐뜯음을 받고 있습니다. 나의 명성은 조국에 속해 있는데도 불구하고 말입니다.

조국에 내가 큰 공을 세웠다고 법령으로 선포되어 칭송을 받을 만하다고 한 다음, 이렇게 이치에 맞지 않은 잔혹한 조처로 나를 비난하는 것을 나는 참을 수가 없었습니다. 한 망명 귀족에 의해 착상을 얻고 영국에 의해 매수된 선언서가 생쌍 위원회[70]에서의 팔만 병사들의 증언보다, 또한 나의 증언보다 더 신뢰를 받는다는 것을 나는 납득할 수가 없었습니다.

---

69) 프랑스 대혁명 시 5명의 집정관으로 조직된 혁명 정부로 1795년에서 1799년까지 계속되었음.
70) 1795년 공화력 3년에 구성된 정치 집회. 집정관 정부 시대에 원로원과 함께 입법부를 구성하고 있었다. 1799년 쿠데타 때 해산되었음.

뭐라고요? 우리는 배신자들에 의해 무참하게 살해당했습니다. 사백 명 이상의 병사들이 전사했습니다. 그런데 공화국의 제일 행정관의 관직에서, 그 사실을, 한 순간 믿은 것을 사과하다니.

　진창 속에 그리고 큰 도시 주변에 있는 사백 명 이상의 프랑스인들을 질질 끌고 갔습니다. 요새의 보초위병이 보는 앞에서 그들을 무참하게 살해하러 왔습니다. 내가 보내는 것과 같은 단검으로 그들을 수없이 찔러 죽였습니다. 그들이 그 사실을 한 순간만 믿은 것이라면 무리도 아니라고 프랑스 국민의 대표들이 그것을 활자화하게 하다니!

　약한 사람들, 그러나 조국과 영광에 대한 사랑의 감정을 갖고 죽은 사람들, 그들이 그렇게 말했다면, 나는 불평을 하지 않았을 것이고, 그것에 대해 주의도 기울이지 않았을 것입니다. "그 피는 아주 순수한가?"라고 말하는 모임들이 있다는 것을 나는 잘 압니다. 그러나 나에겐 공화국의 최고 행정관들이 프랑스 명성의 영광을 높인 사람들을 그 속에 질질 끌어넣은 타락에 대해 불평할 권리가 있습니다.

　시민 집정관님들, 나의 사표를 받아 달라는 요청을 되풀이해 청하는 바입니다. 나는 조용히 살고 싶습니다. 클리시의 단검들이 나를 살게 놔둔다면 말입니다!

부우리엔[71]에게

1798년 1월 25일, 파리

나는 이곳에 머물러 있고 싶지 않다. 아무런 할 일이 없다. 그들은 아무것도 듣고 싶어 하지 않는다. 내가 더 머물면 곧 파멸이 된다는 것을 나는 안다. 여기에서는 모든 것이 소모된다. 영광이란 이미 나에게 없다. 이 작은 유럽은 그 영광을 충분하게 주지 못한다. 로리앙[72]으로 가야만 한다. 모든 위대한 영광은 거기서부터 온다. 내가 걱정하듯이, 영국 상륙의 성공이 의심스러워 보이면, 영국 원정군은 로리앙 원정군이 될 것이다. 그리고 나는 이집트로 간다.

로리앙은 단지 한 남자만을 기다릴 뿐이다······.

군에 주는 포고령

1798년 6월 22일, 바다에서

병사들이여! 그대들은 세계의 문명과 상업에 헤아릴 수 없

---

71) 프랑스군의 장교로서, 사관학교 시절 나폴레옹의 친구. 이탈리아 전역의 전투에 참전했고 후에 외교관이 되었음. 왕정 복고 후에 루이 18세 밑으로 들어갔다(1769~1834).
72) 지중해 동방의 근동(近東).

▶ **로디 전투 장면. 1796년 5월 10일.** 이탈리아 원정은 이후 20년 동안 펼쳐진 나폴레옹 전쟁의 서막이었다. 이 원정에서 군사적 재능을 인정받은 나폴레옹은 이탈리아 방면에서 오스트리아군을 물리치는 부대의 지휘관이 되었다. 이 때 나폴레옹의 나이는 27세였다.

▶ "4000년의 역사가 제군들을 보고 있다." 1789년 7월 21일 벌어진 피라미드 전투. 피라미드 전투는 나폴레옹의 이집트 원정 당시 가장 치열한 전투 중에 하나였다.

▶ **"이탈리아의 자유를 위하여!"** 이탈리아의 파다나 평원에서 출발한 나폴레옹의 군대는 1800년 5월 드디어 알프스의 생 베르나르 봉을 넘게 된다.

는 결과를 미치는 하나의 정복을 기도할 참이다. 그대들은 앞으로 영국에 죽음의 일격을 가할 수 있을 터인데 그에 앞서 영국에 가장 확실하고 가장 두드러진 타격을 가하게 될 것이다. 영국의 상업만 외곬으로 이롭게 해 주고, 우리나라의 상인들에겐 큰 모욕을 줬고, 나일 강가의 불행한 주민들을 학대하고 있는 마믈루크의 고관들은 우리가 도착한 다음 며칠이 지나면 더 이상 존재하지 않을 것이다.

우리가 함께 살게 될 그 백성들은 마호메트 교도들이다. 그들 교리의 제1항은 다음과 같은 것이다.

"알라 이외에 다른 신은 없다. 그리고 마호메트는 그 신의 예언자이다."

그들에게 반론을 제기하지 말도록. 우리가 유태인과 이탈리아인들과 함께 행동했듯이 그들과 함께 행동하라. 마호메트교의 승려와 그들의 이맘들에 대하여 경의를 표하도록. 그대들이 유태의 랍비와 가톨릭 사제들에게 경의를 표하였듯이 말이다. 로마의 군단들은 모든 종교를 보호했었다. 그대들은 이곳에서 유럽의 풍습과는 다른 풍습들을 발견하리라. 그대들은 그것에 익숙해져야만 한다.

우리가 곧 만나게 될 첫 도시는 알렉산더 대왕에 의해 세워진 곳이다. 우리는 한 발자국 마다 우리 프랑스인들의 경쟁심을 불러 일으키고 자극시키기에 충분한 기념물들을 발견할 것이다.

포고령

1798년 7월 2일, 알렉산드리아

국민 학사원 회원, 총 사령관 보나파르트는 포고한다.

이집트 민중들이여, 본인이 그대들의 종교를 파괴하러 왔다고들 할 것이다. 그러한 말을 믿지 말도록! 그에 대하여, 나폴레옹이 온 것은 그대들의 여러 권리를 회복시켜 주기 위함이고 찬탈자들을 벌주러 왔다고 대답하도록. 그리고 나폴레옹은 마믈루크들 이상으로, 신과 그 예언자 그리고 코란을 존경한다고 대답하도록.

그러한 말을 하는 자들에게 말하도록. 모든 인간은 신 앞에 평등하다고. 오직 지혜로움이나 재능, 그리고 덕성 같은 것들만이 인간들 사이의 차이를 만드는 것이다. 그런데 어떤 지혜로움, 어떤 재능, 어떤 덕성을 지니고 있길래 마믈루크들만이 특권을 갖고 삶을 사랑스럽고 감미롭게 해주는 모든 것을 독점하고 있는가?

훌륭한 토지가 있지? 그 토지는 마믈루크들의 것이다. 훌륭한 노예가, 아름다운 말이, 아름다운 집이 있지? 그 모든 것은 마믈루크의 것이다. 이집트가 그들의 소작지라면, 신이 그들에게 써 준 임대차 계약서를 보여주도록. 그러나 신은 민중들에게 공

▶ "그대들이 이겼소." 마크 장군의 항복. 1805년 10월 19일. 바이에른의 울름 전투에서 패한 오스트리아의 마크 장군이 나폴레옹에게 항복하고 있다.

평하고 자비롭다. 이집트 민중들은 (어떤 차별도 없이) 불려와 모든 자리를 운영하고 관리할 것이다. 가장 지혜롭고 가장 덕성이 있는 사람들이 통치를 할 것이고, 그리되면 민중들은 행복하게 될 것이다.

레드레르[73]와의 대화

1799년 10월 27일(공화력 9년 무월 5일)

군사 작전 계획을 세울 때의 나보다 더 이상 소심한 사람은 없다. 여러 상황 속에서 일어날 모든 위험과 모든 가능한 재난을 나는 과장해 생각하고선, 아주 고통스런 동요 속에 빠져 있는 것이다. 그렇지만 그것은 나를 둘러싸고 있는 사람들 앞에서 퍽 차분한 얼굴로 내가 나타나는 것을 막지는 못한다. 나는 해산(解産)을 하는 여자아이와 같다. 그래서 결심이 서면, 모든 것을 잊어버린다. 어떻게 하면 그 결심한 것을 성공시킬 수 있을지에 대한 것 이외에는 생각하지 않는다.

---

73) 프랑스 대혁명 시 공포정치 때엔 망명했다가 귀국하여 나폴레옹과 가까워졌음. 상원 의원과 에콜 상트랄의 경제학 교수를 역임했으며, 나폴레옹의 백일천하 때 그를 지지했음(1754~1835).

II
집정정치 시대
베일을 벗는 거인의 얼굴

"나는 대혁명의 자식이며, 민중의 품에서 나온 군인이오.
나를 왕처럼 모욕하는 것은 용납하지 못하오."

장병에게 고한다

1799년 11월 9일 (공화력 8년 무월 18일)

　병사들이여, 원로원의 특별 법령은 도시와 군의 지휘권을 나에게 다시 맡기었다. 우리는 공화국 2년 이래로 통치를 잘못 받아왔다. 그대들은 내가 그 많은 재난을 끝나게 할 것을 기대하고 나의 귀환을 다 함께 축하해 주었다. 그와 같은 일치된 단결은 내게 여러 가지 의무를 부과하고 있고 나는 그것을 수행할 것이다. 그대들은 그대들의 의무를 수행할 것이고 내가 그대들이 갖고 있다고 믿는 에너지와 단호함 그리고 신뢰심을 바탕으로 그대들의 장군을 보좌해야 할 것이다.

　자유, 승리 그리고 평화는, 프랑스 공화국이 유럽에서 차지하고 있던 지위를 다시 찾게 할 것이다. 어리석음 또는 배반만이 그와 같은 지위를 잃게 할 수 있었던 것이다. 공화국 만세!

원로원에서의 연설

　시민 대표자 여러분, 공화국이 멸망해 가는 광경을 당신들은 보아왔습니다. 그런데 당신네의 법령이 공화국을 방금 구해냈

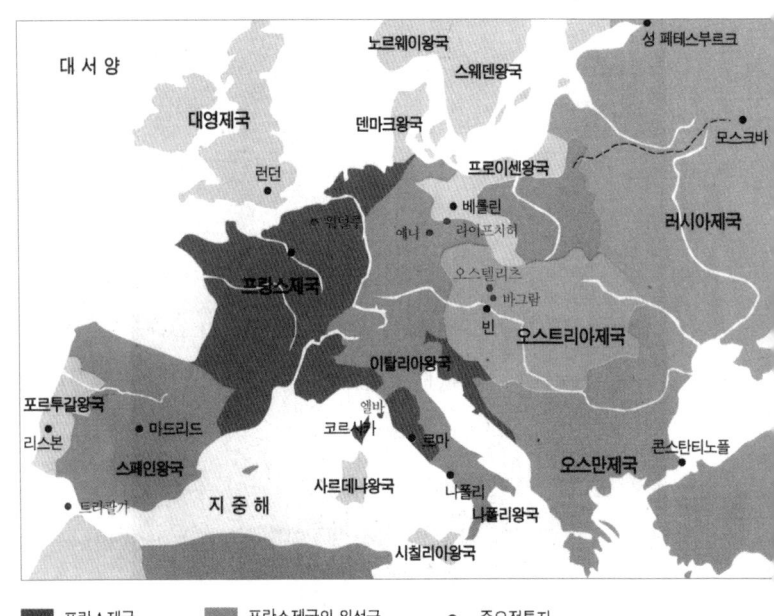

▶ 나폴레옹제국 시절의 프랑스와 주변국(1812년).

습니다. 혼란과 무질서를 원하는 자들에게 화가 미치기를! 나는 내 모든 전우들의 도움을 받고 그것들을 저지할 것입니다. 당신네의 지혜는 그 법령을 결정했고, 우리의 힘은 그것을 집행할 수 있을 것입니다. 진실한 자유 위에, 시민적 자유 위에, 국민적 대의제도 위에 기초를 둔 공화국을 우리는 원하고 있습니다. 우리는 그와 같은 공화국을 갖게 될 것입니다! …… 나는 그것을 여러분께 단언하는 바입니다!

대영제국과 아일랜드 왕 폐하께
1799년 12월 25일

프랑스 국민들의 바라는 바에 따라 공화국의 제1 집정의 자리에 앉도록 부름을 받은 나는, 직무 수행에 들어가면서 그 사실을 폐하께 직접 알려 드리는 것이 합당한 일이라고 생각합니다.

전쟁, 8년 전부터 세계 4대주를 휩쓸어 피해를 주고 있는, 그 전쟁이 영원한 것이 되어야만 합니까? 그렇다면 서로 이해하고 합의를 할 아무런 방법도 없단 말입니까? 유럽에 가장 현명한 두 나라, 자신의 안전과 자신의 독립이 요구하는 바보다 더 권위 있고 보다 더 강력한 두 국가들이 어떻게 해서 상업 교류의 유리함과 지난날의 번영, 가정의 행복을 위대함에 대한 헛된 야망으로 인해 희생시킬 수 있겠습니까? 평화란 첫째 가는 영광이며 지금 우리에게 필요한 제일의 욕구라는 것을 어째서 이 두 나라는 느끼지 못한다는 말입니까?

폐하께서는 이 협상 제안 속에서, 신속한 교섭으로 전체적인 강화에 효과적으로 기여코자 하는 나의 진지한 바람만을 보실 것입니다.

내무장관 뤼시앵 보나파르트[74]에게
1799년 12월 26일

내무장관은 다음과 같은 개념들에 대해 특별한 주의를 기울여야 할 것이다.

혁명 전에 시(읍, 면)는 영주와 사제들에게 속해 있었다. 가신(家臣)과 소교구의 신자들은 서로 내통할 길이 없었다. 도랑도 없었고 자기네 소와 양들을 놓아서 풀을 먹일 초원도 없었다.

각 시(읍, 면)는 갑작스러우나 마땅하게 봉건 영주의 소유지로부터 보행하고 방목하는 그 공공의 권리를 빼앗은 1790년 이래, 일반법의 보호 아래 하나의 진짜 인격이 되어서, 소유하고 획득하고 판매하며, 시 집단의 이익이 되도록 우리 법전의 모든

---

74) 나폴레옹의 동생(1775~1840).

행위를 할 수 있는 권한을 갖게 되는 것이다. 그리하여 프랑스는 갑자기 3만 6천의 개성(個性)으로 나뉘게 되었다. 그 개성들은 제각기 자기에의 영역을 넓히고, 그 생산품을 개량하고, 그 수입을 늘리도록 촉구받게 되었다.

따라서 프랑스 번영의 싹이 거기에 있었던 것이다.

왜 그와 같은 발전의 싹이 과거에 없었는가에 대한 이유는 다음과 같다. 그것은 소유주의 개인적인 이기심이 끊임없이 감시를 하며, 모든 것이 수확을 내도록 하기 때문이다. 그 반대로 공동체의 이기심이란 원래가 지루하고 열매를 맺지 못하는 불모의 것이다. 개인의 이기심은 본능만을 요구할 뿐인 터에, 공동의 이기심은 덕성을 요구하는데, 그 덕성은 드문 것이다. 1790년 이래 3만 6천 개의 시(읍, 면)는 프랑스에서 3만 6천 명의 고아들을 대표하고 있다. 그 고아들은 오래된 봉건법의 상속자이며, 십 년 전부터 국민의회와 5집정관 정부의 시(읍, 면) 보호자들에게서 버림받고 약탈당한 여자애들이다.

마을과 마을을 잇는 지름길을 훔쳐 갔고, 오솔길을 훔쳐 갔으며, 성당을 훔쳐 갔고, 시(읍, 면)의 집기를 훔쳐 갔다. 그와 같은 체제가 또 십 년간 존속한다면 시(읍, 면)들은 어떻게 될 것인가?

일일 명령

1800년 2월 7일

워싱턴이 죽었다. 그 위대한 사람은 전제군주정치에 대항해서 싸웠다. 그는 자기 조국의 자유를 확고히 했다. 그에 대한 추억은 두 세계의 자유로운 모든 사람에게나 마찬가지로 프랑스 국민들에게 귀중하다. 그리고 특히 프랑스 병사들에게 그러하다. 프랑스 병사들은 그와 미국의 병사들과 마찬가지로 평등과 자유를 위해 싸우고 있는 것이다.

마랭고[75] 전황 보고서

1800년 6월 15일, 토르데이 갸로폴리

14일 여명에, 적은 돌파구를 마련할 작정으로 세 개의 다리를 통해 보르미다 강을 건너 대거 진출하여, 우리 군의 전위를 기습하고 난 다음, 가장 큰 민첩함을 갖고 유명한 마랭고 전투를 시작했다. 그 전투는 이탈리아와 오스트리아의 운명을 마침내 결정지었다.

| 75) 이탈리아의 도시.

우리들은 전투 중 네 번이나 퇴각했고 또한 네 번이나 전진했다. 육십 문 이상의 대포가 양쪽에서, 서로 다른 지점 그리고 서로 다른 시각에 노획되고 탈환되었다. 열두 번 넘게 기마병의 기습이 있었는데, 그 성공은 갖가지 다른 것들이었다.

오후 세시였다. 만 명의 기병이 산 귀리아노의 웅장한 평야 속에서 우리 군의 우익을 우회하고 있었다. 하나의 전열을 이룬 보병 부대와 다수의 포병대들에 의해 그들은 엄호를 받고 있었다. 근위대의 정예 병사들이 그 무한히 넓은 평야의 한가운데에 화강암 각면의 보루처럼 배치되어 있었다. 아무것도 그것에 타격을 입힐 수 없었다.

적은 전 전선에 걸쳐서 전진하고 있었으며, 백 문 이상의 대포가 일제히 불을 뿜어대고 있었다. 통로는 도망병, 부상병, 파편들로 발 디딜 틈이 없었으며, 전투는 패배한 것처럼 보였다. 그곳에는 드제 사단이 앞에다 여덟 문의 경대포를 전진 배치하고 양익에 T자 모양으로, 촘촘히 조인 종대로 된 2개 대대와 함께 전투대형을 취하고 있었다. 이미 적군은 과오를 저지르고 있었고 그 과오는 대파국을 예고하고 있었다. 그들은 자기 군의 양익을 지나치게 넓혔던 것이다. 제1집정[76]이 현장에 있음으로써 군대의 사기를 북돋워 주었다. "제군들, 그대들은 내 습관이 전쟁터에서 자는 것이라는 것을 명심하도록."

---

76) 나폴레옹(1799년에서 1804년까지).

▶ **칼 베르네, 〈마랭고 전투의 기록〉, 1805년.** 마랭고 전투는 1800년 6월 14일 프랑스군과 이탈리아군 사이에 벌어진 전투로, 전투는 나폴레옹이 이끄는 프랑스군의 승리로 끝났지만, 마랭고 전투의 승리의 주역인 드세 장군은 전사했다.

살림 인문 베스트
Best Books

(주)살림출판사 www.sallimbooks.com
413-756 경기도 파주시 교하읍 문발리 파주출판문화정보산업단지 522-2번지
대표전화 031-955-1350 / 팩시밀리 031-955-1355

전봉관의 경성 복원 프로젝트

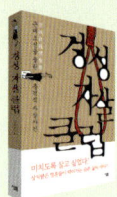

지은이 전봉관
페이지 312쪽
가 격 12,000원

전봉관
사변적이고 이데올로기적인 인문학을 넘어 사람 냄새 나는 인문학을 찾기 위해 문화 현상과 사건, 인물에 관심을 갖고 있다. 문·사·철 어느 영역에서도 연구하지 않지만, 인문학적으로 의미 있는 다양한 문화 현상을 연구하고 있다. 전공인 문학뿐만 아니라, 살인 사건, 스캔들, 사기·협잡, 투기, 가정 문제 등을 문화사적으로 조망한 다양한 글을 발표하고 있다.

경성자살클럽
근대 조선을 울린 충격적 자살 사건

♣ **상하이 국제 삼각연애 살인 사건**
후텁지근한 한여름 밤, 쥐 죽은 듯 조용하던 상하이 공동조계의 정적을 깨뜨린 세 발의 총성! 세 구의 시신과 한 명의 생존자가 남았다. 대체 이들 사이엔 어떤 사연이 있었던 것일까?

♣ **청상과부 신여성 윤영애 자살 사건**
1933년 7월 27일 오전, 스물셋 젊고 당찬 신여성이 칼모틴 한 움큼을 집어삼켰다. 영원히 깨어날 수 없는 잠에 빠진 그녀. 반년쯤 전 사랑하던 남편을 잃고도 씩씩하게 살아가던 그녀를 죽음으로 몰아간 것은 무엇인가?

♣ **고학생 문창숙 집단 따돌림 자살 사건**
흰 눈이 펄펄 내리던 겨울날, 이화여전 뒷산에서 여학생이 목을 맨 채 발견되었다. 그녀는 누가 죽였는가? 그리고 그해 겨울 이화여전 기숙사에서는 과연 무슨 일이 벌어졌던 것인가?

미래는 핀란드에 있다
국가경쟁력 1위의 비밀

2차 대전 후 유럽에서 가장 가난했던 나라가
어떻게 이렇게 놀라운 성취를 이룰 수 있었을까

고무와 목재 생산업체에서 통신업계의 세계적 리더로 도약한 노키아, 제2차 대전의 패전국 중 전쟁 배상금을 모두 갚은 유일한 나라, 1952년 헬싱키 올림픽 개최로 12년 전 무산된 올림픽 개최 약속을 끝끝내 지킨 나라. 핀란드의 독특한 역사와 민족성에서 '국가경쟁력 1위'의 비밀을 발견한다.

★ 교보문고 · 알라딘 · yes24 인문 · 역사 베스트셀러

지은이 리처드 D. 루이스
옮긴이 박미준
페이지 328쪽
가 격 13,000원

쿨 잇
회의적 환경주의자의 지구 온난화 충격 보고

지구 온난화 논쟁의 지형도를 뒤바꾼 도발적인 문제작! 『회의적 환경주의자』를 통해 전 세계적으로 엄청난 반향을 불러일으킨 롬보르의 획기적인 신작! 환경 문제에만 매달리지 않고 인류가 풀어야 할 여러 문제까지 살피는 참신한 관점으로 온난화에 얽힌 논쟁의 지형도를 바꾼다. 저자의 명쾌한 글쓰기와 방대한 근거 자료를 제시하는 논리적 반박이 돋보이는, 환경 측면의 가장 뛰어난 안내서이다.

지은이 비외른 롬보르
옮긴이 김기응
페이지 328쪽
가 격 14,000원

무지의 사전
브리태니커와 구글에도 안 나오는 인류 지식의 최신 보고서

지은이 카트린 파지크 · 알렉스 숄츠
옮긴이 태경섭
페이지 308쪽
가 격 13,000원

우리 시대 과학자들이 풀지 못한 엉뚱한 문제들, 그리고 기발한 실험들

세상의 대부분의 책이 앎의 세계를 얘기하고 있다면, 이 책은 우리가 해명하지 못한 무지의 영역을 탐구한다. 뱀장어의 번식은 환각제의 작용방식과 마찬가지로 수수께끼이고, 여성의 사정에 관해서는 거의 밝혀진 바가 없다. 지식의 빈틈들을 해명코자 애쓴 과학자들의 엉뚱하고 기발한 연구 결과가 담겨 있다.

알파벳의 신비
세상을 만든 문자, 알파벳. 알파벳은 어떻게 태어나, 어떤 상징과 마법의 힘을 갖게 되었나

지은이 마르크 알램 우아크냉
옮긴이 변광배 · 김용석
페이지 400쪽
가 격 18,000원

서양 문명의 근원 알파벳의 역사와 신비를 파헤친다

알파벳은 어떻게 해서 오늘날의 알파벳이 되었는가? 그 철자 하나하나에는 어떤 역사적 흔적과 상징적 의미가 담겨 있을까? 저자는 문자고고학적 입장에서 알파벳의 역사와 신비를 정리한다. 이를 통해 알파벳이 서양 문명의 근원을 이루었으며, 우리가 잊고 있는 그것의 상징들이 현대까지 이어지고 있다는 사실을 확인한다.

'공화국 만세! 제1집정 만세!' 라는 외침 속에서 드제는 중앙을 돌파하여 돌격했다. 한 순간에 적군은 붕괴되었다. 켈레르만 장군, 그는 자신의 중기병 여단을 인솔하고 하루 종일 우리 군 왼쪽의 퇴각을 엄호하고 있다가 아주 힘차고 너무나도 적절한 돌격을 감행하여 육천 명의 정예 병사와 통합 참모 본부장인 잣슈장군을 포로로 잡았다. 그리고 여러 명의 적의 장군들이 전사했다.

군 전체가 그 움직임을 따랐다. 적군의 오른쪽은 잘렸다. 망연자실한 기운과 크나큰 공포심이 적군 전열 안에 퍼졌다.

우리는 열다섯 개의 군기와 사십 문의 대포를 탈취했으며, 육천에서 팔천 명의 포로를 잡았다. 육천 명 이상의 적군들이 전쟁터에 버려져 있었다.

베르티에 장군의 옷은 총탄에 맞아 구멍투성이가 되었다. 그의 부관들 여럿은 낙마했다. 무엇보다 우리 군이 아프게 느낀 손실, 그리고 온 공화국 전체가 아프게 느낄 하나의 손실은 드제[77]가 자기 사단이 돌격을 시작할 때 적탄에 맞아 쓰러진 것이다. 이는 기쁨을 느낄 우리 마음의 문을 닫게 한다. 그는 함께 있던 젊은 르브룅에게 다음과 같은 말을 할 틈밖에 없었다.

"제1집정에게 전해 드리도록. 나는 후세에 길이 남을 만큼

---

[77] 라인 원정군에서 이름을 날리고 나폴레옹을 따라 이집트를 정복했음. 관대하고 공정한 장군으로 이집트인들의 칭송의 대상이었다고 함. 나폴레옹은 그의 죽음을 진정으로 안타까워했음(1768~1800).

충분한 일을 하지 못한 것을 애석하게 여기며 죽는다고."

드제 장군은 사흘 전에 사령부에 합류했을 뿐이다. 그는 못 견디게 싸우고 싶어했다. 그래서 그는 자신의 부관들에게 그 전날 밤에도 두세 번이나 다음과 같이 말했다.

"유럽에서 내가 싸우는 것은 오래간만의 일이다. 포탄이 우리를 알아보지 못하고 있어. 우리에게 무슨 일인가 일어날 것이야."

포화가 가장 치열하게 터지고 있는 한가운데, 사람이 와서 제1집정에게 드제의 죽음을 알려 왔을 때, 제1집정관은 다음과 같은 한마디만 입 밖에 냈을 뿐이다.

"왜 나에겐 우는 것도 허용되지 않는단 말인가?"

장군의 시신은 역마로 밀라노에 옮겨져 그곳에서 방부처리되었다.

레드레르와의 대화

1800년 7월

드제는 프랑스군 제일의 장군이 되었을 것이다. 그는 마렝고에서 자신의 죽음을 예감하고 있었어. 나는 그가 침울해져 있는 것을 보았어. 그리고 결정적인 순간에 내 둘레에 많은 불안이 감돌자, 나는 내가 안전하고 편안하다는 것을 보여주기 위해서 일부러 말에서 내려와 그에게 "잠깐 풀밭 위에 앉으세."라고 말했지. 바로 그때에 드제는 나에게, "포탄이 이젠 저를 알아보지 못하네요."라고 말을 한 거야. 나는 말에 올라탔다. 그리고 행동을 할 순간이 왔다는 것을 간파한 다음, 공격을 명령했다. 그 공격이 막 시작되는 순간, 그는 한 발의 총탄에 맞고 말았어. 나는 예감을 많이 믿어, 내가 말이야…….

레드레르와의 대화

1800년 8월 16일

내가 왕실의 꼬리 없는 붉은 원숭이라고!…… 내가 루이 16세와 같은 사람에 비교될 수 있을 거라고? 나는 모든 사람의 말을 들어. 그러나 내 머리가 나의 유일한 상담 역할을 하지. 한 계층의 인간들이 있는데, 그들은 아주 광적인 혁명가들, 호언장담하는 자들과 이데올로그(관념론자, 공론가)들 이상으로 프랑스에 해를 끼치는 부류이지. 막연하고 그릇된 정신의 소유자인 그들은 기하학 수업을 좀 받았으면 훨씬 좋았을 거야.

나의 정치는 대다수의 사람들이 바라는 대로 사람들을 통치하는 것이야. 바로 거기에 백성의 지상권을 인정하는 방법이 있는 거라고 나는 믿고 있어. 내가 가톨릭 신도가 됨으로써 방데의 전쟁[78]을 끝냈고, 내가 회교도가 됨으로써 이집트에 자리잡았고, 내가 교황지상주의자가 됨으로써 이탈리아에서 그들의 마음을 얻을 수 있었지. 내가 만일 유태인 백성들을 다스려야 한다면 나는 솔로몬의 신전을 다시 복원해 세울 것이다.

프로방스 백작[79]

1800년 9월 7일

나는 귀하의 편지를 받았습니다. 그 편지에 적어 보내주신 좋은 말씀에 대해 감사드립니다. 귀하는 프랑스로 돌아오시는 것을 바라지 않으셔야 할 것입니다. 그렇게 되면 십만 명의 시신을 밟고 행진을 하셔야만 할 것이기 때문입니다. 프랑스의 안녕과 행복을 위해 귀하의 이익을 희생하십시오. 역사는 귀하의 그와 같은 희생을 참작할 것입니다.

나는 귀하의 가족의 불행에 대해 무감각한 사람은 아닙니다. 나는 귀하의 은퇴 생활을 즐겁고 평온하게 해 드리도록 하는 데 기쁨을 갖고 이바지할 것입니다.

---

78) 프랑스 대혁명기에 일어난 반혁명 운동.
79) 루이 16세의 동생으로 1814년에서 1824년까지 프랑스 국왕이었던 루이 18세 (1755~1824).

***

튈르리 궁전에서 처음으로 내가 보나파르트를 만났을 때, 그 오래되고 침침한 타피스리 벽걸이와 해가 들지 않는 궁전 방의 어두움을 쳐다보면서, 나는 보나파르트에게 이렇게 말했다.

"이거 음산한데요, 장군!"

"그래, 위대함이 그런 것처럼!" 하고 그는 답했다.

– 레드레르의 회고록

***

제1집정은, 상원의원인 라플라스와 몽주 그리고 나에게, 법제 심의원에서 특별 재판소법을 옹호하는 참사원에 반대해서 행한 욕설들에 대하여 다음과 같이 말했다.

"나는 대혁명의 자식이며, 민중의 품에서 나온 군인이오. 나를 왕처럼 모욕하는 것은 용납하지 못하오."

– 레드레르의 회고록

***

이봐요, 나는 지난 일요일에 이곳 말메종[84], 그 적적함 속에서, 그 자연의 고요 속에서 산보하고 있었어. 뤼에유 성당의 종소리가 갑자기 나의 귀청을 때렸어. 나는 감동했는데, 어렸을 때의 첫 습관들과 교육의 힘이 너무나도 강력했던 것이야! 그러자 나는 이렇게 생각했어. "순박하고 고지식한 사람들에게 그것은 대단한 인상을 줄 것임에 틀림없어!" 당신네 철학자, 당신네 이데올로그들은 그것에 대답을 해 주면 좋겠어! 민중들에겐 하나의 종교가 있어야 한다. 그 종교는 정부의 손 안에 있어야 한다.

티보도의 회고록[81], 1801년 6월

***

나는 이탈리아에 관해 큰 구상을 갖고 있다. 그것은 알프스 산 넘어 베니스부터 레알프 마리팀(해안에 연안 알프스 산의) 기슭까지에 위치한 모든 나라들을 감싸는 하나의 왕국이어야만 한다는 것이다. 이탈리아와 프랑스의 합병은 과도기적인 상태일 수밖에 없다. 그러나 그것은 이탈리아 민중들이 공동의 법률 아래 사는 데 익숙해지기 위해 불가피한 것이다. 제노바인들, 피에몬테인들, 베니스인들, 밀라노인들, 토스카나의 주민들, 로마인들, 나폴리인들은 서로를 미워하고 있다. 그들 중 어느 누구도

---

80) 제1집정 시절 나폴레옹이 거주했고 이혼 후에 조제핀 황후가 거주한 성관.
81) 이 회고록에는 나폴레옹 자신이 말한 것을 그대로 옮긴 것이 자주 나온다. 이것이 바로 그러한 경우이다.

다른 고장 사람의 수월성을 인정하지 않는다. 그렇지만 로마는 그 평판 때문에 이탈리아의 자연스러운 수도가 되는 것이다. 그렇게 되기 위해선 교황들의 권력이 오로지 정신적인 한계로 제한되어야만 한다. 그러한 것을 현재 내가 하려고 하는 것은 아니다. 좀 후에 검토할 일이다. 나는 아직 막연한 생각밖에 갖고 있지 않다. 그러나 그것은 시간과 더불어 무르익으리라. 그리고 모든 것은 상황에 달려 있다. 일률적인 법률들에 복종하는 유일한 강국으로 단번에 한 덩어리로 모아서 굳힌다는 것은 불가능하기 때문에, 나는 우선 이탈리아를 프랑스식으로 만드는 것으로 시작할 것이다. 그러면 보잘것없는 그 모든 작은 나라들은 같은 법의 지배 아래 살아가는 데 익숙해질 것이다. 그리고 습관들이 서로 섞이고 반목들이 사라지고 나면, 그 때에 하나의 이탈리아가 생겨나리라. 그렇게 되면 나는 그 나라를 독립시켜 줄 것이다. 그러나 그러기 위해선 이십 년이란 세월이 나에게 필요한데, 누가 미래를 믿을 수 있단 말인가?

― 부우리엔느의 회고록. 1802년 3월

참사원에서

모든 나라에서 무력은 민간인의 자질에 복종을 합니다. 총검은 신앙의 이름으로 말하는 신부 앞에서 그리고 학식으로 받아들이게 하는 사람 앞에 몸을 굽힙니다. 나는 불안에 떠는 군인들에게, 국민이 오십 년간의 무식에 얼이 빠져버리지 않는 한 결코 군사정부가 프랑스에 뿌리내리지는 못할 것이라고 예언을 했습니다. 모든 시도는 실패할 것이고, 그 시도를 한 주모자들은 그것의 희생자들이 될 것입니다. 내가 통치하는 것은 내가 통치를 잘 할 수 있는 민간인의 자질을 갖고 있다고 국민들이 믿고 있기 때문이지 장군으로서 하는 것이 아닙니다. 만일 국민이 그와 같은 의견을 갖고 있지 않다면 정부는 유지되지 못할 것입니다. 내가 육군대장으로서 학사원 회원 자격을 갖고 있을 때 내가 하고 있는 것이 무엇인지를 알고 있었습니다. 나는 최하위 계급의 북 치는 사람에게까지도 이해되고 있다고 확신했었습니다.

오늘날 야만무지의 세기들에 대하여 논의를 해서는 안 됩니다. 우리는 지식과 농토 그리고 상업으로 합쳐진 삼천만 명의 집합체입니다. 그 거대한 다수 곁에 삼사십만 명의 군대는 아무것도 아닙니다. 병사 자신들도 민간인들의 자식입니다. 군대는 바로 국민입니다.

군인들의 특성은 모든 것을 전제적으로 처리하기를 원하는 것에 있고, 민간인의 특성은 모든 것을 토론에, 진실에, 이성에 따르게 하는 것에 있습니다.

— 레드레르의 회고록, 1802년 5월 4일

▶ "대륙군을 정복한 건 러시아군의 총탄이 아니라 추위와 기근이었다." 다비드, 〈모스크바에서의 퇴각〉, 1812년.

참사원에서

고대의 공화국이건 근대의 공화국이건 간에 훈장이 없었던 나라를 대보시오. 사람들은 그 훈장을 장난감 딸랑이라고 부릅니다. 그렇습니다! 바로 그 딸랑이가 사람들을 이끌어가는 것입니다. 나는 이와 같은 말을 일반 사람을 상대로 하는 연단에서 하지는 않을 것이지만, 유식한 사람이나 정치가들 모임의 회의 석상에서는 모든 것을 다 말해야만 할 것입니다. 나는 프랑스 백성들이 자유와 평등을 사랑한다고 생각하지 않습니다. 프랑스인들은 십 년간의 혁명에도 바뀌지 않았습니다. 그들은 예전에 갈리아 사람들이 그랬듯이 자만심이 강하고 경박합니다. 그들은 단지 하나의 감정을 지녔을 뿐입니다. 즉 그것은 명예입니다. 따라서 그 감정에다 양식을 주어야만 합니다. 그들에겐 훈장이 필요한 것입니다. 프랑스 백성들이 외국인들의 훈장들 앞에서 얼마나 겸손히 무릎을 꿇는가를 보세요. 외국인들은 그것을 보고 놀랐던 것입니다. 그래서 그들은 훈장을 달고 다니는 것을 결코 잊지 않습니다.

볼테르는 병사들을 '일급(日給) 다섯 수의 동전을 받는 알렉산더'라고 불렀습니다. 그의 말은 옳았습니다. 그들은 그 이외 다른 것이 아닙니다. 당신들은 분석(分析)하는 것을 통해 병사들을 싸우게 할 수 있을 것이라고 믿습니까? 결코 그렇게 하지 못합니다. 그 분석은 서재 속의 학자를 위해서만 훌륭한 것입니다. 병사에겐 영광과 훈장 그리고 보상이 필요한 것입니다. 공화국의 군대는 위대한 일을 해냈습니다. 그것은 그 군대가 농부와 그 농부의 아들들로 구성되었고, 불량배들로 구성된 것이 아니기 때문입니다. 그리고 또한 명예감에 의한 것이기 때문입니다. 바로 그와 똑같은 원칙으로, 루이 14세의 군대가 위대한 일을 이룩한 것입니다.

– 레드레르의 회고록, 1802년 5월

▶ "여기가 진정 전쟁터다!" 필립-조제프-오귀스트 발로, 〈에일라우 전장의 나폴레옹〉, 1833년. 1807년 아일라우에서 벌어진 프랑스군과 프루시아-러시아 연합군의 전투 후, 나폴레옹이 전장을 둘러보고 있다. 1808년에 그려진 앙트완-장 그로의 모사 작품.

일일 명령

1802년 5월 12일

정예병 고뱅이 사랑 때문에 자살을 했다. 그는 아주 훌륭한 사람이었다. 군단 본부에 그와 같은 일은 한 달 사이 두 번째로 일어난 사건이다.

제1집정은 다음과 같은 사항이 근위대의 군령이 될 것을 명령한다.

즉 병사는 정열의 고통과 우울을 이겨낼 수 있어야만 한다. 영혼의 아픔을 의연하게 견디어 내는 것은 비처럼 쏟아지는 포탄 밑에 꿈쩍 않고 머물러 있는 것과 같은 정도의 진짜 용기가 있어야 하는 것이다.

저항 없이 슬픔에 잠긴다는 것, 거기에서 벗어나려고 자살을 하는 것, 그것은 승리하기 전에 전쟁터를 버리는 것이다.

제롬 보나파르트[82]

1802년 8월 6일

해군 중위님, 나는 그대의 편지를 받았네. 바다의 한가운데 있는 작은 군함 위에서 그대를 한시바삐 보고 싶어. 바다는 그대의 영광의 길이 되어야만 하네. 나는 그대가 젊어서 죽어도 좋다고 생각해. 그러나 영광 없이, 조국을 위해 쓸모도 없이, 그대가 살았다는 자국도 남기지 못하고 살고 있는 것이라면 젊어서 죽어선 안 돼. 그것은 살지 않았다는 것이나 마찬가지이니까.

---

82) 나폴레옹의 막내 동생(1784~1860).

***

　나의 권력은 내 영광에서 오는 것이다. 그리고 내 영광은 내가 거둔 여러 승리에서 오는 것이다. 내가 권력의 기초로서 새로운 영광과 승리를 주지 않는다면 내 권력은 무너져 버릴 것이다. 정복은 오늘의 나를 만들어 준 것이고, 정복만이 오직 나를 지탱해 줄 수 있다.

　우정이란 하나의 말에 불과하다. 즉 나는 어느 누구도 사랑하지 않는다. 나는 내 형제들조차도 사랑하지 않는다. 조제프는 아마도 좀 사랑할거야. 그러나 내가 그를 사랑하는 것도 그가 내 형이기 때문이고, 습관적으로 그러는 것이야. 참 그래! 뒤록[83]! 그 역시 내가 사랑한다. 왜냐고? 그의 성격이 내 마음에 들기 때문이다. 그는 차갑고 무뚝뚝하고 엄격하다. 그리고 그는 결코 울지 않는다! 나에게는 아무래도 좋다. 진짜 친구가 내 자신에게 없다는 걸 나는 잘 알고 있다. 오늘날, 있는 그대로의 나일 경우, 외견상의 친구는 원하는 만큼 만들 수 있을 거야. 여인네들은 울게 놔 두어야 한다. 우는 것은 그들의 일이니까. 나에겐 인정이 없다! 단호해야만 한다, 단호한 마음을 가져야만 한다. 그럴 수 없다면, 전쟁이나 통치에 개입해서는 안 된다.

– 레드레르의 회고록, 1802년 12월

---

[83] 프랑스의 장군. 제정시대에 장관을 지냈음(1772~1813).

튈르리의 시민 보나파르트 여사 저택에서의 외교적 리셉션(영국 대사와의 대화)

1803년 3월 13일

보나파르트 : 그렇다면 당신네는 나와 전쟁을 하겠다는 겁니까?

위트워즈 경 : 아닙니다, 제1집정님. 그러기엔 우리들이 평화의 이로움을 너무나 절실히 느끼고 있답니다.

보나파르트 : 우리들은 십오 년간 이미 전쟁을 하였지요!

위트워즈 경 : 이젠 너무 지긋지긋합니다.

보나파르트 : 하지만 당신네는 다시 또 십오 년간 전쟁을 하고 싶어합니다. 그리고 당신네는 나에게 그 전쟁을 하지 않을 수 없게 만들고 있습니다. 영국 사람들은 전쟁을 원합니다. 하지만 처음으로 칼을 빼드는 것이 영국인들이라면, 나는 최후로 칼집에 칼을 꽂아 넣는 사람이 될 것입니다. 영국인들은 조약들을 존중하지 않습니다. 앞으로는 그것들을 검은 상장(喪章)으로 덮어야만 합니다. 당신네가 군비를 갖춘다면, 우리 또한 군비를 갖출 것입니다. 당신네가 싸우기를 원한다면, 우리 또한 싸울 것입니다. 조약을 존중하지 않는 자들에게 화가 미치리라! 프랑스의 국민을 죽일 수는 있어도 그들을 겁먹게 할 수는 없습니다.

참사원에서

　식민지 개척자들은 프랑스인들입니다. 그들은 프랑스인의 성격과 자존심을 갖고 있습니다. 그들은 자기네들의 권리에 대한 의식을 갖고 있습니다. 즉 그들은 노예가 될 수 없습니다. 노예가 되게 하려면, 그들에게서 말을 하고 생각을 하고 글을 쓰는 능력을 빼앗아야만 할 것입니다. 물론 식민지는 힘으로 통치를 해야만 합니다. 그러나 정의로움 없는 힘이란 없는 것입니다. 따라서 정부는 분별있고 현명해져야만 합니다. 그래서 당사자들의 이야기를 들어야만 합니다. 그것은 공평하게 되기 위해서 착한 일만 하는 것으로는 충분하지 않고, 피통치자들이 그것에 설득되어야만 하는데, 피통치자들은 자기네의 이야기를 들어주었을 때에만 오직 설득되기 때문입니다. 이 참사원이 천사와 신들로 구성되어, 자신들이 해야 할 가장 좋은 것이 무엇인가를 첫눈에 알 수 있다 해도, 식민지 개척자들은 자신들의 말을 들어주었다는 확신을 지녀야만 할 것입니다. 힘은 또한 여론에 기반을 두고 있는 것입니다.

- 티보도의 회고록

레드레르와의 대화

1804년 3월 8일

나, 나는 야망이라곤 없어. 내가 만약 그 야망을 가졌다면, 그것은 나에게 너무나도 당연하고, 아주 선천적이며 내 생활에 너무나도 잘 연결이 되어, 내 핏줄 속에 흐르는 피와 같고 내가 들이마시는 공기와 같은 것일 게야. 그 야망은 내가 더 빨리 가게 하지 않으며, 내 속에 있는 나의 자연스러운 동기와 다르게 가게 하지도 않는다. 나는 그 야망을 위해서 또는 그것에 대항해서 결코 싸우지 않았다. 그 야망은 나보다 결코 더 다급하지 않았다. 그 야망은 상황과 내 전체적인 온 생각들과만 함께 나아갔다.

***

어느 날 새벽 두 시에, 간부회의에서 육군 대신이 잠이 들었다. 여러 명의 참석자들이 지쳐 잠에 취해 있자, 보나파르트는 이렇게 말했다.

"자, 자, 시민여러분 일어납시다. 두 시밖에 안됐습니다. 프랑스 국민들이 우리에게 주는 돈은 힘들여 일을 해서 받아야만 합니다."

– 레드레르의 회고록

폴린 보르게세[84]에게

1804년 4월 6일

사랑하는 여동생아, 네가 로마의 풍습과 관행에 따르려는 좋은 마음을 갖지 않고, 주민들에게 경멸을 표시하고 끊임없이 파리 쪽에 눈길을 보내고 있다는 얘기를 듣고 마음 아프게 생각하고 있어. 비록 국가 대사에 바쁘지만, 나는 그래도 내 의도를 너에게 알려주려 해. 네가 내 의도에 따를 것을 기대하면서 말이다.

네 남편과 그의 가족을 사랑하여라. 상냥한 사람이 되어라. 그리고 로마의 풍습에 적응하여라. 또한 명심해 두어야 할 것은 네 나이에, 나쁜 조언자들이 말하는 대로 내맡긴다면, 더 이상 너는 나에게 기대할 게 없게 되리라는 사실을.

---

84) 나폴레옹의 여동생으로 르클레르 장군에게 출가했으나 남편이 죽자 로마의 명문가 출신인 보르게세와 재혼했음. 보나파르트 집안에서 제일가는 미인이었다고 하며, 오빠 나폴레옹의 많은 사랑을 받았다고 한다(1780~1825).

참사원에서

대혁명이 나고 첫 사 년 동안 우스꽝스러운 전쟁을 치렀습니다. 승리를 거둔 것은 신병들이 아니었습니다. 그것은 십팔만 명의 옛 부대 병사들이고 대혁명 때문에 국경에 남아 있다가 은퇴한 퇴역 군인들이었습니다. 신병들 중에서 어떤 자는 탈주했고 다른 자들은 죽었습니다. 시간이 감에 따라 훌륭한 병사가 된 얼마간의 신병이 남아있습니다. 무슨 까닭으로 로마인들이 그렇게 위대한 일들을 성취했습니까? 그것은 로마인들은 한 병사를 만들어내기 위해 그 육 년간의 교육을 반드시 시켰기 때문입니다. 삼천 명의 로마의 군단들은 삼만 명의 군대에 비길만 했던 것입니다. 고참 친위대와 같은 만 오천 명의 군대들과 함께라면, 나는 사만 명의 군대를 쳐부술 것입니다. 나는 신병으로 구성된 군대로는 전쟁을 하지 않을 것입니다.

— 티보도의 회고록

III

제정시대(1804~1809)
스스로 황제의 관을 쓰다

나는 권력을 사랑해. 그러나 내가 그 권력을 사랑하는 것은 예술가로서이지.
음악가가 자기의 바이올린을 사랑하듯 나는 권력을 사랑해.

***

　프랑스는 내 지위를 잘 알지 못하고 있다. 그렇기 때문에 나에게서 비롯되는 행동의 대부분을 온통 잘못 판단하고 있다. 다섯 또는 여섯의 집안이 유럽의 왕좌들을 서로 나눠 갖고 있는데, 한 코르시카인이 그 중의 한 왕좌 자리에 와서 앉은 것을 보고 고통스러워하는 것이다. 나는 오직 힘에 의해서만 그 자리를 유지할 수 있다. 나는 오직 그들을 굴복시키고 지배함으로써만 그들이 나를 자기네와 동등한 사람으로 보는 데 익숙하게 할 수 있는 것이다. 내가 몹시 무서운 상대라는 것이 아닌 게 되면, 나의 제국은 무너지는 것이다. 따라서 나는 무엇이건 꾀하도록 놔둘 수 없고 그것을 진압해야 한다. 내가 위협을 받으면 반드시 반격하지 않을 수 없는 것이다. 오래된 가문의 왕에게는 아무렇지도 않을 일이 나에게는 아주 심각한 일이 된다. 살아있는 한 나는 그와 같은 태도를 지켜나갈 것이다. 그리고 내 아들이 위대한 대장이 안 되고, 내가 취한 태도를 재현하지 않는다면, 그는 내가 오르게 한 왕좌에서 내려오게 되리라. 그것은 한 왕조를 공고히 하기 위해서는 한 사람만이 아닌 여럿이 있어야만 하기 때문이다. 루이 14세도 길게 이어 온 왕가를 계승하지 않았다면, 수많은 승리를 거둔 다음에도 말년에 왕권을 잃었을 것이다. 옛 군주들 사이에서 전쟁의 목적은 왕국을 분할하거나 하나의 요새를 탈취

▶ **파리의 드골 광장에 있는 에투알 개선문의 전경 사진.** 1806년 나폴레옹 1세가 휘하 군대의 승리를 기념하기 위하여 계획했고, 1836년에 완성됐다.

한다는 것 이외엔 다른 것이 없었다. 그러나 나의 경우에는, 내 존재와 제국 전체의 존재 등이 늘 문제가 되고 있는 것이다.

― 나폴레옹에 관한 내 추억―샵탈

데크레에게

1804년 9월 12일

해군은 무언가 어떤 본보기에 의해 사기가 북돋워질 필요가 있다. 그것이야말로 해군을 유지할 유일한 방법이다. 내가 정부 수반이 된 다음 착수했던 모든 해외 원정이 실패한 것은 해군 제독들이 사물을 이중으로 봐 제대로 가늠하지 못한 데다, 어이없게도 운에다 맡긴 채 해보지 않은 전쟁도 치를 수 있다는 것을 어디에선지 찾아내었기 때문이다.

나는 그대에게 세인트헬레나에 관한 보고서를 보냈다.

레드레르와의 대화

1804년 11월 4일

내가 이혼을 하지 않으려 한 것은 바로 정의감 때문이다. 나의 이해, 체제의 이해 자체로 보아서는 아마 내가 재혼을 해야 했을 것이다. 그러나 나는 이렇게 말했다. "내가 더 훌륭해졌다고 어떻게 이 선량한 여자를 쫓아낸단 말인가!" 안 된다. 그것은 내 힘으로는 안 되는 일이다. 나는 인간의 마음을 갖고 있다. 나는 암호랑이로부터 태어난 것이 아니다. 그녀가 죽으면 나는 재혼을 할 것이고, 그리되면 아이들을 갖게 될 것이다. 하지만 나는 그녀를 불행하게 하고 싶지 않다.

조제프는 통치하기 위해 태어난 사람이 아니다. 그는 나보다 나이가 위이다. 나는 그보다 더 살아야만 한다. 나는 건강하니까. 그리고 그는 꿈을 품을 만큼 충분히 높은 신분으로 태어나지 못하였다. 나는 가난함 속에서 태어났다. 그는 나처럼 극도의 초라함 속에서 태어났다. 나는 내 행동으로 높은 지위에 올랐다. 그는 태어날 때 그대로의 낮은 자리에 머물러 있다. 프랑스를 통치하기 위해서는 높은 신분으로 태어나고, 어린 시절부터 호위병에 둘러싸여 궁전에서 사는 모습이 눈에 띄었어야만 한다. 그렇지 않으면 자신이 다른 모든 사람들과는 다르게 두각을 나타내는 능력 있는 사람이 되어야만 하는 것이다.

나의 정부(情婦), 그것은 바로 권력이다. 나는 그것을 정복하기 위해 너무나 많은 일을 해 와서, 그 권력을 나에게서 빼앗아 가도록 놔둘 수 없으며, 심지어 사람들이 그것을 탐내는 것조차도 견디지 못한다. 권력은 그 스스로 나에게 왔다고 당신은 말했지만, 그 권력이 나에게 얼마나 많은 고통과 밤샘을, 그리고 책략들을 겪고 치르게 했는가를 나는 알고 있다.

사람들은 내 아내, 외젠[85], 오르탕스[86], 그리고 나를 에워싸고 있는 모든 것에 대해 질투를 한다. 그래 좋아! 내 아내는 다이아몬드를 갖고 있고 빚을 지고 있어. 외젠은 이만 리브르[87]의 연금도 받지 못한다. 나는 그 아이들을 사랑한다. 그 아이들은 늘 내 마음에 들려고 열의를 보인다. 대포 소리가 나면, 무슨 일이 일어났는가 보러 가는 것은 바로 외젠이다. 내가 도랑을 건너야 하면, 바로 그가 나에게 손을 내밀어 주는 것이다. 나는 오르탕스를 사랑해. 그래 나는 그 애를 사랑해. 그 애와 그 애 오빠는 늘 나의 편이고, 자기의 어머니가 무슨 여자 문제나 그와 비슷한 하찮은 문제로 나에게 성미를 부릴 때 저희들 엄마의 의사를 거슬러 가면서까지 내 편을 든다. 회의 중에, 오르탕스가 와서 나를 보겠다고 하면, 나는 그녀를 맞이하러 회의 도중에 나올 것이다. 만일 뮈라 부인[88]이 나를 보러 온다면, 나는 회의에서 나가지 않을 것이리라. 그녀와 함께면 나는 늘 큰 싸움을 해야만 하는 것이다. 우리 집안의 작은 여인에게 나의 의견을 이해시키기 위해서, 나는 원로원이나 참사원에서 하는 것이나 마찬가지의 긴 연

---

85) 조제핀이 데리고 온 전남편의 아들.
86) 조제핀이 데리고 온 전남편의 딸로 루이 나폴레옹과 결혼. 나폴레옹 3세의 모친.
87) 옛 화폐 단위.
88) 나폴레옹의 누이동생. 카롤린.

설들을 그녀에게 하지 않으면 안 될 것이기 때문이다. 내 식구들은 나의 아내가 위장된 허울뿐인 여자이며, 그녀 자식들의 친절은 일부러 꾸며진 계산된 것이라고 말을 한다. 한데 말이야! 나는 그 애들이 내게 그래주길 바라는데, 그 애들은 나를 나이든 아저씨로 여기고 있다고. 그것은 늘 내 생활을 즐겁게 해줘. 나는 나이가 들었어. 나는 서른여섯이고, 쉬고 싶다.

사람들은 내가 이탈리아를 외젠에게 주고 싶어 한다고 말을 한다. 참, 내가 그렇게 미치진 않았어! 나는 나 자신이 이탈리아를 통치할 수 있고 베니스까지도 통치할 수 있다고 생각하고 있다. 내 아내는 선량한 여자이고, 사람들에게 해를 끼치지 않고 있어. 그녀는 황후의 행세를 좀 하고, 그 나이에 걸맞지 않은 하찮은 허영거리인, 보석들이나 예쁜 옷을 갖는 것으로 만족한다. 나는 결코 그녀를 분별없이 맹목적으로 사랑한 적이 없다. 내가 그녀를 황후로 삼는 것은, 정의감에 따른 것이다. 그렇다. 그녀에게 황후의 관이 씌워질 것이다! 그 때문에 내가 이십만 명의 병사를 잃는다 하더라도, 그녀에게는 황후의 관이 씌워지리라.

그리고 사람들은 나에게 늘 내 죽음에 관해 말을 한다. ······ 나의 죽음! 항상 내 죽음을! ······ 늘 죽음을 면전에 둔다는 것은 처량한 생각이다. ······ 내가 가정생활에서 얼마간의 즐거움을 찾지 못한다면, 나는 또한 너무나 불행할 것이다. 나의 죽음! 나의 죽음! …… 늘 변함없이 내 죽음이 있는 것이다! …… 오! 내 눈앞에서 늘 나의 죽음을 봐야만 한다면, 나 죽은 다음의 세계가 없어져도 상관없다고 말하고 싶어.

나는 내 한 친구로서의 당신에게, 참사원 내무 위원장으로서의 당신에게 말하고 있다. 그것은 내가 당신을 잘 알기 때문이다. 나는 조제프를 에워싸고 있는 다른 사람들은 모른다. 조제프가 일전에 자기 부인이 의식에서 황후의 옷 뒷자락을 들지 않으면 안 되었던 것에 대해 푸셰[89]에게 불평을 한 것은 어떻게 된 일이지? 좋아! 조제프의 걱정이 자기 혈관에 흐르는 신랄한 피에서 오는 것이라면, 그는 시골로 가야만 한다. 그는 전원생활과 목가를 좋아한다. 그렇다면 그는 전원시를 지으러 가도록!

드 로리스톤 장군[90]에게
1804년 12월

다음의 세 가지 사항을 기억하도록. 군사력의 결집, 기민한 행동, 명예롭게 전사한다는 단호한 각오. 바로 그 전술의 3대 원칙들이 내 모든 작전에서 나에게 늘 유리한 행운을 갖다 주었다.

---

89) 프랑스 대혁명 시 프랑스 국민 의회 의원이었으며, 나폴레옹 1세 때의 경찰 장관 (1759~1820).
90) 프랑스의 원수. 나폴레옹의 부관이었음(1768~1828).

죽음은 아무것도 아니다. 그러나 패하고 영광 없이 산다는 것은, 매일 죽는 것이다.

참사원에서

나는 그 교리문답밖에 모르는 사람의 손 안에 있는 마을의 아이들을 보는 것을 좋아하는데, 그 아이들이 도덕적 기초도 없고 정해진 생각도 전혀 없는 덜된 학자들의 손 안에 있는 것을 보는 것보다 더 좋아합니다. 종교는 상상력에 대한 예방 백신입니다. 종교는 상상력을 위험하고 사리에 어긋나는 모든 믿음으로부터 보호합니다. 무식한 수도사가 서민들에게 다음과 같이 말하는 것으로 충분합니다.

"이 인생이란 지나가는 길이다……."

백성들에게서 믿음을 빼앗으면, 당신네는 노상강도들만을 맞게 됩니다…….

– 마르키제의 회고록. 1805년 3월

모후 전하께

1805년 4월 20일, 스투피니지

제롬 보나파르트[91]가 함께 사는 여인과 더불어 리스본에 도착했습니다. 나는 그 방탕아에게 밀라노에 가라고 명령했습니다. 그와 함께 동거하고 있는 페터슨 양[92]은 신중하게도 제 남동생과 함께 왔습니다. 나는 그녀를 미국으로 돌려 보내도록 명령을 내렸습니다. 내가 그 젊은 사람에게 허락하는 단 한 번의 접견에서, 자신이 갖고 있는 가문의 이름에 걸맞지 않게 군다거나, 그 젊은 사람이 계속해서 그 관계를 계속하려고 고집한다면, 나는 그를 엄격하게 다룰 것입니다. 그가 그 보잘것없는 여자를 위해 자신의 군기와 함대의 깃발을 버리면서 내 이름에다 입힌 불명예를 씻어 낼 마음을 갖지 않는다면, 나는 그 젊은 사람을 영원히 버릴 것입니다. 그렇게 되면 그것이 하나의 본보기가 되어 젊은 군인들에게 그들의 의무가 얼마나 신성한 것인가를, 그리고 한 여자를 위해 자기네의 군기를 버렸을 때 그 지은 죄가 얼마나 큰 것인가를 알려 주는 것이 될 것입니다.

---

91) 나폴레옹의 동생으로 후에 프랑스 군의 원수가 되었음(1784~1860).
92) 미국 발티모어의 장사꾼의 딸.

▶ 루이-피에르 발타르, 〈오스트리아 황녀 마리 루이즈와 결혼식을 올리는 나폴레옹〉, 1811년.

조제핀 황후에게

1805년 8월 13일

나는 당신 소식을 자주 받지 못하오. 당신은 친구들을 소홀히 하는데, 그것은 좋지 않은 일이오.

프롬비에르[93]의 물이 레테의 강의 효능을 갖고 있다는 것을 나는 모르고 있었소. 그 프롬비에르의 물을 마시면서 "아! 보나파르트, 내가 죽으면 누가 당신을 사랑해줄까?"라고 당신이 말할 것 같은데, 그렇게 되려면 아직 멀었지. 그렇지요? 모든 것은 끝난다오. 아름다움, 정신, 감정, 태양 자체 같은 모든 것이 말이오. 그러나 결코 끝이 나지 않을 것이 있다오. 그것은 내가 바라는 귀중한 것으로, 바로 행복이란 말이오. 그리고 나의 조제핀의 친절함. 당신이 그것을 웃음거리로 삼는다면, 나는 더 이상 그대에게 다정하게 굴진 않을 것이오.

안녕, 여보. 난 어제 영국의 순항 함대를 공격했다오. 모든 것이 잘 되었다오.

---

93) 프랑스의 온천지.

조제핀 황후에게

1805년 10월 19일, 엘친겐

나의 다정한 조제핀, 나는 필요 이상으로 지쳐 있다오. 다시 말하면 일주일 내내 아침부터 저녁까지, 종일토록 몸은 비에 젖고 발은 차가워서 나는 조금 고통스러웠소. 그러나 나는 오늘 하루 종일 밖에 나가지 않아서 피로가 풀렸소.

나는 내가 구상한 계획을 달성하였소. 나는 단순한 진군으로 오스트리아 군을 괴멸시켰다오. 나는 육만 명의 포로를 사로잡았고, 백이십 문의 대포를 탈취했으며, 구십 개 이상의 군기를 빼앗았고, 서른 명 이상의 장군들을 잡았다오.

나는 러시아인들에게로 향할 참이오. 그들은 정신을 잃고 어찌할 바를 모르고 있다오. 나는 내 군에 대해서 만족을 하고 있소. 나는 단지 천오백 명의 병사를 잃었을 뿐이라오.

안녕히 있도록, 조제핀. 두루두루 사방에 안부 전해 주도록.

칼 대공[94]이 비엔나를 엄호하러 왔소.

이 시각엔 마세나[95]가 비엔나에 와 있을 것임에 틀림없다고 생각하오. 이탈리아에 대한 걱정이 없게 되면, 즉시 외젠을 전장

---

94) 오스트리아의 원수.
95) 프랑스의 원수(1758~1817).

에서 싸우게 할 것이오.

오르탕스에게 안부 전해주도록.

장병에게 고한다
1805년 12월 3일

병사들이여, 나는 그대들이 한 일에 만족하고 있다. 그대들은 오스텔리츠의 전투에서 내가 그대들의 용감성에 기대를 했던 것이 옳은 것이라는 것을 증명해 주었다. 그대들은 그대들의 수리표 군기들을 불멸의 영광으로 장식해 주었다. 러시아 황제와 오스트리아 황제들의 지휘를 받는 십만 명의 병사로 구성된 적의 군대가 네 시간도 못 돼서 고립되거나 흐트러져 버렸다. 그대들의 칼날을 벗어난 자들은 호수에 빠져 죽었다. 러시아의 황제 근위대의 깃발인 사십 개의 군기들, 백이십 문의 대포, 이십 명의 장군, 삼만 이상의 포로, 그것들은 영원히 기릴 그날의 전과이다. 그렇게 자랑스러워하던 우세한 숫자를 지녔던 적의 보병 부대는 그대들의 돌격을 견디어 내지 못하였다. 따라서 앞으로 그대들에게는 두려워할 적수가 없게 된 것이다.

병사들이여, 조국의 행복과 번영을 굳건히 하는 데 필요한 모든 것이 이루어지면 나는 그대들을 다시 프랑스로 데리고 갈 것이다. 그 곳에서 그대들은 나의 가장 다정스런 배려의 대상이 될 것이다. 내 백성들은 그대들을 보고 즐거워할 것이며, 그대들은 다음과 같이 말하는 것으로 충분할 것이다. "난 오스텔리츠 전투에 참가했었어요." 그러면 사람들은 이렇게 응답하리라. "아! 용사로군!"

참사원에서

나는 후세를 위해서만 살 뿐이다. 나는 기초를 세우기 위해 노력하고 있다. 나는 하나의 훌륭한 행정 조직을 세워놓고 싶다. 확신하건데, 어느 날엔가 '서양(西洋) 제국(帝國)'이 다시 태어나는 것을 보게 될 것이다. 왜냐하면 피폐해진 여러 민족들은 가장 잘 통치되고 있는 국가의 지배하에 서둘러 뛰어들 것이기 때문이다.

– 몰레의 회고록. 1806년

바덴의 스테파니 대공부인[96]에게
1806년 7월 13일

자네 편지를 받았어. 잘 지내고 있다니 기뻐.

남편을 사랑하도록. 그가 자네에게 품고 있는 애착만으로도 그 사랑을 받을 만한 사람이야. 또한 백성들을 잘 보살펴주도록. 군주들이란 그 백성들의 행복을 위해서만 있는 것이지. 그 나라에 만족하고 모든 것을 좋다고 생각하도록. 파리에 대해서 그리고 손에 넣을 수 없는 것이 뻔한 권세에 대해 늘 말을 하는 것보다 더 무례한 일이란 없는 것이기 때문이지. 그런 것이야말로 프랑스인들의 결점이지. 그 결점에 빠지지 말도록. 칼스루에는 머물기 좋은 고장이야. 자네가 살고 있는 나라를 자네가 사랑하고 존중하는 만큼만 사람들은 자네를 사랑하고 존중할 것이야. 인간들이 가장 민감하게 느끼는 것이 바로 그것이지.

조제핀 황후에게

1806년 11월 6일 저녁 아홉시, 베를린

네 편지를 받았는데, 내가 여자들에 대해 말한 나쁜 소리에 화가 나 있는 것 같군. 내가 무엇보다도 음모를 꾸미는 여자들을 증오하는 것은 사실이야. 나는 선량하고 다정하며, 타협적인 여인들에게 익숙하고, 내가 좋아하는 것 또한 그와 같은 여인들이야. 그녀들이 나를 애지중지하여 응석받이로 만든 것은 내 잘못이 아니

---

96) 나폴레옹의 양녀.

고 네 잘못이야. 게다가 너는 알게 될 거야. 다정다감하고 선량한 여인인 하츠펠트 부인[97]을 위해 내가 아주 좋은 일을 했다는 것을. 내가 그녀에게 남편의 편지를 보이자, 그녀는 흐느껴 울면서, 아주 다정다감하게, 그리고 순박하게도 나에게 이렇게 말하는 것이었다. "아, 그래요. 그것은 바로 그의 필적입니다." 그녀가 편지를 읽을 때의 그 억양은 마음속에 와 닿았어. 그녀는 나를 고통스럽게 했어. 그래, 그녀에게 이렇게 말했지. "좋습니다. 부인. 이 편지를 불에 던져 버리세요. 나는 이제는 당신의 남편을 벌 줄 힘이 없습니다." 그녀는 편지를 불에 태웠어. 그러자 그녀는 아주 행복해 보였어. 그 후 그의 남편에겐 아무 처벌도 없이 조용했지. 두 시간만 늦었어도, 그는 살지 못했을 거야. 따라서 내가 선량하고 소박하며 다정한 여인들을 사랑한다는 것을 알 수 있겠지. 헌데 그것은 그와 같은 여인들이 바로 너를 닮았기 때문이야.

발레브스카 백작부인[98] 에게

1807년 1월 2일, 바르샤바

나는 당신만을 보았습니다. 당신만을 찬미할 뿐입니다. 당

---

97) 베를린 시장 하츠펠트는 프랑스 군이 베를린에 입성했을 때, 적과 내통했다는 죄로 군사 위원회에 고발되어 있었다. 여기 나오는 편지는 그가 지은 죄에 대해 증거가 되는 편지였다.

신만을 원할 뿐입니다. 아주 빠른 회답을 주어 N의 참을성 없는 격정을 가라앉혀 주시오.

— N

조제핀 황후에게

1807년 1월 11일, 바르샤바

27일자의 편지를 받았어. 그 편지 속에는 군사적인 여러 사건에 대해 좀 걱정스러워 하는 것이 보이는데, 내가 너에게 알렸듯이, 모든 것은 만족스럽게 끝이 났어. 내 일은 잘 되고 있어. 떨어져 있는 거리가 너무 멀기 때문에 요즘 같은 계절에 네가 그렇게 멀리까지 오는 것을 허락할 수는 없어. 난 아주 잘 지내고 있어. 밤들이 너무 긴 것에 대해 때로는 좀 지루하긴 하지만.

이곳에서 지금 이 시각까지 거의 사람을 만나지 않고 있어.

잘 있어, 아내여. 나는 네가 너의 명랑함으로 수도(首都)에 약간의 활기를 불어넣어 주길 바래. 나도 그곳에 무척 가고 싶어.

이만 총총.

---

98) 1807년 바르샤바에서 만난 여인, 그녀는 폴란드 귀족으로, 발레브스카 백작과 결혼한 여인이지만, 나폴레옹의 정부가 되어 아들을 하나 낳았다. 그녀는 나폴레옹을 사랑해 엘바 섬의 유배지까지 찾아 갔었다(1789~1817).

▶ **퐁텐블로 궁전의 전경 사진.** 파리 남동쪽으로 65km 떨어진 퐁텐블로 숲에 위치해 있다. 12세기부터 왕실의 수렵지였으며, 궁전은 이탈리아의 건축가, 조각가, 화가들을 초빙해 1528년에 착공했다. 1814년 나폴레옹은 이곳에서 퇴위하여 엘바섬으로 유배된다.

발레브스카 백작부인에게

1807년 1월 15일, 바르샤바

마리, 나의 다정스런 마리. 내 으뜸가는 생각은 너에 대한 것이다. 나의 으뜸가는 바람은 너를 다시 만나보는 것이다. 다시 올 것이지, 그렇지? 너는 그렇게 하겠다고 약속했어. 그렇게 하지 않으면 독수리가 너를 향해 날아갈 것이야!

– N

조제핀 황후에게

1807년 1월 18일, 바르샤바

우리가 서로 떨어져 지내는 것이 몇 주일간 연장될 것임에 틀림없고, 네가 파리로 돌아가야 하는 것에 대해 네가 굉장히 괴로워하지 않을까 나는 걱정이 돼. 더 힘을 내기를 바라고 있어. 늘 울고 있다고 하더군. 참! 그것은 정말 추해! 7일의 너의 편지는 나를 고통스럽게 했어. 나에게 걸맞은 사람이 되어줘. 그리고 더 의연한 태도를 갖도록. 파리에서는 예의를 갖추고 체면을 지키도록. 그리고 무엇보다도 만족하기를 바란다.

▶ "이곳에 황제의 혼이 깃들어 있다." 나폴레옹 궁전에 위치한 나폴레옹 박물관.

내 건강은 아주 좋고 너를 정말 사랑해. 그러나 네가 늘 울면, 난 네가 용기도 없고 품격도 없는 사람이라고 믿게 될거야. 나는 비겁한 사람들을 좋아하지 않지. 황후는 용기를 갖어야만 해.

조제핀 황후에게
1807년 2월 9일 새벽 3시, 아일라우

여보, 어제 큰 전투가 있었어. 승리는 나의 것으로 되어 있지만, 나는 많은 병사들을 잃었어. 적의 손실은 훨씬 더 많지만, 위로가 되지는 않아. 요컨대 나는 몹시 피로하지만, 건강하게 잘 있고 너를 사랑한다는 것을 전하기 위해 이 몇 줄의 글을 쓰고 있어. 내 자신이 말이야. 이만 총총.

네덜란드 왕[99]에게
1807년 4월 4일, 핀켄슈타인

그 치세의 첫해에 아주 선량한 인간으로 통하는 군주는 두 번

---

[99] 나폴레옹의 동생 루이. 조제핀 전 남편의 딸 오르탕스와 결혼했음. 1806년에서 1810년까지 네덜란드 왕이었음. 나폴레옹 3세의 부친(1778~1846).

째 해에는 조롱을 당하는 군주가 된다. 왕들이 백성들에게 품게 하는 사랑은 남성적인 사랑이어야 하고 그것은 공손한 외경심과 대단한 존경심이 섞인 것이어야 한다. 왕에 대해 말할 때 "그는 좋은 사람이다."라고 하면, 그 치세는 실패한 것이 되는 것이다.

왕비와 그대가 다투는 짓은 또한 대중에게 드러나고 마는 것이다. 그대가 정부에서 보여주고 있는 온정이 넘치고 유약한 성품을 집안에서나 보여주도록 하고, 국사를 하는 데에 있어서는 그대가 집 안에서 보여주고 있는 엄격함을 갖도록 하라. 그대는 한 젊은 여자를 한 연대를 다루듯이 대하고 있다. 그녀가 원하는 만큼 춤을 추게 놔두도록. 그 나이엔 그런 것이다. 나의 아내는 나이 마흔의 여인이다. 나는 그녀에게 무도회에 가라고 전쟁터에서 편지를 써 보낸다. 그런데 그대는 스무 살의 여인이 수도원 같은 데서 유모처럼 늘 자기 아이나 씻겨 주면서 지내기를 바라는 것인가? 그대는 집안에서는 너무 지나치게 자신을 내세우고 그대의 행정부에서는 자신을 충분히 내세우지 않고 있다. 내가 그대에게 갖는 관심이 없다면 나는 이 모든 말을 하지 않았을 것이다.

그대에겐 내가 파리에서 알고 있는 바와 같은 여자가 필요했을 것이다. 그와 같은 여인은 어려움 없이 그대를 이기고 있으면서 그대를 자기 무릎에 잡아두었을 것이다. 그것을 내가 자주 그대 아내에게 말했는데, 내 잘못이 아니지.

▶ **황후의 드레스 룸.** 부르봉 왕가 왕실의 웅장하고 화려함이 되살아난 듯하다.

그 이외의 것에 있어서, 그대 왕국에서 어리석은 짓을 할 수는 있어. 그것은 좋아. 그러나 그러한 짓을 그대가 내 나라에서 하는 것은 원하지 않아. 그대는 모든 사람에게 훈장을 부여하고 있다. 많은 사람들이 나에게 말하기를, 자격도 없는 사람들에게 그 훈장을 주고 있다고 한다. 나는 그대가 나에 대하여 지녀야 할 존경심이 없다는 것을 스스로 못 느끼는 것에 화가 났어. 그와 같은 훈장들을 그 누구도 내 나라에서는 패용치 못하게 하는 것이 내 뜻이야. 나 자신이 그 훈장을 패용치 않기로 결심을 했으니까. 왜 그런지 이유를 알고 싶을 터인데, 그것은 그대는 사람들이 그대의 초상을 갖고 다닐 만한 아무런 일도 아직 해 놓은 것이 없다는 답을 주겠어. 게다가 내 허락도 없이 그것을 제정했고 그것을 너무 헤프게 쓰고 있기 때문이야.

레종 도뇌르 상훈국 총제 라세페드에게 주는 각서
1807년 5월

…… 에쿠왕[100]에서 키워질 처녀들에게 무엇을 가르칠 것인가? 우선 종교를 그 종교가 지닌 모든 진리 속에서 가르치는 것으로부터 시작해야만 한다. 나는 바라건대, 에쿠왕을 나와서 작은 가정의 주부가 되면 자신의 옷을 손질하고 자기 남편의 옷을 꿰맬 줄 알며, 자기 아이들의 배내옷을 만들 줄 알고, 지방 살림의 찬방(饌房)을 이용해서 가정의 작은 즐거움을 얻을 줄 알며, 자기 남편과 자기 아이들이 아플 때 돌볼 줄 알아야 한다고 생각한다. 그런 점에 있어선 직업적인 간호인이 습관적으로 배운 바를 일찍부터 배우고 익혀 알아야 하는 것이다…….

…… 나는 유행하는 여성복 장사도, 하녀도, 가정부도 키울 생각이 없고, 검소하고 가난한 살림을 할 여자들을 키우고자 한다. 어려운 살림에서는 어머니가 집안의 가정부인 셈이다.

---

100) 레종 도뇌르 상훈을 받은 사람들의 자녀를 교육시켰던 성관.

조제핀 황후에게

1807년 5월 10일

   네 편지를 받았어. 나와 편지를 주고받는 여인네들에 대해 말하는데, 무슨 말인지 모르겠네. 내가 사랑하는 사람은 나의 귀여운 조제핀뿐으로, 착하고 토라지기 쉬우며 변덕스러운, 하는 모든 것이 다 그러하듯이 우아하게 다툼을 할 줄 아는 귀여운 조제핀일 따름이야. 그것은 조제핀이 질투를 할 때 이외엔 늘 사랑스럽기 때문에 그런 것이지. 질투를 하게 되면 조제핀은 온통 말괄량이 마녀가 되어 버리거든. 내가 서신을 주고받는다는 여인들 얘기로 되돌아가지. 내가 설사 그 중의 어느 여인에게 관심을 갖는다 해도, 단언컨대, 그녀들이 귀여운 순진무구한 처녀이기를 바라고 있어. 네가 나에게 말하는 여자들이란 바로 그 경우에 해당되는 사람들인지?

   바라건대, 너는 나와 함께 만찬을 같이 한 사람들과만 반드시 만찬을 하도록. 회식자의 리스트는 네 서클 모임의 것과 같은 것이 되도록. 말메종[101]의 네 친밀한 모임 속에 대사들이나 외국인들을 결코 맞이하지 않도록 해. 만일 네가 그와 다르게 한다면, 그것은 나를 불쾌하게 할 거야. 요컨대 내가 알지도 못하는 사람들, 내가 그곳에 있으면 너에게 오지도 않을 사람들의 감언

---

101) 나폴레옹이 선호하던 성관. 후에 조제핀이 이혼 후에 살았던 곳.

에 너무 농락당하지 않도록.

안녕, 아내여.

조제핀 황후에게
1807년 5월 14일

그 불쌍한 나폴레옹[102]의 죽음이 너에게 주었을 모든 괴로움이 상상이 돼. 내가 겪는 고통을 너는 이해할거야. 네가 고통 속에서 절제있고 현명하게 처신할 수 있도록 내가 네 곁에 있었으면 좋겠어. 너는 행복하게도 자식을 잃는다는 일은 전혀 겪어 보지 않았지. 그러나 그것은 우리 인간의 비참함에 결부된 고통과 조건의 하나지. 네가 분별이 있고, 네가 건강하게 잘 있다는 소식을 들었으면! 내 고통이 더 커지는 것을 바라는지?

잘 있어, 아내여.

조제핀 황후에게
1807년 6월 15일, 프리틀란트

아내여, 나는 한마디만 너에게 적어 보낸다. 그것은 내가 피로

---

102) 동생 루이와 오르탕스 사이에 태어난 아들. 후에 나폴레옹이 후계자로 삼으려 했음.

▶ "코르시카섬의 키 작은 이방인, 드디어 황제의 관을 쓰다." 다비드, 〈황제와 황후의 대관식〉, 1805~1807. 나폴레옹은 노트르담 성당에서 조제핀에게 직접 황후관을 하사했다.

해서 그래. 여러 날 전부터 나는 야영을 하고 있어. 내 장병들은 마랭고 전투의 기념일을 그날에 걸맞게 훌륭하게 치러 주었어.

프리틀란트의 전투 또한 마랭고 전투에 뒤지지 않게 나의 국민들 사이에 유명한 사건이 될 것이며, 영광스러운 것이 될 것이다. 러시아의 전군을 패주케 했고, 팔십 문의 대포, 삼만의 병사가 잡히거나 전사했고, 스물다섯 명의 러시아 장군이 전사하고 부상을 당하거나 혹은 포로로 잡혔다. 그것은 마랭고, 오스텔리츠, 이네아 전투 등에 당당하게 맞먹는 전투이다. 「공보」가 나머지 자세한 이야기를 전할 것이니 보도록. 우리가 입은 손실은 대단치 않아. 나는 적을 교묘하게 다루어 그들을 물리쳤지.

걱정을 하지 말고 만족해 하도록.

안녕, 아내여. 나는 말을 탄다.

이 소식이 「공보」가 도착하기 전에 닿으면, 그것을 짧은 소개 기사로 내줘도 될 거야. 또한 축포를 쏘아도 돼. 캉바세레스가 짧은 소개 기사를 낼 거야.

황후에게

1808년 10월 5일, 에르푸르트[103]

온 종일 계속되는 여러 날의 대화, 그것은 내 감기를 낫게 하질 않아. 나는 알렉상드르[104]에게 만족하고 있어. 그도 나에게 만족하고 있을 것임에 틀림없어. 그가 여자라면, 그를 내 애인으로 삼을 만한 정도야.

얼마 안 있어 너 있는 곳으로 갈 거야. 건강을 잘 지키도록. 그래서 살이 붙고 싱싱한 너의 모습을 보게 해 줘.

잘 있어, 아내여.

레드레르와의 대화

1809년 3월 6일

황제 : 나는 권력을 사랑해. 그러나 내가 그 권력을 사랑하는 것은 예술가로서이지……. 음악가가 자기의 바이올린을 사랑하듯 나는 권력을 사랑해…….

레드레르 : 음악가가 그 바이올린을 훌륭하게 연주할 때처럼 말이군요.

황제 : 나는 그 권력에서 소리라든가, 일치라든가, 하모니를 끌어내기 위해 권력을 사랑하지. 나는 예술가로서 그 권력을 사랑하는 것이야. 네덜란드의 왕은 사생활에 대해 또한 말을 하고

---

103) 독일의 도시, 그 곳에서 러시아의 알렉산더 1세와 회견을 했다. 1808년 9월 17일, 10월 14일의 일이였음.
104) 러시아 황제 알렉상드르 1세.

있어. 삼형제 중에서 모르트퐁텐느[105]에서 살 수 있는 가장 적절한 사람은 바로 나지. 내 속에는 뚜렷하게 다른 두 개의 인간이 있어. 두뇌의 인간과 마음의 인간이지. 나는 집안에선 마음의 인간이다. 나는 아이들과 놀고 아내와 허물없이 이야기하고 읽을거리를 그들에게 낭독해 주고, 소설들을 읽어 주지.

물론 조제프와 같은 정도, 아니 조제프 이상으로 내가 사랑하는 사람들이 있지! 내가 그를 옥좌에 올려놓기로 결심한 것은 내가 그를 크게 평가해서 그런 것이 아니다. 내가 만일 그 재능에 따라 왕관을 부여했다면, 나의 선택은 다른 것이 되었을 것이다. 내가 그를 왕으로 한 것은, 그것이 하나의 시스템이기 때문이다. 그는 군인의 소질이 아주 없다. 그가 란 원수[106]에 대해서 나에게 써 보낸 편지는 그것을 한층 증명해 주고 있다. 란 원수는 그에게 증원 부대를 요청했어. 그러나 즉시 그는 용기병 2개 연대를 보냈는데, 그는 말하기를 증원부대를 요청한 것이 바로 란 원수였기 때문에 실제로 필요한 것이라고 추정을 했다는 것이다. 어처구니없는 해명이지! 그가 모르는 것은 장군들이란 모두가 국가의 전 병력을 합쳐서 갖고 싶어 한다는 사실, 그리고 란은 다른 모든 장군들보다 더 그러고 싶어 하는 장군이라는 사실이지. 비록 걸출한 용감성을 지닌 사람이긴 하지만…….

---

105) 파리 북쪽의 교외, 조제프의 영지가 있었다.
106) 프랑스의 원수. 그는 나폴레옹 휘하의 각 전투 특히 오스텔리츠 및 이에나 전투에서 용명을 날렸다 (1969~1809).

(……) 전쟁에 관한 일로 내가 할 수 있는 것은 아무 것도 없어. 대포 화약을 만든 사람이 없다면 내가 제조할 줄 알고, 포가(砲架)들을 또한 내가 세울 수 있어. 대포를 주조해야만 하면, 나는 그것을 주조할 것이다. 군사 행동의 세목, 그것들을 가르쳐야 한다면, 내가 그것을 가르칠 것이다. 알다시피, 행정에 있어선, 나 혼자만이 재무를 조정했어. 알아둬야만 할 원칙들과 규칙들이 있는 것이다.

(……) 조제프는 근면한 사람이 아니다. 극히 사소한 일에도 지쳐버리는 것이다. 나는 늘 일하고 심사숙고한다. 내가 모든 것에 대응을 하고, 모든 것을 감당할 차비를 늘 갖추고 있는 것처럼 보이는 것은, 무슨 일을 기도하기 전에 오랫동안 깊이 생각하고 일어날 수 있을 일에 대해서는 미리 예상을 했기 때문이지. 다른 사람들은 생각하지도 못할 상황 속에서도 내가 해야 할 말과 해야 할 일을 알 수 있는 것은, 내가 천재이기 때문이 아니라 나의 심사숙고하는 습관과 명상 때문이다. 나는 늘 일을 하는데 저녁식사를 하면서도, 극장에서도, 밤에 깨서도 일을 한다. 지난밤엔 두 시에 일어났지. 장의자에 자리를 잡고 난로 앞에서 어제 저녁에 육군 대신이 나에게 제출한 전황 보고서를 검토했다. 나는 거기에서 스무 개의 오류를 들추어내고 오늘 아침 그것에 대한 의견서를 대신에게 보냈다. 대신은 지금 대신실 직원들과 그것들을 바로잡느라 바쁠 것이다.

조제프는 모르트퐁텐느에 자신의 거처를 정하려 온다고 말하면, 내가 난처한 처지에 놓이게 되리라 생각하고 있다. 아무것도 나를 난처하게 하지 못한다. 그리고 그가 모르트퐁텐느까지 자신이 올 수 있다고 생각하는 것은 터무니없는 것이다. 나는 국경에서 그를 체포케 해서 어느 성채 안에 집어넣을 것이다. 그 프랑스 제위의 계승자가 나의 적이 되리라고 공언한 터에, 그는 내가 그 제위 계승자를 모르트퐁텐느에 자유롭게 놔둘 것이라고 생각하는지? 작년 같으면 내가 생각해 내지 못했을 일들을 오늘날 내가 할 결심을 했다는 것을, 그가 알아들을 수 있게 해주도록. 그의 모든 행동은 멋없고 시시하다. 그는 프랑스를 통치할 능력이 없어. 그가 나에게 써 보내는 모든 것은 협박이고 그것은 아마도 두려움에서 오는 것일 것이다. 사라고사 탈취 이래, 그는 마치 아무 일도 없었던 것처럼 편지를 쓰고 있고, 그와 같은 태도는 나에게 존경심이 없어지게 한다. 그가 나를 난처한 처지에 몰아넣었다고 생각한다면, 그는 잘못 생각하는 것이다. 아무것도 나의 걸음을 멈추게 하지 못할 것이다. 나는 나의 가족이 필요하지 않다. 그 가족이 프랑스인이 아니라면, 나는 가족이 없는 것이다. 내 가족이 없으면, 나를 위해 가족 하나를 만들 것이다. 내 혈통의 양자가 없다면 혹은 그와 같은 아이를 양자로 삼지 않으면, 난 아주 젊어서 죽을 것이다.

제롬에게

1809년 7월 17일, 쉔브룬

나는 자네가 낸 일일 명령을 보았는데, 그것은 자네를 독일, 오스트리아, 프랑스의 웃음거리가 되게 하는 거야. 자네 둘레엔 이야기를 해 줄 친구가 하나도 없단 말인가? 자네는 왕이고 황제의 동생인데, 그것은 전쟁에서 우스꽝스러운 특질이 된다네! 병사가 되어야만 하고, 또 병사가 되어야 하고, 더 한층 병사가 되어야만 하네. 군의 선두에서 야영을 해야만 하고 밤낮으로 말을 타고, 전위들과 행진을 하여 정보를 손에 넣어야만 하네. 그렇지 못하겠거든 후궁들이 있는 궁전에 머물러 있도록. 자네는 호사방탕한 고대 페르시아 태수처럼 전쟁을 하고 있어. 하느님 맙소사, 나한테서, 그 모든 것을 나한테서 자네는 배웠단 말인가? 이십만 병사의 군대와 함께 내 저격병의 선두에 있는 이 나한테서 말일세.

자네는 얼마간의 재치를 지녔고 몇몇 좋은 장점을 갖고 있어. 다만 지나친 자부심과 자만심으로 자네는 망가져 버리고 말거야. 지나치게 거드름을 피우는 그대여. 그래서 자네는 사물에 대해 아무 것도 아는 것이 없을 게야.

암 그렇고말고! 적절하게 쓰고 말을 할 수 있는 만큼의 재치를 지니도록.

경찰 장관, 푸셰[107]에게.
1809년 9월

나를 호위하기 위해선(근위대에 들어가기 위해선) 4대 째 계속된 귀족, 다시 말하면 전쟁터에서 네 번의 부상을 당한 사람이어야만 한다는 원칙에서 그대는 출발하지 않으면 안 된다. 군직에서 검게 더럽혀진 바가 없는 멋쟁이 왕당파들이 내 둘레에서 시중을 드는 것에 나는 결코 동의하지 않는다. 나는 나의 옛 병사들을 사랑하고 있어. 나는 나를 호위하는 명예를 다른 자들에게 허용치 않는다.

네덜란드 왕에게
1809년 12월

내 앞의 선임자들과 나는 떨어져 있지 않다. 그리고 클로비스[108]로부터 공안위원회까지 나는 그 모든 것과 연관되어 있다. 그런

---

107) 프랑스 정치가(1759~1820).

데……내 앞에 있었던 정체에 대해 기꺼이 나쁜 말을 하고들 있는데, 나는 그것을 나를 모독할 의사를 갖고 이야기하는 것으로 여긴다.

이혼(가족회의에서의 황제의 연설)
1809년 12월 15일

내 군주국의 정치 그리고 내 모든 행동을 끊임없이 인도해 온 내 백성들의 이해와 욕구 같은 것들이, 내가 죽은 다음 하느님이 나를 그 자리에 앉힌 이 제위를, 내 사랑의 후계자인 자식들에게 남겨 줄 것을 바라고 있다. 그렇지만 여러 해 전부터 나는 가장 사랑하는 아내 조제핀 황후와의 결혼에서 자식들을 얻는다는 희망을 잃고 있다. 다시 말하면 내 마음의 가장 감미로운 애정을 희생토록 하고, 내가 국가에 유익한 것에만 귀기울이게 하며, 또한 우리 혼인의 해소(解消)를 생각하게 한 것은 바로 그것 때문이다. 마흔의 나이에 이르렀지만, 하느님이 나에게 주시고자 하는 아이들을 내 정신과 내 생각 속에서 키울 수 있게 충분히 살 수 있다는 희망을 품을 수 있게 되었다. 그와 같은 결심을 하는 데 내 마음이 얼마나 많은 희생을 치렀는가를 하느님은 아

---

108) 프랑크 왕국의 왕(465~511).

실 것이다. 그러나 그 희생이 프랑스의 행복에 유익하다는 것이 나에게 증명이 되었을 때, 내 용기를 능가할 수 있는 희생이란 없는 것이다. 나의 사랑하는 아내의 애착과 다정함에 나는 만족을 표시할 따름이다. 그녀가 황후의 지위와 칭호를 간직하기를 바란다. 그러나 무엇보다도 그녀가 내 감정을 결코 의심하지 않기를 바라며, 그녀가 나를 늘 그녀의 가장 귀한 벗으로 여기길 바라고 있다.

조제핀 황후에게
1809년 12월 17일, 트리아농

아내여, 오늘 너는 약해 보였는데, 당연하지만 나는 좀 지나쳤다고 생각해. 너는 용기를 보여 왔어. 자신을 지탱하기 위해 용기를 가져야만 해. 불길한 우울감에 아무렇게나 몸을 맡겨선 절대 안돼. 만족해야만 하고 무엇보다도 건강을 돌봐야 해. 너의 건강은 나에게 아주 귀중한 것이니까. 나에게 애착을 갖고 있으며 나를 사랑한다면, 너는 힘 있게 처신해야만 해. 너는 나의 한결 같고 다정한 우정을 의심해선 안 되지. 그리고 네가 행복하지 않은데 내가 행복할 수가 있고, 네가 평온하지 않은데 내가 만족하리라고 상상한다면, 내가 너에게 품고 있는 모든 감정을 너무 잘못 알고 있다는 것일 거야. 잘 있어, 아내여. 잠을 자도록. 내가 그것을 바란다는 것을 유념하도록.

IV

쇠퇴와 추락(1810~1815)
이름만 남기고 모든 것을 잃다

나는 떠난다. 그대들, 내 벗들이여, 계속해서 프랑스에 봉사하도록.
프랑스의 행복은 내 마음을 사로잡는 유일한 생각인 것이다.
그것은 늘 내 기원의 목표가 되리라! 나의 운명을 한탄스러워하지 말도록.
내가 살아남기로 한 것은, 그대들의 영광에 또다시 도움을 주기 위한 것이다.

마리 루이즈 황후[109]에게

1810년 3월 23일, 콩피에뉴

마담[110], 당신이 프랑스 여성들에게 둘러싸여, 내 백성들 속에서 자신이 눈에 띄도록 마음을 써 당신의 여성 가정교사를 돌려보냈다는 소식을 들었습니다. 나는 찬성을 하며, 당신이 그렇게 한 것을 고맙게 생각합니다. 그렇지만 나는 그것을 퍽 마음 아파하고 있습니다. 그러한 새로운 희생이 당신의 아버님과 당신의 가족에게서 떠난다는 희생에 덧붙여져서, 또다시 당신의 가슴을 아프게 했을 것이기 때문입니다. 그러나 마담, 그것을 당신 남편 탓으로 돌리진 마시오. 당신 남편에게는 당연한 사물의 이치에서 비롯되는 그와 같은 고통스런 순간을 당신에게 면하게 해 줄 능력이 없습니다. 내가 그것을 할 능력이 있는 터에, 애정이 결핍되어 당신의 고통을 면하게 해 주지 않는다고 당신이 생각을 한다면, 나는 비탄에 잠길 것이오. 그 문제에 대해 당신이 한마디 적어 보내주면 정말 고맙겠습니다. 나는 당신의 마음을 상하게 하지 않았나 걱정이 되어 몹시 우울합니다. 내 마음은 당신의 모든 희생들을 높이 평가합니다. 만일 내 마음이 품고 있

---

109) 오스트리아의 프란츠 1세의 딸로 나폴레옹의 두 번째 아내.
110) 기혼, 미혼에 관계없이 왕가의 왕비, 공주, 작위를 받은 여성에게 주는 경칭으로 마마, 전하에 해당됨.

는 다정함과 한결같고 사랑스러운 우정 같은 것들이 그 희생을 보상해 줄 수가 있다면, 당신이 바라는 것은 무엇이건 안 채워질 것이 없습니다. 비엔나에서 온 라보르드[111]는 나에게 말하기를 당신은 생폴탕 이래 많이 울었다고 합니다. 당신은 뮌헨에서도 여전히 괴로워했답니다. 그것은 나를 언짢게 하고 있습니다. 왜 그러냐 하면 나는 당신이 그 자신처럼 부드럽고 아름답고 유쾌한 나날들만을 보내기를 바라고 있기 때문입니다. 캐롤린이 나에게 편지로 알리기를 당신이 나를 행복하게 해줄 수 있는 것이 무엇인가를 퍽 알고 싶어한다고 했습니다. 그 비밀을 내 자신이 당신에게 말해주고 싶습니다. 마담, "우리가 결혼한 것에 대해 정말로 행복해 하시오." 그러한 말은 당신에게 단순해 보일 것입니다. 그렇지만 그것은 전적으로 진심입니다. 당신이 고통에 빠져버릴 것 같은 기분이 들었을 때, 그리고 슬픈 일이 있을 때에는 다음과 같이 생각하시도록. 즉, "그렇게 되면 황제는 그 때문에 몹시 슬퍼할 거야, 황제는 자기의 루이즈가 행복할 때에만 오직 만족하고 행복스러울 수 있기 때문이니까." 라고 말입니다.

---

111) 프랑스 정치가.

메테르니히와의 대화

1810년

　프랑스는 다른 수많은 나라들처럼 대의정체(代議政體)에는 적절치 않은 나라입니다. 프랑스에선 재치가 거리에 퍼져 있으나 그것은 그냥 재치에 불과한 것입니다. 그 배후에는 성격과 유사한 것이나 더욱이 원칙과 유사한 것은 아무것도 없습니다. 모든 사람이 우대를 받으려고 열심히 쫓아다닙니다. 그 우대가 위에서 오는 것이건 밑에서 오는 것이건 상관 않습니다. 남에게 주목받고 박수 받기를 원한답니다. 호민원(護民阮)은 혁명만을 일으키고 있을 뿐입니다. 그래서 나는 그것을 바로잡아 놓았습니다. 즉 그 호민원을 해산해 버린 것입니다. 나는 입법원에 재갈을 물리었습니다. 그곳이 무엇인가 되려면, 토론장이 되어야만 하는 집회를 침묵하게 해보시오. 그러면 그 집회는 신망을 잃게 되는 것이랍니다. 따라서 나는 회의실 문에서 열쇠를 끄집어내고 그 열쇠를 내 주머니에 넣는 것 이외엔 다른 일이 없게 될 것입니다. 즉 입법원은 이제 소용없게 되는 것입니다. 아무도 이젠 그것에 대해 생각하는 사람이 없을 것입니다. 그것은 존재하고 있는 동안에도 이미 잊혀져 있었기 때문입니다. 그렇지만 나는 절대 권력을 원하진 않습니다. 나는 형식 이상의 것을 원합니다.

▶ **나폴레옹의 붉은색 코트.** 붉은색 벨벳에 수를 놓은 이 코트는 1800년 6월 나폴레옹이 이집트 2차 원정에서 돌아왔을 때, 그의 귀환을 축하하며 리옹 시가 선물한 것이다. 나폴레옹은 세인트헬레나까지 이 옷을 가져가며 각별한 애정을 보였다.

나는 온통 질서와 공공이익으로 된 하나의 사물을 바라고 있습니다. 나는 원로원과 참사원에 새로운 기능을 부여할 것입니다. 그러한 방법으로 나는 진짜 대의기관을 갖게 될 것입니다. 왜냐하면 그 대의기관은 전부 숙달된 사람들로 구성될 것이기 때문입니다. 수다쟁이도 없고, 관념론자도 없고, 가짜 겉치레꾼도 없을 것입니다. 그렇게 되면 프랑스는 비록 나태한 군주 밑에서라도 올바로 통치 받는 나라가 될 것입니다. 나태한 군주 밑에서라는 말은, 그러한 군주가 나올 수도 있으니까요.

메테르니히와의 대화
1810년

나는 내 친족들을 왕좌에 앉혀 놓음으로 해서, 내 경력을 어둡게 했고 지금도 그것이 내 경력을 방해하고 있습니다. 사람은 걸으면서 배운답니다. 나는 오늘날에 와서야 알게 되었습니다. 군림하는 가문의 왕자들을 왕에게 강하게 그리고 끊임없이 예속시켜 잡아 둔다는 옛 군주국들의 근본 원칙이 얼마나 슬기롭고 필요한 것인가를 말입니다. 내 친족들은 내가 그들을 위해 해준 좋은 일보다 내게 해로운 일을 더 많이 했습니다. 그리하여 만일 내가 다시 시작해야만 한다면, 내 형제들과 내 자매에게는 전 재산으로 파리에 있는 몇몇 궁전과 자유롭게 사용할 수백만의 돈을 갖게 할 것입니다. 미술과 자선이 그들의 영역이어야 했고 왕국들은 아니었습니다. 몇몇은 그 왕국을 다스릴 줄 몰랐으며, 다른 몇몇은 그 왕국들 안에서 나를 우스꽝스럽게 흉내를 내면서 내 명예를 더럽히고 있으니까요.

경찰 장관 사바리에게
1810년 6월

나에게 잘 봉사하려면 국가에 잘 봉사해야만 하는 것이다. 그럴 이유가 없는데 나에게 찬사를 하게 하는 것은 나에게 봉사하는 것이 아니다. 그것은 반대로 나를 해치게 하는 것이다. 따라서 그 문제에 있어서 지금까지 해 온 모든 것에 대해 나는 아주 불만이다.

그대가 준엄한 수단을 쓰지 않으면 안 되었을 때, 그것은 언제나 정당한 것이어야만 한다. 그럴 때에야 그대는 자신의 직책이 갖는 의무로 그 방법을 썼다고 내세울 수 있기 때문이다. 푸셰처럼 하지 말도록. 그는 내가 그에게 주문하지도 않은 준엄한 방법을 쓰고, 후에 내 탓으로 돌리는가 하면, 내가 그에게 하라고 명령한 사면을 자신이 한 것처럼 했는데, 흔히 그 사면의 대상이 된 사람들에 관계되는 작은 세목들까지는 모르는데도 말이다.

　문인 작가들을 잘 대우하도록. 푸셰는 내가 그들을 좋아하지 않는다고 말을 해서 그들이 나에게 악감정을 품게 했다. 그러한 말을 하는 것은 악의가 있는 짓이다. 바쁜 일이 없다면, 나는 그들을 더 자주 만나 볼 터인데 그들은 유익한 사람들이니 늘 판별해 알아 봐야만 하는 사람들이다. 왜냐하면 그들은 프랑스를 명예롭게 하는 사람들이기 때문이다.

　경찰력을 잘 행사하기 위해서는 감정이 없어야만 한다. 증오심을 갖지 않게 조심하도록. 모든 것을 우선 잘 듣도록. 그리고 이성으로 되돌아오기 전에는 결코 발언을 하지 말 것이다.

　현재까지 내가 알지도 못하는 수많은 사람들을 아주 나쁜 사람들이라고 나에게 묘사해 주었다. 어떤 사람들은 추방을 당했고 다른 사람들은 감시를 받고 있다는 것이다. 그 모든 것에 대해 나에게 보고서를 내야만 한다. 나에게 말한 그 모든 죄를 나는 믿지 않는다. 그런데 이젠 그들에 대해 더 이상 나에게 보고하지 않고 있고, 그러한 상태에 그들은 그대로 머물러 있으며 고통을 받고 있을 것임에 틀림없는 것이다.

러시아 대사에게

1810년 7월 1일

 러시아는 무엇을 하겠다는 것입니까? 전쟁을 하겠다는 것입니까? 왜 끊임없이 불평을 하십니까? 왜 그와 같은 모욕적인 의심을 하는지요? 내가 폴란드를 재건하려고 했다면 그렇게 하겠다고 말을 했을 것이며 내 독일 원정군을 철수시키지 않았을 것입니다. 러시아는 자신의 이탈에 대해 내가 마음의 준비를 갖기를 바라는 것인가요? 러시아가 영국과 평화 협정을 맺는 날 나는 러시아와 전쟁을 할 것입니다. 나는 폴란드를 재건하고자 하지 않습니다. 나는 폴란드 광야의 모래 속에서 내 운명을 끝마치고 싶지 않습니다. 그러나 폴란드 왕국은 결코 재건되지 않을 것이라 선언함으로써 내 명예를 떨어지게 하고 싶진 않습니다. 안됩니다. 나에게 한결같은 열의와 크나큰 헌신을 해 준 사람들을 적으로 돌려 무장하겠다는 약속을 할 수가 없습니다. 그들 폴란드인과 러시아의 이익을 위해서 폴란드인들에게 질서를 지키고 복종하라고 권하고 있습니다. 그러나 나는 폴란드인들에게 내가 그네들의 적이라고 선언하지는 않을 것입니다. 그리고 프랑스인들에게, 폴란드를 러시아의 지배하에 넣기 위해 그대들이 피를 흘려야만 한다고, 나는 말하지 않을 것입니다.

조제핀 황후에게

1811년 3월 22일, 파리

아내여, 당신의 편지를 받았어. 고마워. 내 아들은 살이 통통하고 아주 건강이 좋아. 그 애가 잘 자라길 바라. 그 애는 내 가슴, 내 입 그리고 내 눈을 닮았어. 그 애가 자신의 운명을 달성하게 되길 바라고 있어.

나는 외젠에게 늘 만족하고 있어. 그는 나에게 어떤 고통도 결코 가져다 준 일이 없어.

마리 루이즈 황후에게

1811년 9월 22일

나의 착한 루이즈, 당신이 9월 20일에 보낸 편지를 받았어. 오늘 난 내 군부대를 돌보느라고 온종일을 보냈어. 난 이곳을 떠나서 내일 오스탕드에 있을 거야. 내가 너에게 말했던 시간에 너와 함께 있을 거야. 오늘 비가 조금 온 것을 기쁘게 여기고 있어. 비 때문에 먼지를 뒤집어 쓰지 않을 것이고 여행이 너에게 덜 고단할 것이기 때문이야. 라켄에서 몸 상태가 좋다는 것을 나는 빨

▶ **"오스트리아 황녀에서 프랑스의 황후로."** 나폴레옹과 오스트리아 황녀 마리 루이즈의 결혼식. 결혼 증서가 최종 작성된 후 이튿날 베르사유 궁전에서 거행되었다.

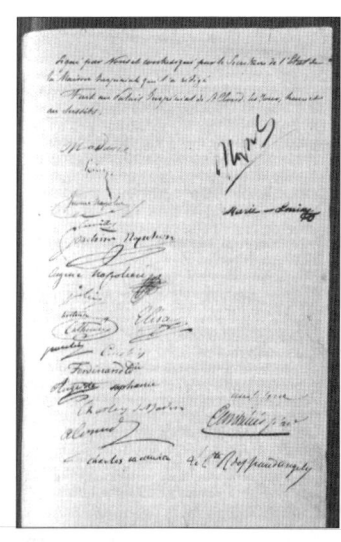

▶ 1810년 4월 1일부로 작성된 나폴레옹과 마리 루이즈의 결혼 증서 마지막 페이지.

리 알고 싶어. 벨기에 사람들에게 만족하길 그리고 그들과 재미있게 지내길 나는 바라고 있어. 얼마나 내가 너를 사랑하는지 알지. 바쁜 일들이 내가 너에게 품고 있는 감정의 무엇인가를 깎아내릴 것이라고 생각하면 네 잘못이지. 잘 있어, 아내여, 내일 난 네 곁에 있을 거야. 오스탕드에서 편지를 써 보내리라.

***

폴란드의 재건은 늘 내겐 서양의 모든 열강들에게 바람직한 것으로 보인다. 그 왕국이 회복되지 않는 한 유럽은 아시아 쪽으로 국경이 없는 것이 될 것이다. 그리하여 오스트리아와 프러시아는 세계에서 가장 큰 제국과 마주 보고 있게 될 것이다. 나는 여기에서 모두에게 이익이 될 것만을 생각할 따름이다. 그리고 내 개인적인 그 어떤 이익도 동기로 삼지 않는다. 즉 나는 폴란드 왕좌에 나 자신도, 내 친족들도 올릴 것을 주장하지 않는다. 폴란드는 독립되고 자유롭게 다시 태어나게 되기를 바란다. 그와 같은 일을 했다는 명예를 갖는 것으로 나는 충분할 것이다.

하지만 그와 같은 기도의 이익은 너무나 먼 성격을 지닌 것이어서 프랑스가 그 모험에 뛰어 들어갈 수만은 없는 것이다. 우리에겐 그 국가의 재건이 전쟁의 동기가 될 수는 없겠지만 그것이 전쟁의 결과가 될 수는 있다고 나는 생각한다……. 폴란드의 명분을 위한 무분별한 열성에 귀를 기울여선 안 된다. 무엇보다도 프랑스가 우선인 것이다. 바로 거기에 나의 정책이 있는 것이다.

펭 남작의 비망록. 1813년 4월

마리 루이즈 황후에게

1812년 6월 9일 저녁 6시

나의 착한 루이즈, 4일 날짜의 편지, 즉 네가 보헤미아로 떠날 때 나에게 보낸 편지를 끝으로, 네 편지를 받지 못했어. 오늘 저녁에 네 편지가 와서 네가 자매들을 만나고 네 가족들 사이에 자신이 있는 것에 만족하고 있다는 소식을 듣게 되길 바라고 있어. 새벽 두시에 말을 타고, 정오에 돌아와 두 시간 동안 잠을 자고 하루 나머지는 군부대들을 보지. 내 건강은 아주 좋아. 어린 왕[112]은 건강하지. 그 애는 이제 젖을 떼게 될 참이야. 그 애 소식을 들었으리라고 생각해. 한시 바삐 너를 보고 싶어. 여러 일과 피로에도 불구하고 무엇인가 나에게 결핍되는 것이 있다는 것을 나는 느끼고 있는데, 그 무엇인가는 하루에도 여러 번 너를 본다는 흐뭇한 습관이지. Addio, mio bene[113]. 건강하도록. 명랑하고 만

---

112) 나폴레옹과 루이즈 사이의 아들.
113) 안녕, 그리운 사람이여.

족 하도록. 그것이야말로 나를 즐겁게 하는 방법이지.

너의 충실한 남편이.

그랑드 아르메(大陸軍)에의 포고령
빌고비스즈키의 제국 총사령부

1812년 6월 22일

병사들이여! 제2차 폴란드 전쟁이 시작되었다. 제1차 전쟁을 프리틀란트와 틸지트에서 끝냈다. 틸지트에서, 러시아는 프랑스와는 영원한 동맹을 하고, 영국에 대해서 전쟁할 것을 맹세했다. 그런데 오늘날 러시아는 그 맹세를 어겼다! 러시아는 프랑스의 독수리 군기가 라인 강을 다시 건너기 전에는 자기네의 괴상한 행위에 대해 아무런 설명도 하려고 들지 않는다. 러시아는 숙명에 이끌려가고 있다. 그들의 운명은 이루어질 것이다. 그렇다면 그들은 우리가 쇠퇴하였다고 생각하는지? 이제 더 이상 우리가 오스텔리츠의 병사들이 아니라는 말인지? 러시아는 우리를 불명예냐 전쟁이냐의 사이에서 선택하도록 하고 있다. 선택은 의문의 여지가 없는 것이 될 것이다. 따라서 앞으로 전진하자! 니에멘 강을 건너자! 전쟁을 러시아의 영토로 옮겨 가자.

▶ 마리 루이즈의 초상화.

황제는 군단을 지휘하는 원수 및 장군들에게, 사단과 여단을 지휘하는 장군들에게, 그리고 각 군 부대의 장들에게 명령한다. 군을 가장 질서정연한 상태로 하여, 나라를 황폐하게 만드는 무질서를 저지토록 모든 필요한 수단을 취하라!

마리 루이즈 황후에게

1812년 7월 26일, 베헨코비키

아내여, 마인츠에서 15일자로 보낸 편지를 받았어. 나는 프랑스에 와 있는 것을 즐겁게 여기고 있어. 또한 작은 왕의 자세한 소식을 기다리고 있어. 그 애가 아주 커진 것을 보았겠군 그래. 그 애가 굉장히 잘 먹고 또한 식탐이 아주 대단하다고들 하더군. 내 건강은 아주 좋아. 내 일도 잘 돼가고 있어. 잘 있어 아내여, 이만 총총.

장병에게 고함

1812년 9월 7일, 보로디노 고지에서

병사들이여, 그대들이 그렇게도 고대하던 전투가 바야흐로 벌어지고 있다! 이제부터 승리는 그대들에게 달려 있는데, 그 승리는 우리에게 필요한 것이다. 그 승리는 우리에게 풍성함을 줄 것이며, 훌륭한 겨울 숙영지와 조국에로의 빠른 귀환을 제공할 것이다! 오스텔리츠, 프리틀란트, 비테브스크, 스몰렌스크 등에서와 마찬가지의 행동을 보이도록. 그렇게 하여 아주 먼 훗날 자손들이 이 하루 동안 그대들이 한 일을 자랑스럽게 인용하도록, 그리고 그대들에 대해 다음과 같이 말하게 하도록.

"그는 모스크바 성벽 밑에서 벌어진 저 대전투에 참여했었어!"

마리 루이즈 황후에게

1812년 9월 9일, 모자이스크

아내여, 24일자 편지를 받았어. 꼬마 왕은, 너의 말에 따르면 아주 심술궂은 녀석이로군. 나는 모스크바 전투 전날에 그 애의 초상화를 받았어. 그것을 보게들 했지. 온 군부대원들이 그 초상화가 훌륭하다고들 했어. 그것은 걸작이야. 우리 군의 초소들을 방문하느라 새벽 두 시에 비를 맞았더니 심한 감기에 걸렸어. 그러나 내일이면 좋아질 것이라고 생각해. 게다가 내 건강은 아주 좋으니…….

마리 루이즈 황후에게

1812년 9월 18일, 모스크바

아내여, 모스크바에서 이미 너에게 써 보냈지. 나는 이 도시에 대해 아무런 생각도 없었어. 그 도시에는 나폴레옹의 엘리제 궁만큼 아름다운, 믿어지지 않는 사치스러움을 지니고 프랑스 식으로 가구를 갖춘 오백 오십 개의 궁전과 여러 개의 황제 궁, 병영들, 훌륭한 병원들이 있었지. 그 모든 것이 사라졌어. 나흘 전부터 일어난 불이 그 도시를 태워버렸어. 도시 사람들의 조그만 집들은 나무로 지어졌기 때문에 매우 빨리 탔어. 군 사령관과 러시아 사람들은 정복된 것에 격분해서 그 아름다운 도시에 불을 질러 버린 것이다. 이십만 명의 선량한 주민들은 절망에 빠졌고 길거리에 나앉았으며 비참하다. 그러나 우리 군에겐 물자가 충분히 남아 있어. 그리고 군은 갖가지 종류의 풍부한 물자를 많이 찾아냈는데, 그것은 극심한 무질서 속에 모든 것이 약탈되고 있었기 때문이다. 그 손실은 러시아에게 있어 끝이 없는 일이다. 그 나라의 교역은 크나큰 타격을 받을 것이다. 저 야비한 인간들은 대비를 철저히 한다고 펌프를 뽑아내거나 파괴해버리는 데까지 이르렀어. 내 감기는 나았어. 내 건강은 좋아. 잘 있어 아내여, 이만 총총.

러시아 황제 알렉상드르 1세에게

1812년 9월 20일, 모스크바

나의 동지여, 아름답고 웅장한 모스크바 시는 이제 존재하지 않습니다. 로스토프친[114]이 그 도시를 불태우게 했습니다. 사백 명의 방화범들은 그 현장에서 즉시 체포되었습니다. 그들은 모두 밝히기를 자기네는 그 사령관과 경찰국장의 명령에 따라 불을 질렀다고 했습니다. 그들을 총살형에 처하였습니다. 불은 마침내 꺼진 것 같아 보입니다. 집의 사분의 삼은 타버렸고, 그 사분의 일이 남아있습니다. 그와 같은 행위는 잔악하고 목표도 없는 것입니다. 그와 같은 행위는 우리에게서 얼마간의 자원을 빼앗아버리자는 것이었나요? 하지만 그와 같은 자원들은 화재가 다다를 수 없는 지하실에 있었습니다. 게다가 세계에서 가장 아름다운 도시의 하나이고, 수 세기에 걸쳐 이뤄진 작품을 그렇게도 초라한 목표를 달성키 위해 파괴해버릴 수가 있단 말입니까? 그와 같은 일이 폐하의 명령에 의해 일어났다고 내가 추측을 한다면 이 편지를 폐하에게 쓰질 않을 것입니다. 폐하의 방침과 폐하의 마음과 폐하가 지니고 있는 생각의 올바름을 갖

---

[114] 러시아 장군이며 정치가. 1812년 모스크바 지구 사령관으로, 나폴레옹 군이 그 도시에 입성하자 불을 지르도록 명령했다고 함(1763~1826).

고서, 폐하가 위대한 군주와 위대한 국민에 가당치 않는 그와 같은 잔악한 행위를 허락했으리라는 것은 불가능한 일이라고 여기고 있습니다.

나는 폐하에 대한 전쟁을 아무런 원한 없이 했습니다. 즉 폐하의 몇 자 적은 전갈이, 마지막 전투 전이건 그 후에건 간에 보내졌으면, 내 군의 전진을 멈추게 했을 것입니다. 그리고 모스크바에 입성한다는 이점을 폐하를 위해 희생할 수 있었으면 하는 생각까지 했었습니다. 폐하가 옛 감정을 아직도 얼마간 나에게 간직하고 계신다면 이 편지를 좋게 받아들이실 것입니다. 어떻든 폐하는 모스크바에서 일어난 일에 대해 내가 보고를 해드린 것에 대해 오직 고맙게 생각하셔야만 할 것입니다.

그랑드 아르메 13차 전황보고서

1812년 12월 3일, 몰로데츠나

11월 6일까지 날씨는 아주 좋았다. 그리하여 군의 이동이 대단한 성공을 거두며 이행되었다. 추위는 7일부터 시작되었다. 그 순간부터 매일 밤, 우리는 수백 마리의 말을 잃었는데, 말들이 야영지에 죽어갔던 것이다. 스몰렌스크에 다다르자 우리는 기병대와 포병대의 수많은 말들을 잃었다. 추위가 갑자기 더해

▶ **"결전의 날이 멀지 않았다."** 도버 해협 인근의 브로뉴 평원에 집결한 프랑스군. 1803년부터 1805년까지 나폴레옹은 영국 상륙작전을 준비하며, 군의 주병력을 이곳으로 집결시켰다.

쇠퇴와 추락

져서, 14일에서 16일까지 온도계는 영하 16에서 18도를 가리키고 있었다. 길들은 빙판으로 뒤덮였다. 기병대, 포병대, 병참부대의 말들은 매일 밤 수백 마리씩이 아니라 수천 마리씩 죽어갔다. 특히, 프랑스와 독일의 말들이 그러했다. 삼만 필 이상의 말들이 며칠 사이에 죽었다. 우리 기병들은 전부 걸어가는 처지가 되었다. 우리 군의 포병대와 운송부대는 수레를 끄는 말들이 없는 처지에 놓여졌다. 기병대 없이, 우리는 위험을 무릅쓰고 전투할 수는 없었다. 전투를 하지 않을 수 없는 경우를 피하기 위해 걷지 않으면 안 되었다. 전투를 하고 싶어도 부족한 군수품 때문에 할 수 없었던 것이다.

적군은, 프랑스군에 엄습한 그와 같은 끔찍한 참화의 자취를 길 위에서 간파한 다음, 그것을 이용하고자 시도했다. 적은 모든 군의 종대들을 코사크 기병들로써 포위하고 그 코사크 기병들은 사막에서 아라비아인들처럼 동떨어져 있는 보급 부대와 운송 수단들을 탈취하였다. 소리만 내 시끄러울 뿐이고 우리의 특별 선발된 보병 일개 중대도 돌파할 능력이 없는 그 보잘것없는 코사크 기병대는 이 묘한 상황 덕분에 가공할 기병대가 되었다.

그러는 동안 적은 베레지나의 모든 건널목을 차지하고 있었다. 이 강은 넓이가 40뚜와즈[115]로서, 꽤 많은 얼음을 떠내려가게 하고 그 기슭은 길이가 300뚜와즈나 되는 늪으로 덮여 있는

---

115) 뚜와즈는 길이의 옛 단위로, 1뚜와즈는 1.949m.

것으로, 그것은 그 강을 건너기 어려운 장애물로 만들어 놓았다. 적장은 프랑스군이 통과하리라고 예상되는 여러 개의 서로 다른 진출로에 네 개 사단의 병력을 배치해 놓았다. 황제는 25일 날 하루 종일 여러 길로 이동해서 적을 속여 따돌리고 난 다음, 26일 여명에 스투디엔카 마을로 가서는 적병 일개 사단이 있음에도 불구하고 그 병력과 대치한 면전에다 즉석에서 다리 두 개를 강 위에 가설하였다. 26일과 27일 종일토록 군은 강을 건넜다.

군은 규율을 다시 세우고, 기력을 회복하고 기병대, 포병대, 그리고 군수품을 보충할 필요가 있다는 것, 그것이 위에 진술한 보고의 결과인 것이다. 그 모든 이동 중에 황제는 언제나 자신의 친위대 한가운데에서 전진하였는데, 기병대는 원수(元帥) 이스트리 공작의 지휘를 받고, 보병대는 단치히 공작의 지휘를 받았다. 우리 기병대는 말을 잃고 하도 심하게 해체되어 있어, 한 필씩 아직 말을 갖고 있는 장교들을 모아서 그들에게 각기 150명으로 구성되는 네 개의 중대를 만들어야만 했다. 거기에서 장군들은 중대장의 역할을 했고 대령들은 하사관의 역할을 했던 것이다. 그루시 장군[116]의 지휘를 받고 나폴리 국왕의 명령 아래 있는 이 거룩한 기병대는 황제의 모든 움직임을 시야에서 잃지 않고 있었다.

폐하의 건강이 지금처럼 좋은 적이 없었다.

---

116) 프랑스의 원수(1766~1847).

콜렝쿠르[117]와 함께 썰매 속에서의 대화

어서 전반적으로 평화가 찾아와 휴식을 취하고 선량한 사람으로 편하게 지낼 수 있게 됐으면 좋겠다. 그렇게 되면, 우린 매년 넉 달 동안 국내로 여행을 할 것이다. 나는 말을 타고 서둘지 않고 하룻길을 조금씩 갈 것이오. 나는 저 아름다운 프랑스의 초가집들의 내부를 볼 것이다. 나는 서로 간에 소통 수단이 결핍된 여러 지방들을 방문하고, 운하를 만들고, 길을 트고, 교역에 도움을 주고 산업을 격려해주고 싶어. 프랑스엔 해야 할 일이 엄청나게 많아. 모든 것을 처음부터 만들어 내야만 할 지방들이 꽤 많지. 나는 이미 많은 개량사업에 전념해 왔고 내무부에다 아주 귀중한 정보를 수집하도록 지시를 하고 있어. 2년 후엔 오늘날 필시 내가 미움을 받는 만큼 찬양을 받을 것이다. 몇몇 임해도시에선 부정한 무역거래가 선행할 정도로 너무나 이기적이다. 늘 벌려고만 해서, 다른 사람들이 손해 보는 것을 상관하지 않는단 말이지. 아무리 뭐라 해도 소용이 없는 것이, 프랑스에 산업을 만들어낸 것은 바로 나였으니까.

콜렝쿠르의 회고록, 1812년 12월

---

[117] 공작이자 프랑스장군. 러시아 주재 대사였으며, 외무장관도 역임했음. 러시아 원정의 안내자(1772~1827).

* * *

내가 죽은 후에 프랑스 대혁명, 아니 그보다는 그 혁명을 일으킨 사상이, 새로운 힘을 갖고 그 사업을 다시 계속할 것이다. 그것은 읽다가 말고 놔둔 페이지부터 다시 읽기 시작하는 책과 같은 것이리라. 그렇게 되면, 능숙한 손길이 급류의 하상(河床)을 파서 그 흐름을 치수하여 둑으로 막지 않는다면, 그 급류는 멀리 양쪽 강기슭을 넘어 홍수를 일으킬 것이고 그 기슭들은 비참하고 끝이 없는 쓰레기로 뒤덮이게 될 것이다.

사람들이 1789년의 여러 원리들이라고 칭하는, 저 교리들은 영원히 모든 시대의 불평분자들, 야심가들 그리고 관념론자들이 쓰기 위한 위협적인 무기가 되고 말 것이다. 그와 같은 위험을 떨쳐낼 수 있는 것은 두 가지의 방법밖에 없다. 그것은 사람들의 주의를 다른 데로 돌리게 한다든가 팸플릿에, 신문에, 심지어 책으로까지 이르는 길을 분명히 막아야만 한다. 그렇게 할 만큼 충분히 강하고 능숙하지 못하면, 그들이 말하는 소위 여러 제도라는 것과 저 불멸의 매력을 지녔다는 여러 이론들과 타협하는 것으로써 체념하고, 한마디로 말해서 그것들과 함께 살려고 애를 써야만 한다. 내가 이 세상에 없게 되면 일어날 일일 것이다. 그와 같은 시도는 외견상으로는 성공한 듯 보일런지 모른다. 그러나 그것은 오래 지속하지 못할 것이다. 우리는 영광을 추구하기 위해 태어난 국민이란 말이다! 코르네이유[118]와 보슈에[119]의 영광으로부터 콩데[120] 혹은 튀렌[121]의 영광에 이르기까지 갖가지 모든 종류의 영광을 추구하는 국민인 것이다. 그러나 아주 부적절하게도 온건한 정부라고 불리는 정부들이란, 우리에겐 무정부 상태에 다다르는 가장 짧은 길이란 것 이외엔 결코 아무것도 아닌 것이 될 것이다.

몰레의 회고록, 1813년

***

나는 대혁명을 한 사람들을 쓰지 않을 수 없었고 지금도 또한 그들을 쓰지 않을 수 없다. 왜냐하면 그들은 백성들의 의견과 심지어 군대의 의견까지 자기네의 편으로 만들어 놓고 있기 때문이다. 백성들과 군대, 그 두 세대는 온통 대혁명을 한 사람들만이 권력을 쥐고 공무를 하는 것을 보아 왔기 때문에 요컨대 혁명을 한 사람들만을 알 뿐이다……. 말하자면 옛 귀족들을 일자리에로 끌어들였어야만 하지 않았을까? 그런데 솔직히 말해서, 문건대 그 귀족들 속에서 오늘날의 일들을 적절히 처리할 사람

---

118) 프랑스의 극작가(1606~1684).
119) 프랑스의 사제, 신학자, 작가(1627~1704).
120) 프랑스의 장군(1621~1686).
121) 프랑스의 원수(1611~1675).

이 몇이나 될까……. 그런데 나에겐 기다릴 시간이 없다. 나는 걸어야만 하고, 행동해야만 하고, 전진해야만 한다. 나에게는 눈이 되어 줄 사람, 팔이 되어 줄 사람, 다리가 되어 줄 사람이 있어야만 한다. 따라서 그것들을 갖고 있지 않은 사람들을 나는 쓸 수가 없는 것이다.

몰레의 회고록, 1813년 6월

마리 루이즈 황후에게
1813년 4월 24일, 마인츠

사랑하는 루이즈, 21일자 편지를 받았어. 부왕 프랑스와[122]께서 평화가 나의 뜻에 달려 있다고 말씀하신 것은 나를 놀라게 했어. 넉 달째 부왕 프랑스와께서 아직 회답을 못 받으신 터에 마침내 러시아가 협상을 개시하자고 동의를 한 지금 부왕께서 그러한 말씀을 하신다니. 그러한 뜻의 편지를 부왕에게 써 보내 드려. 그리고 협상을 개시하는 데 동의를 아직도 하지 않고서 평화를 원하지 않는 것은 바로 나라고 하는 것은 부당하다고 말씀드리도록. 하여간 협상도 없이 여러 조건 이를테면 항복과 같은 조건을 나에게 강요한다면, 계산을 잘못하고 있는 것이라고 써

---

122) 프란츠를 프랑스식으로 표현한 것.

보내드리도록. 아버님이 조심하시도록 해. 그것은 아버님을 전쟁에 끌어넣기 위한 목적을 갖고 그러는 것이야. 요컨대 평화를 바란다면, 협상을 개시해야만 하기 때문이지. 헌데 삼 개월 전에 내가 협상에 응할 준비를 갖추고 있다고 러시아에게 말했는데, 아무런 대답도 주지 않고 있어. 우리나라는 러시아나 영국에게 학대 받도록 놔두지 않을 것이며, 그들이 제시하는 창피스런 조건들을 강요받도록 놔두질 않을 것이라는 것을 알려 드리도록. 또한 내가 지금 무장한 백만 명의 병사를 갖고 있지만, 만일 프랑스인들이 영국인들의 분노에 우리가 제물이 되게 하려고 한다는 것을 안다면, 내가 원하는 만큼 얼마든지 병사들을 모으게 되리라는 것을 부왕에게 알려드리도록. 네 편지를 오스트리아인들을 통해 전달해서 그 편지가 의심받지 않도록 해줘. 비록 이곳은 몹시 춥지만 내 건강은 아주 좋은 상태야. 잘 있어, 아내여. 이만 총총.

마리 루이즈 황후에게
1813년 5월 24일, 괴를리츠

사랑하는 아내여, 프리울 공작(뒤록)[123]의 죽음 때문에 어제

---

123) 프랑스 장군(1772~1813).

온통 깊은 슬픔에 빠져 있었어. 그는 나의 이십 년지기 친구였어. 나는 그에게 아무것도 불평할 일이 없었지. 그는 나에게 위로가 될 거리만을 주었을 뿐이지. 그것은 돌이킬 수 없는 손실이고, 내가 우리 군에서 입은 최대의 손실이었어. 후임자를 찾을 때까지 마사를 담당하는 시종장에게 그의 직책을 맡아 하라고 명령했어. 아디오, 미오 베네(안녕, 그리운 사람이여). 내 일들은 잘되고 있어. 이만 총총.

전황 보고

1813년 5월 24일, 괴를리츠

일곱 시에, 대원수 프리울 공작은 조그만 언덕 위에서 트레비즈 공작 그리고 키르즈네르 장군과 함께 이야기를 나누고 있었다. 세 사람 모두 말에서 내려 있었고 포화에서 꽤 떨어진 곳에 있었는데, 적의 마지막 포탄 하나가 트레비즈 공작 가까이에서 폭발하여 그를 쓰러트렸고, 대원수의 하복부를 관통하여 파열하고 키르즈네르 장군을 즉사케 했다. 프리울 공작은 치명상을 입었다고 생각했다. 그는 열두 시간 후에 숨을 거두었다. 부서 배치가 끝나고 병사들이 야영을 마치자 황제는 프리울 공작을 보러갔다. 황제는 그가 말짱한 의식을 갖고 아주 태연자약한 모습을 하고 있는 것을 보았다. 공작은 황제의 손을 잡고 자기 입술에다 그 손을 가져갔다.

황제는 오른손으로 대원수를 껴안고 왼손으로 머리를 받쳐 주며, 한 십오 분간 아주 깊은 침묵 속에 빠져 있었다. 대원수가 먼저 그 침묵을 깼다.

"아! 폐하, 물러가 주십시오. 이 모습은 폐하를 너무 고통스럽게 해드릴 것이니까요."

황제는 달마시에 공작과 마사 담당 시종장에게 기대서 프리울 공작의 곁을 떠났는데 "잘 가시오. 나의 벗이여!"라는 말 이외엔 다른 말을 못하고 말았다. 황제는 자신의 막사로 돌아갔는데, 밤 사이 아무도 받아들이지 않았다.

마리 루이즈 황후에게
1813년 6월 27일, 드레스텐

사랑하는 아내여, 나는 아주 오랫동안 메테르니히와 이야기를 나누었어. 그 때문에 피로하군. 그래도 내 건강은 좋아. 어린 왕의 질투에 대해 말해 주었는데 그건 나를 웃음 짓게 하는군. 퍽 그 애가 보고 싶어. 나를 대신해서 그에게 세 번 키스를 해줘. 식물 공원에서 코끼리를 보았는지? 수일 내로 평화 협상을 하게 되길 바라고 있어. 나는 평화를 원하고 있어. 그러나 그 평화는 명예로운 것이어야만 되지. 잘 있어, 나의 사랑하는 이여. 이만 총총.

입법원에서

국민 없는 왕좌는 빌로도 천조각으로 덮은 네 토막의 나무 조각에 불과하다. 국민은 왕좌 안에 있고, 왕좌는 국민 안에 있다. 그것이 없이는 군주국도 없다. 그대들은 자신이 연민의 대표자라고 말하고 있는데, 그대들은 그렇지 않다. 프랑스에는 나 이외엔 대표자가 없다. 오백만 명의 투표자들은 나를 집정에, 종신 집정에, 황제의 위치에 차례차례로 올려놓았다. 프랑스에 그와 같은 말을 할 수 있는 권위자나 개인이 있다면 나서도록. 그와 같은 권위자와 개인은 나와 겨루어 볼 수 있을 것이다. 나는 내 조상들로부터 왕관을 물려받지 않았고, 나에게 그 왕관을 준 국민의 의지로부터 받은 것이다.

몰레의 회고록, 1814년 1월

베르티에와 마레에게

전에 없던 패배는 내가 이룩한 정복지들을 포기할 약속을 나에게서 억지로 얻어낼 수 있었다. 그러나 나 이전에 이뤄진 정복지를 또한 내가 포기하다니, 대단한 신임과 더불어 나에게 맡겨 준 위탁물을 내가 모독하다니, 그 많은 노력과 피와 그리고 승리의 값을 치른 덕에 이어 받은 프랑스보다 더 작은 프랑스를 내가 남겨 놓다니, 그런 것은 결코 있을 수 없다!

펭 남작의 회고록, 1814년 2월

조제핀 황후에게
1813년 8월 25일, 트리아농

편지 잘 받았어. 건강이 아주 좋다니 기분이 좋군. 나는 트리아농에 며칠 와 있어. 콩피에뉴에 갈 예정이야. 내 건강은 아주 좋아.

너의 재정에 관한 일을 정리하도록. 백오십만 프랑만 쓰도록 해. 그리고 그만큼의 돈을 매년 저축해 두도록. 그렇게 하면 십년 만에 천오백만 프랑의 돈을 너의 손자들을 위해 갖게 될 거야. 그 손자들에게 무엇인가를 줄 수 있다는 것, 그리고 그들에게 도움이 될 수 있다는 것은 즐거운 일이지. 헌데 그런 것이 아니라, 사람들 말에 따르면 네가 빚을 지고 있다고들 하는군. 그렇다면 그것은 아주 고약한 일이 될 것이지. 금전에 관한 일을 네가 맡아 해야 돼. 그 일을 차지하려는 사람에게 주어선 안 돼. 내 맘에 들려면, 네가 막대한 돈을 갖고 있다는 것을 내가 알도록 해. 네가 삼백만 프랑의 수입을 갖고서도 빚을 지고 있다는 것을 알게 되면, 내가 너를 얼마나 고약하게 여기게 될 것인가를 생각해 보도록.

잘 있어 아내여, 몸 건강하도록.

마리 루이즈 황후에게
1814년 2월 25일 오후 2시, 트루아

사랑하는 루이즈, 추운 날씨는 밤낮으로 말을 타고 있어야 하는 불쌍한 병사들에겐 아주 언짢은 것이야. 너의 아버님은 트루아에서 몹시 슬퍼하시고 상당히 몸이 불편하셨어. 러시아인들을 거의 만나보지 않으셨지. 그들을 좋아하지 않으셨어. 아버님께 편지를 내서 호소를 하는 것이 좋을 거야. 즉, 너에게 아버님이 소식을 전해주지 않으시는 것에 대해, 너를 잊고 계신 것에 대해. 그렇지만 군주로서 나라 일을 하시면서도 우리를 도우실 수 있다는 것, 합리적이셔야만 된다는 것, 그리고 의지를 지니셔야만 되고 또한 영국과 러시아의 도구가 되셔서는 안 된다는 것 등을 써 보내도록. 요컨대, 아버님에게 강력하게 편지를 써 드리도록 해. 그리고 네 이해관계와 네 아들의 이해관계를 지켜 줄 것을 부탁드리도록. 그와 동시에 아버님에게 알려드릴 것은 치욕스럽고 불명예스런 평화에 동의하느니 차라리 나는 죽기로 결심을 했다는 것, 그렇게 하는 이유는 좋은 정책이 아닌 것은 오래 지속되지 않을 것이기 때문이라는 것을. 잘 있어, 아내여. 이만 총총.

내 부대들은 바르-쉬르-센과 방되브르에 들어갔어. 나는 백성들에 대해 아주 만족하고 있어. 그들은 최대의 열정과 최대의 열의를 지니고 있어. 그들은 수많은 적병들을 조금씩 나누어 죽였어. 이곳에서는 알렉상드르 황제를 증오하고 있다. 당신 아버님을 존경하고 그 분에게 더 만족하고들 있었어. 그러나 아버님께선 늘 아무것도 하실 수 없다고 하셨어. 그 분은 하루 온종일 산보만 하셨고, 외출도 별로 안하셨으며, 사람들도 만나보지 않으셨어.

마리 루이즈 황후에게

1814년 3월 2일 저녁 6시, 라 페르테-수-쥬아르

아내여, 카도르 공작(샹파니)을 오게 하도록. 그에게 말해서 퐁텐블로, 콩피에뉴, 랑부예, 그리고 내 여러 집에 있는 모든 침대, 짚을 넣은 매트, 시트, 요, 모포 등 그리고 내 집 안에 필요치 않은 것 ― 적어도 천 개는 있을 것이야 ― 의 목록을 작성하도록 해줘. 그리고 그것들을 그가 병원에 갖다 주도록 해줘. 내 일은 잘되고 있어. 신속하게 좋은 결과를 얻게 되길 바라고 있어. 잘 있어, 나의 사랑하는 루이즈.

마리 루이즈 황후에게

1814년 3월 11일 오후 3시, 수와송

아내여, 편지 받았어. 왕(조제프)[124]과 너무 친밀하게 지내지 말도록. 그와는 거리를 두고 너의 내실에 결코 들어오지 못하게 하도록. 그를 캉바세레스[125]에게 하듯 격식을 갖추고 응접실에

---
124) 나폴레옹의 형.
125) 프랑스 정치인. 나폴레옹 제정 때 대법관(1753~1824).

서 맞이하도록. 너의 모양새와 생활 방식에 대해 그가 조언을 하는 어투를 갖는 것을 허용하지 말도록. 너는 그보다 훨씬 잘 생활하고 있으니까. 지하도를 통해 테라스로 네가 가는 것을 나는 찬성한다. 조제프왕이 말하는 것은 바보 같은 소리이다. 게다가 대중들은 그와 같은 일에 참견할 필요를 느끼지 않는다. 나는 네가 생활 방식을 바꾸지 않기를 바라고 있어. 그 방식은 완전하고 놀라우며 그것은 모든 사람들의 존경을 받도록 해 주었어. 따라서 그가 참견하면, 너는 그 이야기를 중단시키고 다른 것에 대해 말을 하며, 차갑게 대하여만 해. 왕을 볼 때는 많은 조심을 해야 하고, 그를 멀리하도록 해. 조금도 친밀함을 보이지 말도록. 가능한 한 공작부인 앞이나 창 모퉁이에서 그에게 말 하도록 해. 그러나 그것을 반드시 그렇게 하라는 것은 아니야. 하지만 그가 자기와 관계없는 일이나, 너의 내밀한 일에 끼어들게 놔두지는 않도록 해. 잘 있어, 아내여. 날씨가 아주 고약하군. 이만 총총.

조제프에게
1814년 3월 16일

내가 행할 작전 때문에 며칠 동안 내 소식을 듣지 못할 수 있을 것이오. 적이 어떠한 저항도 불가능한 군사 세력을 갖고 파리로 진군을 한다면, 섭정을 보는 황후와 내 아들을 루아르 강 방향으로 떠나보내도록 하시오. 내 아들 곁을 떠나지 마시오. 그리고 나는 내 아들이 프랑스의 적들 손에 잡히기보다는 오히려 센 강 속에 빠져 죽는 것을 택할 것이라는 사실을 명심하시오. 그리스인들의 포로가 된 아스티아낙스[126]의 운명은 나에겐 늘 역사상 가장 불행한 자의 운명이라 생각되었소.

마리 루이즈 황후에게
1814년 3월 23일

아내여, 요 며칠 동안을 온통 말 위에서 보냈어. 20일에는 아르시-쉬르-오브를 탈취했어. 적은 그곳에서 저녁 6시에 나를 공격했지. 바로 그날에 적을 쳐부수고 4천의 적군 병사를 살상했어. 적에게서 두 문의 대포를 탈취했고, 적은 나에게 두 문의 대포를 탈취해 갔어. 그래 주고받을 것 없이 피장파장이 됐어. 21일에, 적군은 전투 배치를 하고 브리엔과 바르-쉬르-오브로 향하는 자기의 수송대를 보호하고자 해. 나는 마른강과 적들의 연결로 쪽으로 행군해 적군을 파리에서 더 멀리 밀어내고, 내 요

---

126) 트로이의 병장 헥토르의 아들. 트로이 전쟁에서 점령군 그리스군에게 최후로 발견되어, 어머니 안드로마케가 보는 앞에서 죽임을 당함.

▶ **안드로마케와 아스티아낙스.** 아스티아낙스는 트로이의 명장인 헥토르가 테베의 공주 안드로마케와 결혼하여 낳은 아들이다. 트로이를 점령한 그리스인들은 아스티아낙스가 후에 성장하여 자신들에게 복수할 것을 두려워한 나머지 어머니 안드로마케가 보는 앞에서 트로이의 성벽 아래로 던져버린다.

새들에 가까이 가기로 결심을 했어. 오늘 저녁 나는 생 디지에르에 도착할 것이야. 잘 있어, 아내여. 내 아들에게 키스를 보낸다.

마리 루이즈 황후에게

1814년 3월 31일, 라 꾸르 드 프랑스

아내여, 파리를 방어하기 위해서 이곳에 왔는데, 때는 늦었어. 파리는 어제 저녁에 항복하고 적에게 건네졌어. 나는 우리 군을 퐁텐블로 쪽으로 집결시켰어. 내 건강은 좋아. 네가 얼마나 괴로워할 것인가를 생각하니 몹시 괴롭군.

퇴위
1814년 4월 4일

연합국이 나폴레옹 황제가 유럽의 평화를 회복하는 데 있어 유일한 장애라고 선포하였기 때문에, 황제 나폴레옹은 자신이 한 서약을 충실히 지키며 선언한다. 자식의 여러 권리, 섭정 및 황후의 여러 권리 그리고 제국의 여러 권리 유지와 불가분하게 연결되어 있는 조국의 이익을 위해 왕좌에서 물러나고, 프랑스를 떠나고 생명까지도 버릴 차비를 갖추고 있음을.

1814년 4월 4일 퐁텐블로의 우리 궁전에서 작성되었다.

발레브스카 백작부인에게
1814년 4월 16일

마리, 15일 날짜의 당신 편지를 받았습니다. 감사합니다. 당신이 갖고 있는 감정은 나를 깊이 감동시키고 있습니다. 그와 같은 감정은 당신의 아름다운 마음에 걸맞은 것입니다. 당신이 뤼크 온천에 온다면 아주 즐거운 마음으로 당신과 당신 아들을 만날 것입니다. 나를 결코 의심하지 말길 바랍니다.

마리 루이즈 황후에게

1814년 4월 19일 저녁 11시, 퐁텐블로

나의 사랑하는 루이즈, 나는 그의 어머니가 그렇게 해달라고 간청을 해서 몽테스키유[127]를 돌려보내기로 하고, 그에게 이 편지를 전하도록 맡겼어. 그는 내 소식을 전할거야. 내일 나는 아침 9시에 출발해서 브리아르에 가서 잘 거야. 그 곳에서 밤에 네 소식을 받기를 바라고 있어. 나는 느베르, 물랭, 리용, 아비뇽 등을 거쳐서 가게 될 거야. 며칠 동안 네 소식을 받지 못할 것을 생각하니 화가 치밀어 올라. 네가 건강하고 용기를 내며, 그리고 최근에 겪는 운명의 가혹함에 마음을 쓰지 말고, 너의 지위와 내 운명의 명예를 유지해 줄 것을 나는 바라고 있어. 내 아들에게 키스를 해 주도록. 그 아이를 잘 보살피도록. 잘 있어. 나의 사랑하는 아내여. 나의 모든 생애는 너의 것이야.

127) 프랑스의 정치가로서 그 당시 내무대신(1756~1832).

친위대에게 하는 고별사

1814년 4월 20일

　나의 고참 친위대 병사들이여, 그대들에게 작별의 인사를 고한다. 이십 년 이래로, 명예와 영광에 이르는 길에서 나는 늘 그대들을 보아왔다. 최근에 와서도, 번영의 시대에 있어서와 마찬가지로 그대들은 끊임없이 용감스러움과 충성스러움의 모범이었다. 그대들과 같은 병사들과 함께 있었기 때문에 우리의 대의명분을 잃는 일이 없었다. 그러나 전쟁은 끝이 없는 것이었는데, 그 전쟁을 멈추지 않았다면, 내란이 되었을 것이고 프랑스는 그 때문에 한층 더 불행해질 도리밖에 없었을 것이다. 그래서 나는 조국의 이익을 위해서 우리의 모든 이해관계를 희생시켰다. 나는 떠난다. 그대들, 내 벗들이여, 계속해서 프랑스에 봉사하도록. 그 프랑스의 행복은 내 마음을 사로잡는 유일한 생각인 것이다. 그것은 늘 내 기원의 목표가 되리라! 나의 운명을 한탄스러워하지 말도록. 내가 살아남기로 한 것은, 그대들의 영광에 또다시 도움을 주기 위한 것이다. 나는 우리들이 함께 이룩한 위대한 일들을 쓰고 싶은 것이다! 잘 있어라, 내 자식들아! 그대들 모두를 내 가슴에 꽉 껴안고 싶어. 그렇지 못하니 적어도 그대들 군기에 입 맞추겠노라! ……

▶ "내 인생의 목표는 프랑스의 번영과 영광이었으므로……." 장-피에르-마리 자즈, 〈퐁텐블로의 작별〉, 1829년. 전쟁에서 패한 나폴레옹은 퐁텐블로성 정문 안쪽 '백마의 광장'에서 자신의 근위병들에게 작별을 고했다(1814년). 그는 잠시 퐁텐블로에서 잠시 머물다 유배지 엘바 섬으로 떠나게 된다.

잘들 있어! 다시 또 이르건대, 내 오랜 전우들이여! 이 마지막 입맞춤이 그대들 가슴 속에 전달되길!

마리 루이즈 황후에게

1814년 8월 18일, 엘바섬

나의 사랑하는 루이즈, 나는 너에게 자주 편지를 써 보냈어. 추측하건대, 너도 마찬가지로 편지를 자주 써 보냈을 거야. 그러나 네가 비엔나로 떠날 때의 며칠간의 편지를 받은 이래로 편지를 하나도 받지 못했어. 내 아들에 대한 아무런 소식도 받아보지 못하고 있어. 그와 같은 행동은 아주 어리석고 잔혹한 것이지. 모후께서는 이곳에 와 계시고 건강하셔. 모후께서는 거처를 잘 잡고 계셔. 나는 아주 건강해. 네가 와 묵을 거처는 준비가 되어 있어. 포도 수확을 하도록 네가 9월에 오기를 기다리고 있어. 누구에게도 너의 여행에 대해 반대를 할 권리가 없어. 그 점에 대해 앞서 너에게 편지를 써 보낸 바 있지. 그러니 이리 오도록. 너는 내가 너에게 품고 있는 모든 감정을 다 알고 있으니까. 폴린 공작부인은 9월 중순에는 이곳에 올 거야.

너의 세례명 축일이었지. 축하해. 아내와 자식이 내게 편지를 못 쓰게 하는 것에 항의하도록. 그와 같은 행위는 아주 비열한 짓이야. 잘 있어. 아디오 미오 베네(나의 사랑하는 사람이여).

마리 루이즈 황후에게

1814년 8월 28일, 라 마도나 디 마르치아노

사랑하는 아내여, 8월 10일 날짜로 된 15번째 편지를 받았어. 너도 그때부터 내가 보낸 여러 통의 편지를 받았을 거야. 코르비자르[128]가 너와 함께 있다는 소식을 기쁘게 들었어. 내가 있는 이곳은 바다 위 600뜨와즈에 있는 외딴 오두막집으로, 밤나무 숲 한가운데에 있으며, 한눈에 지중해를 내려다 볼 수 있어. 모후께서는 마을 안에 계시는데, 이곳에서 150뜨와즈 더 아래쪽이야. 이 거처는 퍽 쾌적해. 내 건강은 아주 좋아. 하루 중 일부분은 사냥하면서 보내지. 네가 퍽 보고 싶고 아들 또한 보고 싶어. 이자베[129]를 보게 되면 즐거울 거야. 여기엔 그가 그리기에 아주 아름다운 풍경들이 있어. 잘 있어. 사랑하는 루이즈, 이만 총총.

보내준 물건 고맙게 받았어.

---

128) 나폴레옹의 주치의.
129) 프랑스 화가, 황후 곁에 예속되었던 세밀 화가.

엘바섬에서의 귀환

군 장병에게 고함

1815년 3월 1일, 쥬앙만

장병들이여, 우리는 전쟁에 패하지 않았다!

장병들이여, 내 유배지에서 그대들의 목소리를 들었다. 나는 온갖 장애물과 온갖 위험들을 가로 질러서 도착하였다. 백성들의 선택으로 제위에 오르고 그대들의 절찬을 받은 그대들의 장군은 그대들에게 되돌려진 것이다. 와서 장군에게 합류를 하라. 국민에 의해서 폐지되었던 깃발을 끌어 내리도록, 그것은 이십오 년간 프랑스의 모든 적들을 그 아래 집합시키는 데 쓰인 깃발이다! 삼색기를 걸도록. 그대들은 우리가 가졌던 수많은 위대한 나날에 그 휘장을 달고 있었다. 그대들이 윌므, 오스텔리츠에서, 이에나에서, 아일라우에서, 프리틀란트에서, 투델라에서, 에크뮬에서, 이즈링에서, 바그람에서, 스몰렌스크에서, 모스크바강에서, 뤼첸에서, 뷜르센에서, 몽미라유에서 그대들이 가졌던 저 독수리 군기들을 다시 잡도록! 오늘날 아주 건방져진 한 주먹밖에 안 되는 프랑스인들이 우리 군기의 모습을 마주 보는 것을 견디어 낼 수 있으리라고 생각하는지? 그들은 그들이 있던 곳으로 되돌아 갈 것이다. 그곳에 가서, 그들은 원한다면, 십구 년간 자기들이 통치했다고 주장하듯, 그곳을 통치할 것이다.

장병들이여, 그대들의 사령관 깃발들 아래로 와서 정렬하도록. 승리를 향해 돌격의 발걸음으로 전진하리라. 독수리 군기는, 삼색 국기와 더불어 종탑에서 종탑으로 날듯이 달려가 노트르담 사원의 종탑에까지 쏜살같이 다다를 것이다. 그렇게 되면 명예롭게 그대들의 상처를 보여줄 수 있을 것이다. 그렇게 되면 그대들은 자신들이 한 일에 대하여 자랑스럽게 이야기할 수 있을 것이며, 그대들은 조국의 해방자가 되리라! 그대들의 노년엔, 고향사람들에게 둘러싸여 존경을 받으면서, 그대들의 무훈에 대해 이야기를 하면 그들은 경건하게 들을 것이다. 그럼 그대들은 자랑스럽게 이렇게 말할 수 있으리라. "나 역시 저 위대한 군에 속해 있었다. 비엔나 성벽에 두 번이나 입성했고, 로마 성벽과 베를린 성벽, 마드리드 성벽, 모스크바 성벽 등에 입성했던 위대한 군대, 또한 배반자와 적의 손길로 더럽혀졌던 파리를 해방시켰던 위대한 군대에!" 라고.

벤자맹 콩스탕[130)]에게
1815년 4월

하나의 헌법에 의해 통치를 할 수 있는 방법이 있다면 좋은 일입니다……. 나는 세계 제국(帝國)을 세우고자 하였소. 그것을 확보하기 위해 무한정한 권력이 나에게 필요했습니다. 프랑스만을 통치하기 위해선 하나의 헌법을 지니는 편이 좋을 수 있습니다. …… 한데 나는 세계 제국을 세우려 했다오. 내 자리에 있었다면, 누군들 그것을 원하지 않았겠습니까? 세계는 나를 이끌어 내가 세계를 통치하게끔 했습니다. 여러 군주들과 신민들이 서로 앞을 다투어 가며 내 통치권 아래로 달려들어 왔다오. 나는 프랑스에선 나에게 저항하는 자들을 드물게 만났소. 그러나 오늘날 자신들과 동등한데 인기 있는 한 사람을 쫓아버렸다고 아주 뽐내고 있는 왕들에게서보다는, 이름 없고 무장이 해제된 몇몇 프랑스인들에게서 나에 대한 더 많은 저항을 만났답니다. …… 따라서 당신에게 가능해 보이는 것이 무엇인가 찾아보시오. 당신의 생각을 갖고 오시오. 자유선거? 공개토론? 책임지는 대신? 자유? 나는 그 모든 것을 받아드립니다. …… 무엇보다 언론의 자유, 그 자유를 억압하는 것은 부조리한 짓이오. 나는 민중의 자식이오. 민중이 실제 자유를 원하면, 그것을 민중에게 주어야 합니다. 나는 민중의 절대적인 힘을 인정해 왔소. 따라서 우리는 민중의 의지에 귀를 기울여야만 합니다. 그들의 변덕에까지도 말이오. 나는 결코 내 심심풀이로 민중을 억압하고자 하지 않았습니다. 나는 수많은 원대한 계획을 갖고 있

---

130) 프랑스 정치가이며 또한 『아돌프』란 소설을 쓴 작가이기도 함(1767~1830).

었다오. 운명이 그것을 결정해 주었소. 나는 이제 정복자가 아니고, 정복자가 될 수도 없소. 나는 무엇이 가능하고 무엇이 불가능한 것인가를 알고 있습니다. 나는 이제 하나의 사명밖에 갖고 있지 않습니다. 그것은 프랑스를 다시 부흥시키고 그에 걸맞은 정부를 프랑스에다 부여하는 것이오. …… 나는 자유를 조금도 미워하지 않습니다. 그 자유가 내 길을 가로 막을 때, 나는 그것을 밀어내었답니다. 그러나 그 자유를 나는 이해합니다. 나는 그 자유의 사상 속에서 함양이 되었기 때문이오. 따라서 십오 년간 걸려서 이뤄놓은 작업이 파괴되었소. 그것은 다시 시작될 수가 없소. 그러기 위해선 이십 년이 걸려야 하고 이백만 명이 희생되어야만 할 것이오. …… 그 위에 나는 평화를 원하고 있다오. 그런데 그 평화는 승리를 거듭함으로써만 얻을 수 있답니다. 나는 거짓된 희망을 당신에게 주고 싶지 않습니다. 나는 협상이 이뤄지고 있다고 마음대로 말하게 내버려 둡니다. 그러나 협상은 없습니다. 어려운 투쟁, 장기간의 전쟁을 나는 예견합니다. 그것을 지탱하기 위해선, 국민이 나를 지지해 주어야만 합니다. 그러나 그 보상으로 국민은 자유를 요구할 것이고, 그렇게 되면 나는 국민에게 자유를 주게 될 것입니다. …… 상황은 새로워졌습니다. 내가 계몽을 받아 깨닫게 되면 더 좋은 일은 없습니다. 나는 늙었소. 마흔 다섯의 나이에 서른 살 때처럼 될 수는 없습니다. 입헌군주가 갖는 휴식이 내게 걸맞을 수 있

▶ 버넷 에밀 진 호라스, 〈워털루 전투의 최후의 보병〉, 1863년 이전.

습니다. 내 아들에겐 그것이 더욱 확실하게 걸맞을 것이오.

세인트헬레나에서의 구술-회고록

제국헌법 추가법령
1815년 4월 22일

하느님의 은총과 헌법에 의해, 모든 현재와 미래의 프랑스인들의 황제인 나폴레옹은 인사하노라. 십오 년 전에, 프랑스의 기원에 의해 국가의 통치에로 짐이 소명이 된 이래, 여러 시기를 거쳐, 헌법 형태를 국민의 필요와 바람에 따르고, 경험의 교훈을 이용하면서, 완성시키고자 짐은 힘을 썼다.

그러자 짐은 유럽연방의 큰 체제를 조직하는 것을 목표로 삼게 되었다. 그 체제가 시대정신에 걸맞고 문명의 발전에 알맞기 때문에 짐은 그것을 채택하였던 것이다. 짐의 목표란 앞으로는 공공의 자유를 확고히 하여 프랑스의 번영을 증가시키는 것 이외에 다른 것은 없다. 그 결과로 이 제국을 지배하는 헌법, 상원 결의 그리고 법령들 속에서 여러 가지 중요한 수정이 불가피한 것이다.

워털루의 일일 명령서

1815년 6월 14일

장병들이여, 오늘은 바로, 유럽의 운명을 두 번이나 결정했던 마렝고와 프리틀란트의 기념일이다. 그때에 오스텔리츠 전투, 바그람 전투 후에서처럼, 우리는 너무 관대했다. 우리는 왕자들의 서약과 맹서들을 믿고 그들을 왕좌에 놔두었다! 그렇지만 오늘날, 그들은 우리에 대항해서 동맹을 맺고, 프랑스의 독립과 가장 성스러운 권리를 빼앗으려 노리고 있다. 그들은 침략 중에서 가장 부당한 침략을 시작한 것이다. 그들과 맞서 싸우기 위해 전진하자. 그들과 우리는 이젠 같은 인간이 아닌 것이지?

장병들이여, 이네아에서, 오늘날 아주 오만해진 저 똑같은 프러시아인들과 대항해 싸울 때 그대들은 3대 1의 병력이었다. 몽미라유에선 6대 1의 병력이었다. 분별없는 것들! 한 순간의 행운이 그들의 눈을 멀게 하고 있다. 그들이 프랑스로 들어오면, 그 곳에서 자신들이 묻힐 무덤을 보게 되리라. 장병들이여, 우리는 강행군을 해야 하고, 전투를 벌여야 하고, 위험을 무릅써야 한다. 그러나 끈질기게 싸워서 승리는 우리의 것이 될 것이다. 즉 조국의 여러 권리, 명예를 되찾게 될 것이다. 자부심을 가진 모든 프랑스인들에게, 승리하느냐 또는 죽느냐의 순간이 온 것이다.

프랑스 국민들에게

1815년 6월 22일 오후 4시

　국가 독립을 유지하기 위해 전쟁을 시작하면서, 나는 모든 사람의 노력과 모든 사람들의 의지가 결집되고 모든 국가기관이 협조해 줄 것을 기대했다. 그와 같은 것들이 성공할 것을 희망할 근거가 나에겐 있었다. 그러나 상황은 바뀐 것으로 보인다.
　프랑스의 적들이 증오에 대한 희생의 제물로써 내 몸을 바친다. 그들의 선언이 진지한 것이기를 바라며, 그들이 적대시했던 것은 실제로 나 개인에게만이었기를 바란다. 공공의 안전과 독립국가로 남아 있기 위해 모두가 단결하도록. 나는 내 아들을 프랑스인들의 황제 나폴레옹 2세로 선포한다.

영국 섭정공에게

1815년 7월 14일, 엑스 섬

　전하.
　내 나라를 분열시키고 있는 여러 도당들과 유럽 강국들의 적의의 표적인 본인은 정치 인생을 끝마쳤습니다. 나는 데미스토

글레스[131]처럼 영국 국민의 난로 앞 품에 와 있습니다. 내 적들 중 가장 강력하고 가장 끈기 있으며 가장 관대한 적인 전하에게 간청하여 영국법의 보호 아래 이 몸을 맡기는 바입니다.

나폴레옹의 항의

1815년 8월 4일, 바다 위 벨레로폰 호 선상에서

나의 신병과 나의 자유가 폭력으로 처리되고, 나의 가장 신성한 권리가 침해당하는 것에 대해 나는 여기 하늘과 인간들 앞에서 엄숙하게 항의하는 바이다. 나는 자발적으로 와서 벨레로폰 호에 승선하였다. 즉 나는 포로가 아니다. 다시 말하면 나는 영국의 손님이다. 벨레로폰 호에 승선하자 이내 나는 영국 국민의 난로 앞 깔개에 들어선 것이다. 나는 역사에 호소한다. 역사는 말하리라. 이십 년간 영국 국민에 대하여 전쟁을 한 적이 불운에 처해 그들 영국법의 보호 아래 은신처를 찾으러 자발적으로 왔다고. 그가 영국에 대하여 갖는 존경과 신뢰에 대한 그 이상 더 어떤 명백한 증거를 표시할 수 있었겠는가? 그러나 그와 같은 아량에 대하여 영국은 응답을 했는가? 영국은 그 적에 대

---

131) 데미스토클레스는 국가 반역죄로 고발되자, 적국인 페르시아 왕에 의뢰하여 망명했음.

해 환대의 손을 내미는 척 했다. 그리고 그 적이 성실하게 몸을 맡기자 영국은 그 적을 제물로 바쳐 버렸다!

V

세인트헬레나
황제가 남긴 최후의 기록들

내 아들은 내 죽음에 대해 복수를 할 생각을 해서는 안 된다.
내 죽음을 유익하게 이용하도록 해야만 한다.
내가 해 놓은 것에 대한 추억이 결코 그에게서 떠나지 않도록.
그리고 내 아들은 나처럼 골수까지 늘 프랑스인으로 머물러 있도록.
그의 모든 노력은 평화로 통치하는 방향으로 가야만 한다.

***

우리는 불멸의 대의명분을 위한 순교자로 머물러 있을 것이다! 수백만 명이 우리를 위해 울고 있으며, 조국은 한숨짓고, 영광은 상복을 입고 있다! 우리는 이곳에서 신과 같은 권력자들의 압제에 대항에 싸우고 있으며 여러 나라 국민들은 우리를 위해 기원을 하고 있다. …… 나의 진짜 고통은 이곳에 있는 것이 아니다. 만일 내가 나 자신만을 생각한다면 아마도 나는 즐거워해야만 하리라! 불행들은 그 나름의 영웅적 행위가 있으며 그 나름의 영광을 갖고 있는 것이다! 내 생애엔 여태껏 불운이 없었다. 만일 내가 전능의 구름에 싸여 왕좌에서 죽었다면 나는 수많은 사람들에게 풀릴 길 없는 문제로 남아 있었을 것이다. 헌데 오늘날 불행 덕분에 적나라한 나를 사람들은 판단할 수 있으리라.

세인트헬레나의 이야기 - 라스카즈

허드슨 로우[132] 에게

1816년 5월 16일

당신은 말했는데, 당신이 받은 훈령은 제독[133]의 그것보다 한층 더 무서운 것이라고 말이오. 그것은 칼로 죽이라는 것인가

▶ 앙트완-장 그로, 〈아르콜레에서의 보나파르트 장군〉, 1796년.

요? 혹은 독약으로 죽이라는 것인가요? 당신의 대신들은 무슨 일이든 할 것이라고 예상하고 있소. 자 내 여기 있으니, 당신의 제물을 처형하시오! 독약을 갖고 어떻게 할 것인가에 대해 나는 모르오! 그러나 칼로 나를 죽이는 경우엔, 당신은 이미 그 방법을 찾아 놓지 않았소. 당신이 그렇게 하겠다고 위협했듯이 내 방을 불법침입하는 일이 일어난다면, 경고하건대, 당신네의 그 용감한 53연대의 병사는 내 시체를 밟고서나 방안에 들어 올 수 있을 것이요.

당신이 도착한다는 소식을 듣고, 나는 육군의 장군을 맞이하게 되었다고 즐거워했습니다. 장군은 대륙에 있었고. 대전투에 참전했었기 때문에 나에게 적절한 조치를 취할 수 있을 사람이라고 생각했기 때문입니다. 그러나 생각을 크게 잘못했소. 당신의 나라, 당신네 정부, 당신 자신은 모두 나에 대해서 한 일로 오욕을 뒤집어 쓸 것이오. 당신의 자식들에게 또한 그 오욕이 미칠 것이오. 후세는 틀림없이 그렇게 할 것입니다. 며칠 전 당신은 나를 '보나파르트 장군'이라는 명칭으로 부르며 식사에 초대를 해 놓고 회식자들의 웃음거리와 재밋거리로 만들었는데, 그와 같은 당신의 야만스런 행위보다 더 교묘한 야만스런 행위가 일찍이 있었는지? 당신 멋대로 칭호를 내게 주고, 당신의 나에 대

---

132) 세인트헬레나 총독. 나폴레옹의 감시인으로 악명이 높았다. 귀국 후에 비참한 말년을 보냈다고 함 (1769~1844).
133) 허드슨 로우에게 인계할 때까지 나폴레옹을 섬으로 인도하고 감시했던 해군 제독.

한 경의를 그 칭호에 걸맞게 하려고 한 모양인데, 당신에게 나는 '보나파르트 장군'이 아니라오. 내 것인 여러 호칭들을 이 세상 누구도 나에게서 빼앗지 못하듯이 당신 또한 그것을 내게서 빼앗지 못할 것이요.

세인트헬레나의 이야기 - 라스카즈

* * *

1816년 8월 18일

허드슨 로우 : 아니, 나를 모르신단 말입니까?

나폴레옹 : 이것 봐요! 물론이지! 어디서 내가 당신을 보았을 것이란 말이오? 나는 어떤 전쟁터에서도 당신을 본 적이 없소. 당신은 암살자들에게 돈을 치르는 데에나 쓸모가 있는 사람입니다. 저기 병사들이 있는 야영지를 보시오. 나는 그리로 가서 그들에게 이렇게 말하리라. 유럽의 최고참 병사가 여러분과 함께 군대밥을 먹으러 왔다고 말입니다. 그리고 나는 그들과 함께 그들의 저녁을 나누어 먹을 것이오.

세계를 통치했던 나는 알고 있소. 이와 같은 사명[134]을 수행케 하기 위해 어떤 사람들을 택하는지를……. 그와 같은 사명은

---

134) 유배된 황제를 감시하는 임무.

명예가 손상된 사람들에게만 부여하는 것이지. 따라서 당신은 본국으로 귀환하겠다는 신청을 하는 것이 좋을 것입니다. 그렇게 되면 나에게도 좋고 당신에게도 좋을 것이오.

세인트헬레나의 이야기- 구르고

롱우드[135]에서의 대화
1817년 5월 5일

…… 그래, 제1집정 때, 결혼했을 때, 로마 왕이 탄생했을 때, 나는 행복했다. 그러나 그 당시 나에게는 아직 침착성이 부족했다. 침착성을 내가 갖게 된 것은 아마도 틸지트에서였을 것이다. 특히 아일라우에서 여러 가지 부침의 변천을 막 경험한 터였고 여러 가지 걱정스런 일들을 겪었던 참이었다. 그리고 내가 승리하여 의기양양해서, 법률을 강요했고, 황제들과 왕들은 내 마음에 들려고 애를 썼다! 그보다 내가 정말로 즐겁게 생각한 것은 아마도 이탈리아에서 여러 번의 승리를 거둔 뒤이리라. 대단한 감격이었고, "이탈리아 해방자 만세!"라는 외침이 얼마나 많았는지. 그 때 내 나이 스물다섯이었다. 그때부터 내가 어떤 사람이 될 것인가를 예견했다. 나는 마치 공중에 실려 가기나 하

---

135) 세인트헬레나의 동쪽 높은 언덕.

듯, 내 밑에서 세계가 달아나 버리는 것을 이미 보았던 것이다.

세인트헬레나의 이야기 - 구르고

8월 10일(1792년)

나는 빅투아르가 광장에 있는 뒤마유로에서 살고 있었다. 나는 경종 소리와 튈르리 궁전을 공격하고 있다는 알림 소리를 듣고, 카루셀 광장으로 달려갔다. 거기에 도착하기 전에 나는 프티샹 거리에서, 창끝에 사람의 머리를 꿰고 다니는 흉악한 무리의 사람들과 마주쳤었다. 그들은 내가 점잖은 신사로 보이는 듯 나에게 "국민 만세!"를 외치게 하려고 했다. 그래서 쉽게 생각할 수 있듯이, 나는 어려움 없이 "국민 만세!"를 외쳤다.

왕궁은 가장 비열한 천민들에 의해 공격을 받은 터였다. 궁전은 부서져 강점되고, 왕은 국민 의회 한가운데 끌려가 있었다. 나는 위험을 무릅쓰고 정원 안으로 들어갔다. 그곳에는 스위스 용병들의 대량의 시체 더미가 있었는데 그렇게 많은 시체의 모습은, 그때 이후 어떠한 전쟁터에서도 결코 보지 못했다.

마르세유 사람들이 승리한 후, 그 중 한 마르세유 사람이 호위병 하나를 막 죽이려는 것을 보고 나는 그에게 말했다.

- 남프랑스 분, 그 불쌍한 사람을 살립시다!

- 자네도 남프랑스 사람이야?

- 그래요.

- 그렇다면! 살립시다.

만일 루이 16세가 말을 타고 모습을 보였었더라면, 승리는 그래도 루이 16세의 것이 되었을 것이다.

세인트헬레나의 이야기 - 라스카즈

몬테노트

몬테제모토 고지에로의 원정 군부대의 도착이야말로 숭고한 광경이었다. 그곳에서 원정 군부대는 피에몬테의 무한하고 풍요한 평야를 갑자기 눈앞에 보게 된 것이다. 포 강, 타나로 강, 그리고 수많은 강들이 저 멀리 꾸불꾸불 흐르고 있었다. 눈과 얼음의 이 흰 띠는, 놀라운 높이를 갖고, 지평선에서 이 약속된 땅의 풍요한 분지를 둘러싸고 있었다. 또 하나의 다른 세상에의 경계처럼 보였고, 자연이 대단히 어마어마한 것으로 마음껏 만들어 주었으며, 거기에 예술의 정교함이 아낌없이 발휘되어 첨가된, 그 거대한 장벽이 마법에 의한 것처럼 갑자기 무너진 터였다. "한니발은 알프스를 무찌르고 돌파했어"하고 나폴레옹은 그 산들을 응시하면서 말했다. 허나 우리들, 우리는 그 산들을 우회한 것이다! 그것은 이탈리아 원정의 사상과 정신을 두 마디로 표현한 적절한 말이다.

세인트헬레나에서의 구술[136] – 몽토롱

아르콜 전투

아르콜을 점령하는 것이 가장 중요한 것이 되었다. 거기서부터 적의 배후로 나가면서, 적의 유일한 퇴로인 알퐁 강 위의 빌라-노바의 교량을 탈취할 수 있으며, 그 교량이 폐쇄되기 전에 그 곳에 포진할 수 있기 때문이었다. 그러나 아르콜은 여러 차례의 공격에도 계속 저항하였다. 나폴레옹은 몸소 자신이 마지막 노력을 시도하고자 했다. 그는 군기를 하나 잡고 교량 위를 돌진하여, 교량 위에 그 군기를 세운다. 그가 지휘하던 종대는 교량을 절반쯤 건넜을 때 측면으로 날아오는 포화와 적병 일개 사단이 도착함으로써 공격이 좌절되고 만다. 선두에 있는 정예병들은 후방의 부대가 따르지 않고 뒤처지자 전진을 주저하고 있었다. 그러나 어쩔 수 없는 패주 속에서도 그들은 자기네 장군을 빼앗길 수 없었던 것이다. 그들은 전사자와 죽어가

---

136) 나폴레옹의 세인트헬레나에서의 기록은 구술(Dictées)과 이야기(Récits) 두 가지 형태로 남아있다. '구술'은 나폴레옹이 보좌관들을 통해 받아쓰기를 시킨 것이고, '이야기'는 나폴레옹 생전 당시의 담화, 담소 내용을 회상하여 기술한 것이다.

는 병사들 그리고 포연 한가운데에서 장군을 자기들과 함께 에 워싸고 갔다. 장군은 늪 속에 급히 뛰어들었다. 그는 그 늪에 몸이 절반이나 빠져 있었다. 그는 적병들의 한가운데에 있었다. 정예병들은 자기네 장군이 위험에 빠져있는 것을 알아차렸다. 한 외침이 들려왔다. "장병들이여, 장군을 구하기 위해 전진하자!" 그 용사들은 달음박질로 쏜살같이 적에게로 달려가, 그들을 교량 저 너머로 밀어냈고, 나폴레옹은 구출되었다. 그날의 전투는 군사적 헌신이 눈부셨다. 란느는 밀라노에서 달려왔는데, 고베르노로에서 부상을 당해 아직도 몸이 아픈 상태였다. 그는 적과 나폴레옹 사이에 뛰어들어 자신의 몸으로 나폴레옹을 감쌌고, 결코 그의 곁을 떠나고자 하지를 않았기 때문에 세 군데나 부상을 입었다. 그리고 총사령관의 참모인 뮤리옹은 자기 몸으로 장군을 엄호하다가 전사했다. 그것은 영웅적이고 감동적인 죽음이었다! 벨리아르와 비뇰은 부대들을 앞으로 다시 데려가면서 부상을 입었다. 용감한 장군 로베르는 전사를 했는데, 그는 포화 속에서도 끄떡 않는 군인이었다. 기유 장군은 알바레도에서 일개 여단을 데리고 나룻배로 아디제 강을 건넜다. 아르콜은 배후에서 탈취되었다. 그러나 그러는 사이, 진행 상황의 진상을 알게 된 아르빈츠이[137]는 자기 위치가 아주 위험하다는 것을 이해하고 있었다. 그리하여 그는 급히 서둘러서 갈

---

137) 오스트리아 장군.

디에로를 포기하고, 포대들을 해체했으며 적하장 군수물과 예비병들이 모두 다시 교량을 건너가게 했다. 프랑스인들은 롱코의 종탑 위에서 그 먹잇감이 자기들에게서 빠져나가는 것을 고통스럽게 보았던 것이다. 적의 황급한 움직임을 보고서야 사람들은 나폴레옹이 갖는 의도의 큰 폭과 그가 어떤 결과들을 예상하고 있었는가를 알 수 있었다. 그렇게도 심오하고 그다지도 대담한 책략의 결과가 어떠한 것이었는가를 누구나 알게 되었던 것이다. 적의 군대는 황급한 퇴각으로 궤멸을 면하였다. 네 시경이 되어서야 기유 장군은 알퐁 강의 왼쪽 기슭을 통해 아르콜에 진군할 수 있었다. 작은 마을은 저항 없이 쉽사리 점령되었다. 그러나 그 마을은 이젠 가치가 없는 것이 되어 있었다. 여섯 시간이나 너무 늦게 도달하여, 이미 적은 자연적 지형을 이용해 포진을 마쳤던 것이다. 아침엔 적의 후방에 있었던 아르콜이 이젠 양쪽 군대의 전선 사이에 있는 중간 초소에 불과한 것이 되어버린 것이다. 어떻든 위대한 결과들이 그날의 전투를 장식하였다.

세인트헬레나에서의 구술—몽토롱

1798년의 유럽

영국은 자기네의 여러 식민지의 상실, 저 북아메리카의 방대한 제국의 상실에 대해 루이 16세를 용서하지 않았다. 만약 북아메리카의 방대한 제국을 구축한 영국이 그것을 잃지 않았다면, 인도 제국과 함께, 두개의 반구(半球)의 통상을 평화롭게 지배할 수 있게 해주었을 것이기 때문이다. 그 불행한 군주는 고도의 정치적인 기도로서 프랑스 해군을 세계 제1의 위치로 끌어올려 놓고, 국민적인 증오심에다 가장 큰 만족감을 안겨주었던 것이다. 혁명이 일어나지 않았다면, 프랑스는 영국에 손실을 입혀가며 독립된 새로운 독립 국가들과 함께 모든 통상의 이익을 얻게 되었을 것이다. 그렇게 되면 루이 16세는 두 국가의 위대한 국민들에게 은인이 되는 것이었다.

프랑스 대혁명은 초기에는 루이 16세의 비호하에 진행되었다. 헌데 세 계급(귀족, 승려, 제3계급)의 크나큰 과오들, 궁정의 과오, 외국인들의 고약한 조언, 그리고 프랑스가 진정한 자유를 갖는다면 얻게 될 것이 무엇인가를 누구보다도 잘 알고 있는 영국의 아주 신의 없는 조언, 그런 것들이 그 좋은 시작을 망가트려 버린 것이다. 10월 5일과 6일의 사건들은 프랑스인들만이 전적으로 만들어 낸 것은 아니었다. 왕은 자신의 궁전 안에서 포위되었고, 파리의 천민들에 의해 모욕당했으며, 자신의 생명과 왕족들의 생명을 구하기 위해 그 천민들과 타협할 수밖에 없는 궁지에 몰렸다. 그날 밤, 야만적인 카니발의 소란 한가운데서 파리로 되돌아 와, 그 순간부터 대혁명의 포로가 되었다. 사람들은 그를 프랑스 왕으로 모시는 동시에 예수 그리스도가 받은 임종의 고통을 받게 해 주었다. 그는 자기 쪽에서 주었어야 했던 헌법을 밀려서 받아들였다. 그의 바렌느에로의 탈출은 비록 그것이 성공했다 하더라도 진짜 잘못이었다. 도당들은 그 탈주를 배반으로 규정 지었다. 그리하여 그날부터, 그 불행한 군주의 죽음은 배후에서 왕권의 와해를 획책하는 소수파들에 의해 결정되었다. 코블렌츠에서의 망명군의 집결, 필니츠에서의 회의, 프러시아와의 아주 우스꽝스런 전쟁, 잘 조직도 안 된 우리 군대 앞에서 벌이는 프러시아 군의 한층 더 우스꽝스런 후퇴, 그런 모든 것은 혁명적 열기를 최고조로 올려 미쳐 날뛰게 하였다. 그리하여 프랑스는 갑자기 입법의회의 지배로부터 국민 의회의 지배로 넘어갔다. 영국은 그와 같은 프랑스가 겪는 파괴의 징조를 보고 즐거워했던 것이다. 그러나 자신의 적을 잘못 판단하였다. 즉 영국은 자신의 복수심이 유럽 그리고 영국 자신을 그 속에 끌어넣으려는 저 심연의 깊이를 예감하지 못한 것이다. 영국은 루이 16세를 구출하지 않았던 것이다. 프랑스 또한 영국과 마찬가지로 크나큰 죄를 저지른 것이다.

그와 같은 범죄(루이 16세 처형) 뒤에, 세인트 제임스 내각은 프랑스 공화국이 무섭게 우뚝 서는 것을 보고 놀랐던 것이다. 자기네 왕을 죽인 국민 의회가 열네 개의 군단을 형성한 것을 영국 내각은 질겁해서 헤아리고는 프랑스를 죽이기 위해 유럽에 돈을 지불했다. 영국에서 파견된 위원들은 교수대가 세워지는 것을 보았던 것이다. 당통[138], 로베스피에르[139] 그리고 지도 위원회에 관련된 그 영국 위원들의 보고서가 진실임이 확인되었다.

피트[140]는 프랑스 공화국이 거두는 여러 승리의 효과에 대해 균형을 맞추기 위해 영국이 유럽에 치르는 막대한 보조금 때문에 생기는 막대한 빚이 엄청나게 늘어나는 것을 공포를 갖고 바라보고 있었다. 프러시아는 영국에서 벗어나고 있었고, 러시아는 멀리 떨어져 있었다. 러시아는 유럽을 지켜보고 있었다. 러시아는 단지 선박들만 보내줄 것이리라. 오스트리아만이 오직 마음대로 사용할 수 있는 수많은 군대를 갖고 있을 뿐이다. 오스트리아는 복수해야 할 남다른 모욕감을 지니고 있었다. 스페인의 경우, 자기네에게 이익이 되는 것이라면 혈연관계를 희생하겠다고 일찍부터 위협하고 있었다. 따라서 피트가 자신의 정치적인 모든 노력을 기울인 것은 오스트리아와 (신성로마)제국이라고 불리던 게르마니아 국가 집단이었다. 그 나라들만이 오직 대륙

---
138) 프랑스 정치가이자 혁명가(1759~1794).
139) 프랑스 혁명 시 정치가(1758~1794).
140) 영국 정치가(1759~1806).

에서 대혁명에 대한 반혁명 투쟁을 아직도 지원하고 있었다. 프랑스 공화국은 툴롱이 연합군의 지배하에 떨어져 있을 때, 라인 강과 알프스 방면에서 포위되어 있었다. 프랑스는 사방에서 봉쇄되어 있었다. 그리하여 영국은 승리가 가까워지고 있다고 자만하고 있었다. 바로 그때에 나폴레옹은 툴롱을 탈환하는 데 공헌을 한 것이다.

2년 뒤에, 피트는 저 치명적인 키브롱 원정[141]을 착상했다. 그 원정은 쉬프렝[142]의 전우들 중 생존자인 수백 명의 해군 장교들을 프랑스가 잃게 했다. 영국 함대는 자기들에 의해 브르타뉴 해안에 내팽개쳐진 망명 귀족의 엘리트들이 파멸되는 것을 바라보고만 있었다. 천이백 명의 망명 귀족이 국민 의회의 위원들의 명령에 의해 총살되었다. 오슈 장군[143]이 그 중의 많은 사람을 구출하는 데 성공했다. 그 후 영국 의회에서 불행하게 죽은 그 사람들은 내각 정책의 잘못에 의해 희생된 자들이라고 직언하는 사람이 있자, 피트는 다음과 같이 대답을 했다.

"적어도, 영국인의 피는 흘리지 않았습니다."

셰리던[144]은 이렇게 외쳤다.

"물론 영국인의 피는 흘리지 않았습니다. 그러나 영국의 명

---

141) 대서양 연안의 어항. 1795년 망명 귀족들로 구성된 작은 군대가 영국인들의 도움으로 상륙을 기도하다가 오슈 장군에 의해 포로가 되었고 748명이 총살되었다.
142) 프랑스 혁명 전의 해군 제독.
143) 대혁명 시대의 명장의 한 사람(1768~1797).
144) 영국의 극작가이자 정치가(1751~1816).

▶ **영국 군함 갑판 위의 나폴레옹.** 워털루 전투에서 패한 나폴레옹은 1815년 7월 영국 군함 벨레로폰 호에 승선했다. 이후 나폴레옹은 플리머스 영국해협에 위치한 항구에 도착하여, 노섬벌랜드 호로 갈아타고, 대서양의 고도 세인트헬레나로 가게 된다.

예는 모든 모공(毛孔)으로부터 흠뻑 흘려 내렸답니다."

프랑스 영토에 대한 영국의 모든 시도는 자기네 군대에게 있어서 그 경우 마찬가지로 실패로 그쳤다. 그러나 그와 같은 키브롱의 원정은 오직 프랑스에게만 실제로 치명적인 것이 되었다. 피트는 그와 같은 원정은 국민에게는 많은 돈을 들게 했을 뿐이라는 것 이외엔 다른 말을 하지 않았다. 대신으로서 그 이상의 큰 고백은 할 수 없었던 것이다.

세인트헬레나에서의 구술 - 몽토롱

보나파르트와 영국

제5집정관 정부의 무정부 상태를 폐지하고 프랑스의 위대함과 그 힘에 걸맞는 정부를 만들어 주기 위해 이집트로부터 돌아온 나폴레옹의 귀환은 방데의 반혁명 반란을 종식시켰다.

공화국 내부의 평정은 나폴레옹이 제일 먼저 관심을 가졌던 일 중에 하나였다. 올빼미 당원[145]과 방데 반혁명파들은 처음엔 집정 정부의 헌법을 거부했다. 정부는 방데 지방의 선언에 대하여 12월 28일 법령으로 응답했는데 그 법령은 반도들에게 열흘의 말미를 주고 항복하라는 것이었다. 그리고 정부는 브륀느 장

| 145) 프랑스 대혁명 때 왕당파.

군에게 방데 지방을 위협하도록 명했다. 브륀느 장군은 막대한 병력을 인솔하고 그곳에 진군했다. 그러는 동안, 에두빌 장군은 협상권을 위임받았다. 그는 그 일을 하는 데 적절한 사람이었다. 귀족인 그는, 반란군 두목들과 아주 자연스런 친근 관계를 지녔던 것이다. 장군의 타협적인 정신, 설득력 있는 태도는 그 두목들의 마음을 휘어잡았다. 그리하여 협상이 시작되었다.

프랑스에게는 아주 다행스런 그 협상의 와중에, 영국은 사십 척의 선박을 보냈고 그 선박들은 브르타뉴 연안에 닻을 내렸다. 그리고 대량의 무기와 탄약을 양륙했고 조르주는 그것들을 손에 넣었으며, 그가 유리하게 치른 전투 뒤에, 그것들을 자신의 그랑샹 요새에 옮기는 데 성공하였다. 영국은 1814년에 그것을 증명한 바 있듯이, 프랑스를 파괴하는 방법을 최후의 순간까지 추구하였다. 즉 영국은 강력한 한 정부가 그 반도들에게 특사를 해 주려고 전념을 하고 있는 순간에도 그들에게 무기를 보내고 있었던 것이다. 영국이 만일 왕권을 회복시키려 했다면, 즉 프랑스에다 안정되고 영광스런 생활을 돌려줄 생각이었다면, 영국은 방데의 반도들에게 왕자를 보냈어야 했을 것이다. 그러나 1800년엔, 이미 너무 늦었다. 장소는 이미 점거되어 있었다. 그러자 영국은 내란을 북돋아 주는 것으로 만족했다. 그러나 그것도 마찬가지로 무익한 일이었다. 르 멘느에서, 앙주에서, 브르타뉴 지방 등 사방에서 항복을 했기 때문이다. 반란을 계속하려고 하는 것은 단지 브르타뉴 조르주뿐이었다. 그와 같은 끈질김은 이젠 당파와 연관이 되어있는 것이 아니었기 때문에 이내 벌을 받고 말았다. 프로테는 싸움에 패하자 자신을 내맡기었던 기달에 의해 인도되었다. 그는 패배 후에 담판을 하고자 했으며 한편으론 조약을 위반하고 사면을 거부하면서 추방령을 어겼다. 그리하여 그는 총살을 당했다. 조르주는 탈출하여 영국으로 도망쳤다. 거기서 1804년에 되돌아와 제1집정을 암살하고자 했다. 그리하여 그는 재판을 받고 암살자와 모반자로서 사형을 당했다. 그는 공화국의 가장 유명한 두 장군을 공모자로 해 놓았던 것이다. 그들은 피슈그뤼와 모로였다. 그 두사람의 최후는 비극적인 것이었다. 피슈그뤼는 감옥 속에서 목매달아 죽었다. 그리고 모로는 유배지에서 돌아와 자기 조국에 대항해 싸우도록 지휘를 하던 외국군 전열의 한가운데서 프랑스군의 포탄에 맞아 죽었다. 초기엔 그렇게도 훌륭한 모습을 가졌던 그들의 최후가 너무나 슬프도다! 1800년 3월 4일 방데 반도들에게, 4월 21일에는 올빼미 당원들의 특별 사면령이 내려졌다. 질서는 회복되었다. 즉 서부의 여러 지방들이 대가족의 품으로 되돌아 왔다. 사면을 받은 장군들은 국가의 군대에서 봉사할 수 있게 되었다. 다시 말하면 제정하에는 배은망덕한 자들까지도 포함한 모든 사람을 위한 자리가 마련되어 있었던 것이다. 따라서 배반자들을 위한 자리도 마련되어 있었다. 그 배반자들은 영원히 낙인이

찍혔던 것이다.

세인트헬레나에서의 구술 – 몽토롱

집정 정부의 군대

　브뤼메르 18일[146]로부터 석 달 후에, 나폴레옹은 프랑스의 군대 중 가장 훌륭한 십육만 명의 군을 독일로 진군시켰다. 그리고 예비군을 마랭고 평야로 진군시켰다! 그런데 그 군대의 병사들은 신병들이었던가? 만일 그러한 것이 사실이었다면, 상비군은 필요가 없고, 국민군만으로 충분했을 것이다. 브륀느의 여러 승리는 네덜란드 원정군을 마음대로 사용할 수 있게 했다. 방데 지방의 평정, 정부가 받고 있던 존경, 정부가 누리는 인기, 정부를 에워싸고 있던 프랑스인들의 사랑, 그 모든 것들은 서부지방의 군과 5집정관 정부가 자신의 권위를 지탱하고 각 정파들을 억제하기 위해 국내에 갖고 있었던 모든 군대들을, 정부가 마음대로 할 수 있게 하였다. 그 모든 부대들은 합쳐졌다. 그러자 그 부대들은 더 잘 관리가 되었고, 보다 나은 봉급을 받았으며, 기병대는 군마의 보충을 받았다. 징집병의 소집은 팔만 명에까지 밖에 오르지 않았다. 제1집정은 아주 좋은 일들을 했다. 그는 모

[146) 1799년 나폴레옹이 쿠데타를 일으켜 집정 정부를 세운 날.

든 것에 훌륭한 지도를 해 주었던 것이다. 그러나 그가 기적을 일으킨 것은 아니었다. 호헨린덴과 마랭고의 영웅들은 신병들이 아니었고 훌륭한 고참 병사들이었기 때문이다. 예비군에는 삼분의 일이나 되는 신병들이 있었다. 거기에는 앞에 언급한 어느 한 전쟁에도 나간 바 없는 많은 고참병들이 있었는데, 그들이 몽테벨로와 마랭고의 전투에서 승리를 결정해 준 것이다.

세인트헬레나에서의 구술 – 몽토롱

앙기앵 공[147]

앙기앵 공의 죽음은 제1집정의 암살을 지도하고 지휘를 했던 자들, 그들은 베리 공이 베빌의 단애(斷崖)를 통해, 그리고 앙기앵 공이 스트라스부르를 통해 프랑스로 들어오게 한 사람들로, 그들에게 그 죽음의 책임을 돌려야만 한다. 그리고 또한 보고들이나 추측에 의해 앙기앵 공을 음모의 우두머리로 내세우려고 애쓴 자들에게 책임을 돌려야만 한다. 그리고 범죄적 열정에 이끌리어, 자기네 주권자의 명령을 기다리지도 않고, 군사위원회의 판결을 집행해 버린 자들에게 마지막으로 영원토록

---

147) 콩데가의 마지막 후계자. 나폴레옹이 독일에서 유괴하도록 지시하여 벵센느의 성관 웅덩이에서 살해시킨 것으로 되어 있음(1772~1804).

비난이 가해져야만 할 것이다. 앙기앵 공은 그 당시의 음모에 희생이 되어 죽은 것이다. 아주 부당하게도 나폴레옹이 저지른 것으로 비난되었던 그의 죽음은 나폴레옹을 해롭게 했고 그에게 아무런 정치적 이익이 되지 않았다. 나폴레옹이 하나의 범죄를 명령할 수가 있었다면, 루이 18세나 페르디낭은 결코 오늘날 군왕으로 통치하지 못했을 것이다. 이미 말했듯이 그들을 죽이라는 제안을 그리고 조언을 나폴레옹은 수차례나 받은 바 있기 때문이다.

세인트헬레나에서의 구술 – 몽토롱

영국 상륙

그들은 나의 영국 침입에 대해 정말 겁을 먹었는지? 그 문제에 대해 일반의 여론은 당시 어떠했던가? …… 파리에서 당신네는 그것에 대해 웃을 수 있었다. 그러나 피트는 런던에서 그것에 대해 웃지 않았다. 일찍이 영국의 과두 정치가 그보다 더 큰 위험을 겪은 적이 없었다…….

나는 상륙의 가능성을 만들어 놓고 있었다. 나는 여태껏 존재했던 군대에서 제일 훌륭한 군대를, 오스텔리츠의 군대를 갖고 있었다. 아마 그 이상 말할 필요가 없을 것이다. 내가 런던에 상륙하는 데는 나흘이면 충분했을 것이다. 난 런던에 정복자로서가 아니라 해방자로서 들어갔었을 것이다. 나는 더 많은 관용을 베풀고 불편부당함을 내세우며 기욤 3세[148]가 한 것을 되풀이했을 것이다. 내 군부대의 규율은 완전한 것이었을 것이고, 내 군부대는 마치 아직도 파리에 있었던 듯이 런던에서 행동했을 것이다. 다시 말해 아무런 희생도 없었을 것이며, 영국인들에게 세금조차도 강요하지 않았을 것이다. 우리는 그들에게 정복자가 아니라 그들에게 자유를 돌려주고 그들의 권리를 돌려주러 온 형제로 모습을 드러냈으리라. 나는 그들에게 서로 모여서, 자기네의 혁신을 위해 자신들이 힘을 기울이라 했을 것이며, 그들은 정치적 입법에 관한한 우리의 형님이라고 말했을 것이다. 그리고 그들의 행복과 그들의 번영을 즐기는 것 이외엔 아무것도 우리가 그곳에서 바라는 것은 없다는 것을 그들에게 말했었을 것이리라. 그렇게 말했을 때 나는 정말 진심으로 말하는 것이었을 것이다. 따라서 수개월이 지나지 않아서, 그렇게도 심하게 원수지간이던 그 국가들이 장차 자기네 원리와 준칙 그리고 이해로 일체가 되는 국민들로만 구성이 되었을 것이다. 그리되면 나는 그곳에서 출발하여 남유럽 쪽에서 북유럽 쪽으로 공화국 깃발 아래(당시 나는 제1집정관이었다) 유럽의 혁신을 시행했을 것이

---

148) 윌리엄 3세. 영국 왕. 명예혁명으로 아내 메리 2세와 함께 공동으로 영국 왕에 등극함(1650~1702).

다. 그 혁신은 얼마 후에 내가 북유럽 쪽에서 남유럽 쪽으로 군주제 형태하에 시행할 참이었던 개혁이다. 그리고 이 두 정체는 모두 훌륭할 수 있었던 것이 두 체제가 다 한 목표로 향해 가고 있었으며 단호함과 중용 그리고 성실함을 갖고 변화를 이루었던 것이다. 우리가 알고 있는 많은 재난과 아직 우리가 모르고 있는 많은 재난들을 이 불쌍한 유럽이 피할 수 있게 했었을 것인지! 문명에 이익이 된다는 관점에서 일찍이 그보다 폭 넓은 계획이 그보다 더 관대한 의도를 갖고 생각되어 본 적이 없고, 그 계획의 실행이 더 이상 가까웠던 적은 없다. 그리고 너무도 놀랄 만한 일은, 나를 실패로 몰아놓은 장애물은 인간들에게서 온 것이 아니라는 사실이다. 그 장애물들은 모두 다음과 같은 요소들로부터 온 것이다. 즉 남유럽 쪽에선 바로 바다가 나를 패하게 했고, 모스크바의 화재, 겨울의 빙판, 그것들이 북유럽 쪽에서 나를 패하게 했다. 그처럼 물, 공기, 그리고 불 등 온통 자연, 오직 자연만이 그리한 것이다. 바로 그것들이 자연 자체가 주문한 보편적인 혁신의 적들인 것이다! …… 하느님이 내놓은 문제란 풀 길이 없어!

세인트헬레나의 이야기 - 라스카즈

민족 정책

나의 가장 큰 원대한 생각의 하나는 여러 차례의 혁명과 정치에 의해 와해되고 세분된 지리상의 동일 민족들을 집중시켜 한 덩어리로 모으는 것이었다. 따라서 유럽에는, 비록 흐트러져 있지만 삼천만 명의 프랑스인, 천오백만 명의 스페인인, 천오백만 명의 이탈리아인, 삼천만 명의 독일인이 있었는데, 나는 그 각각의 국민들을 단일하고 같은 주체의 국가로 만들고자 했었다. 바로 그와 같은 맥락을 갖고서 여러 세기에 걸쳐 번영과 축복 속에서 전진해 나간다는 것은 그 얼마나 훌륭한 일이었을까. 나는 그와 같은 영광을 받아 마땅한 사람이라고 느꼈던 것이다!

삼천만 혹은 사천만의 프랑스인들을 모으는 것은 이루어졌으며 완벽했다. 천오백만 명의 스페인인들을 모으는 일도 마찬가지로 거의 완성되어 있었다. 그것은 우연한 일을 원칙으로 바꾸는 것보다 더 보편적인 일은 없기 때문이다. 내가 스페인인들을 복종시키지 않아서, 그들은 마치 복종하지 않았던 민족이라고 사람들은 이후에 추론할 것이다. 그러나 사실은 그들이 복종을 했으며, 그들이 나에게서 벗어나는 순간까지도 카디스의 의회는 내밀하게 우리와 교섭을 했던 것이다. 따라서 그들을 해방시킨 것은 그들의 반항도 아니고, 영국인들의 노력도 아니며, 내

실수와 멀리서 겪은 나의 패배들이었다. 특히 무엇보다도 내 자신과 내 모든 병력을 천 리외[149]되는 먼 곳에 옮기고 그곳에서 망한 나의 잘못이 그들을 해방시킨 것이다. 내가 그 나라로 입성했을 때, 오스트리아가 나에게 전쟁을 선포하지 않고, 4개월 동안 더 스페인에 머물러 있도록 해주었더라면, 모든 것이 그 나라에서 완료가 되었을 것이다. 스페인 정부는 공고히 될 참이었고, 정신들은 안정되었을 것이고, 서로 다른 당파들이 동조했을 것이다. 그렇게 삼사 년이 지나면 그 나라엔 깊은 평화와 눈부신 번영, 꽉 들어찬 국민을 지닌 곳이 되었을 것이다. 그리하여 나는 그들에게 공헌하는 사람이 되었을 것이다. 나는 그들을 짓밟고 있는 끔찍한 압제와 그들을 기다리고 있는 무서운 동요를 면하게 해 주었을 것이다.

천오백만 명의 이탈리아인들의 경우로 말하자면, 한 덩어리로 모으는 일은 이미 많이 전진이 되어 있었다. 이젠 숙성시키는 일만 남았다. 그리하여 매일처럼, 그들에겐 원칙과 입법의 일치, 생각하고 느끼는 것의 일치가 성숙하게 이루어지고 있었다. 인간들을 한 덩어리로 응집한다는 확실하고 실효성 있는 저 튼튼한 정신적 유대 말이다. 프랑스에로의 피에몬테의 합병, 파르마의, 토스카나의, 로마의 합병은 내 생각 속엔 일시적인 것에 불과하였다. 그리고 그것은 이탈리아인에 대한 국민교육을 감

---

[149] 1리외=4km.

시하고 보장하고 전진시킨다는 목적 이외엔 다른 것이 없었다. 내가 얼마나 옳게 판단을 했었는지 확인하라. 보통법의 지배력이 어떤 것인가를 말이다! 우리나라에 병합된 고장들, 비록 우리 쪽의 침략을 모욕으로 여길 수 있었다 해도, 그 고장들은 이탈리아 사람들의 강한 애국심에도 불구하고, 바로 그 고장들이야 말로 우리 프랑스에게 가장 많이 애착을 품고 있는 고장들이다. 그런데 자신들에게 되돌려진 오늘날, 그 고장 사람들은 침략을 당하고 있고, 혜택을 받지 못하고 있다고 생각하고 있으며, 실제로 그러하다!

 독일인들을 한데 모으는 일은 보다 완만하게 이뤄져야만 했다. 따라서 나는 그들의 엄청난 복잡성을 단순화시켰을 뿐이었다. 그들이 중앙집권화를 위한 준비가 되어있지 않다는 것이 아니라, 오히려 반대로 그들은 너무 지나치게 준비가 되어 있었다. 그리하여 그들은 우리를 알기도 전에 우리에게 맹목적으로 영향을 미쳤었을 것이다. 자기네 국민의 소질을 판단하고 그것을 이용할 줄 아는 독일의 왕자가 아무도 없었다는 일이 어떻게 가능할 수 있었을까? 하늘이 만일 나를 독일의 왕자로 태어나게 했었더라면, 오늘날의 수많은 위기를 겪으면서, 나는 삼천만의 독일인을 몰아서 어김없이 다스렸을 것임에 틀림없을 것이다. 그들에 대해 내가 알고 있는 한에는 나는 아직도 그렇게 생각되는데, 일단 그들이 나를 선택하고 왕으로 나를 선포 했었더라면,

그들은 결코 나를 버리지 않았을 것이고 따라서 지금 나는 이곳에 있지 않으리라고 말이다.

어떻든, 그와 같은 하나로 뭉치는 일은 어쩔 수 없는 형세에 따라 조만간에 이루어질 것이다. 추진력은 주어졌다. 따라서 내가 몰락하고 내 체제가 사라지고 난 다음에, 크고 작은 민족들이 한데 뭉치고 연방을 하는 이외의 가능한 큰 균형이 유럽에 있을 것이라고 나는 생각하지 않는다. 최초의 큰 전란 한가운데서, 각 민족의 대의명분을 성실하게 이행할 첫 군주는 유럽 전체의 지도자가 될 것이며, 자신이 원하는 모든 것을 시도할 수 있을 것이다.

세인트헬레나의 이야기 – 라스카즈

이탈리아

나폴레옹은 이탈리아인의 조국을 다시 세우고자 했다. 베네치아인, 밀라노인, 피에몬테인, 제노바인, 토스카나인, 파르마인, 모데나인, 로마인, 나폴리인, 시칠리아인, 사르디니아인 등을 한데 묶어 알프스산과 아드리아 해, 이오니아 해, 그리고 지중해 등 바다들로 둘러싸인 독립된 하나의 단일 국가 안에 넣고자 했다. 그것은 그가 자신의 영광을 위해 세운 불멸의 전승 기넘비였던 것이다. 그 크고 강력한 왕국은, 그것이 세워졌더라면, 오스트리아 왕가를 육상에 매어 놓았을 것이고, 바다에선 그의 함대가 툴롱의 프랑스 함대와 합쳐서 지중해를 지배하고 홍해와 수에즈를 통해 옛날의 인도와의 교역로를 보호했을 것이다. 그 나라의 수도인 로마는 영원한 도시였다. 즉 알프스 산맥과 포 강, 아페닌 산맥 등의 세 개의 방벽에 둘러싸여 있었고 다른 어떤 도시보다도 세 개의 큰 섬에 더 가까운 거리에 있었다. 그러나 나폴레옹은 극복해야 할 장애가 너무 많았다! 그는 리용의 평의회에서 다음과 같이 말했다. "이탈리아 국가를 재건하기 위해선 나에게 20년이 필요하다."라고.

세인트헬레나의 이야기 – 몽토롱

나폴레옹과 비오 7세

나의 대관식 전에 교황은 나를 보고 싶어 했고 그 자신이 내 집에 오고 싶어 했다. 그는 나에게 많은 것을 양보했다. 그는 나에게 왕관을 씌워주러 왔지만, 나의 머리에 왕관을 씌워주지 않는 데 동의를 했다. 그는 대관식 전에 대중 앞에서 성체배령(聖體拜領)하는 것을 나에게 면제해 주었다. 따라서 그는 그 대가로 많은 보상을 기대할 수 있다고 자기 나름대로 생각하고 있었다. 그

▶ **교황 비오 7세(재위 1800~1823)의 초상화.** 프랑스혁명 이후 대립하고 있던 프랑스와의 관계 회복에 나섰다. 나폴레옹과 종교협약을 체결하였고 그의 대관식에도 참석하였다. 그러나 로마 교황청마저 수중에 넣으려던 나폴레옹은 1809년 교회령의 병합을 선언하고 교황을 체포한다.

는 처음에는 로마냐와 그 로마냐 지방을 열망했다. 그런데 그 모든 것을 포기해야만 하는 것이 아닌가 하고 생각하기 시작했다. 그러자 그는 아주 적은 호의를 구하는 것으로 만족할 수밖에 없다고 생각했는데, 단지 옛 증서, 즉 루이 14세로부터 받은 아주 닳아빠진 종이쪽지에 서명을 하는 것을 보는 것 말이다.

"서명을 해 주시면 기쁘겠습니다. 사실 이것은 아무런 의미도 없습니다."

"기꺼이 해 드리지요. 교황 폐하, 할 수 있는 일이라면, 해 드립니다."

그런데 그것은 선언문으로서, 그 속에 루이 14세가, 죽음에 임박하여 마담 드 맹트농[150]에게 사로잡히거나 고해를 듣는 신부들에게 휘어 잡혀서, 1682년의 유명한 조항들을 반대한 것이다. 그 조항들은 프랑스 교회가 갖는 자유의 기초가 되는 조항들이었다. 황제는 꾀바르게 대답을 했는데, 자기로서는 그것에 대해 개인적으로는 반대를 하지 않지만 어떻든 규칙상 그것에 대해 주교들과 함께 논의를 해야만 된다고 말했다. 그러자 교황은 주교들과 논의를 할 필요는 전혀 없으며, 그렇게 소란을 떨 가치도 없는 것이라고 혀가 닳도록 되풀이해 설명했다. "나는 그 서명을 아무에게도 보여주지 않을 것입니다. 루이 14세의 서명을

---

150) 루이 14세와 은밀하게 결혼한 과수댁. 그녀는 특히 종교문제에 있어 루이 14세에 큰 영향력을 미쳤다(1635~1719).

아무에게도 보여주지 않은 것처럼 말입니다."라고 그는 말했다. "그러나 그것이 아무 의미가 없다면, 제 서명이 무슨 소용이 있겠습니까? 그런데 그것이 무엇인가 의미 있는 것이라면, 마땅히 제 교회 박사들에게 자문을 해야만 합니다."라고 나폴레옹은 말했다.

그렇지만 끊임없이 거절만 하지 않기 위해, 황제는 그것을 당장 물리치지는 않는 것처럼 보이고 싶어 하였다. 그러자 낭트의 주교와 프랑스의 진짜 주교들이 이내 달려왔다. "그들은 몹시 화를 내고 있었으며 나를 지키고들 있었는데, 마치 루이 14세 임종 시 그가 프로테스탄트로 개종하는 것을 막기 위해 루이 14세를 지키려고 한 것이나 마찬가지로 말이다."라고 황제는 말했다.

세인트헬레나의 이야기 – 라스카즈

유럽에 대한 구상

오스텔리츠에서, 나는 알렉산더 러시아 황제를 자유롭게 놔두었다. 그를 내 포로로 잡아 놓을 수 있었다.

이에나 전투 뒤에, 나는 내가 쓰러트려 버린 프로이센의 왕가에다 왕위를 놔두었다.

바그람 전투 후에 오스트리아 군주국을 분할하는 것을 소홀히 하였다.

그 모든 것을 단순한 아량 때문이라고들 할 것인가? 강력하고 사려 깊은 사람만이 그렇게 내가 한 것을 비난할 권리가 있으리라. 따라서 그와 같은 비난의 감정을 모르는 바 아니고, 그와 같은 감정을 물리쳐버리진 않지만, 나는 그 이상의 높은 생각을 실현하기를 갈망하고 있었던 것이다. 나는 국내에 있는 여러 당파들의 융합을 이뤄냈듯이, 유럽 제국의 여러 큰 이해관계를 융합시키는 것을 준비하고자 했다. 나는 언젠가 백성들과 국왕들의 크나큰 주의 주장을 중재·조정하겠다는 야심을 품고 있었다. 따라서 그와 같은 일을 할 수 있는 자격을 왕들에게서 얻어 놓지 않으면 안 되었고 그 왕들 속에서 인기가 있어야만 했었던 것이다. 그렇게 하면 그것이 백성에게서 인기를 잃는다는 것은 사실이다. 나는 그것을 잘 알고 있었다. 그러나 나는 전능의 절대 권력을 갖고 있었고 겁을 먹지 않고 있었다. 나는 백성들의 일시적인 불평들을 걱정하지 않았다. 결과는 틀림없이 그들을 어김없이 내 편으로 돌려 줄 것이라 생각했기 때문이다.

세인트헬레나에서의 구술 – 라스카즈

스페인 전쟁

그와 같은 사정의 결합은 나를 실패하게 했다. 내 패배의 모든 상황은 그 피할 길 없는 치명적인 중심에 연결이 되었다. 그것은 유럽에서의 나의 도덕성을 망가트렸고 나의 난처한 처지를 복잡하게 했으며, 영국 군대에게 하나의 학습의 장을 열어 주었다. 이베리아 반도에서 영국군을 양성한 것은 바로 나인 것이다.

일어난 여러 사건이 증명해 주었는데, 나는 내 수단을 선택하는 데 있어 큰 잘못을 저질렀다. 그것은 잘못이 원칙에 있었다기 보다 차라리 수단에 있었기 때문이다. 프랑스가 처해 있는 위기 속에서, 새로운 사상의 투쟁 속에서, 유럽의 나머지 나라들에 대항하는 세기의 위대한 대의명분 속에서, 우리는 스페인을 뒤에 둔 채 우리 적들이 마음대로 하게 놔둘 수는 없었다. 즉 그들을 우리의 체제에 무슨 수를 써서라도 연결시켜야만 되었던 것이다. 프랑스의 운명은 그렇게 할 것을 요구하고 있었다. 그리고 제국민들에 대한 구원의 규칙은 반드시 특정한 개인들의 규칙은 아닌 것이다. 게다가 거기엔 정치적 필요에 덧붙여서, 나에게는 권리의 힘이 있었던 것이다. 스페인은 내가 위험에 처해 있다고 생각하자 그리고 내가 이에나에서 싸우고 있는 것을 알자, 나에게 거의 선전포고를 한 터였다. 모욕을 가한 것에 대해 벌을 주지 않고 지나칠 수는 없었던 것이다. 이번엔 내 차례로 스페인에게 선전포고를 할 수 있었다. 물론 전쟁을 하면 승리는 전혀 의심의 여지가 없었다. 그러나 그와 같은 용이함은 내 마음을 혼란하게 했다. 그 국민들은 자기의 정부를 경멸하고 있었고, 국민은 큰 외침으로 쇄신을 요구하고 있었다. 운명이 나를 올려놓은 높은 곳에서, 나는 부름을 받은 것으로 믿고, 그처럼 큰 사건을 평화롭게 수행하는 것이 나에게 걸맞은 것이라고 믿었다. 나는 피를 흘리지 않게 하려고 했다. 한 방울의 피라도 흘려 스페인의 해방을 더럽히지 않기를 바랐던 것이다. 따라서 나는 스페인 사람들을 보기 흉한 체제에서 해방시키고 그들에게 자유주의 헌법을 부여했다. 나는 그들의 왕조를 바꾸는 것이 필요하다고 생각했는데, 그것은 너무나 경솔했는지 모른다. 나는 내 형제 한 사람을 그들의 왕으로 앉혔다. 그러나 그는 그들 한가운데서 유일한 외국인이었다. 그들 영토의 보존과 그들의 독립, 그들의 풍습, 그들의 법률에서 남는 것들을, 나는 존중해 주었다. 새로운 군주는 대신들도, 고문관들도, 궁정인들도 전 왕정의 사람들을 그대로 쓰고 그 이외엔 다른 사람을 쓰지 않음으로 해서 수도의 민심을 얻었다. 내 군부대들은 철수를 할 참이었다. 나는 자신이 한 국민에게 전에 없이 넓게 베푼 가장 큰 혜택을 완수하고 있다고 그때 생각을 했으며, 지금도 아직 그렇게 생각하고 있다. 사람들은 나에게 확인하기를 스페인 사람들 자신들도 사실 그렇

▶ 고야, 〈1808년 5월 2일〉, 1809년. 1808년 5월 2일 나폴레옹의 프랑스군에 대항하여 스페인 민중들이 대대적인 항쟁을 벌였다. 이 소요 사태 다음날 체포된 민중은 언덕으로 끌려가 차례로 총살당했고, 이 총살은 밤새도록 계속되었다고 한다.

게 생각하고 있으며, 형식에 관해 불평할 따름이라는 것이었다. 그래 나는 그들의 축복을 기대하고 있었다. 그러나 사정은 전혀 다른 것이었다. 그들은 이익을 경멸했고, 단지 받은 명예훼손에만 사로잡혀 있었다. 그들은 모욕 받았다는 생각에 분개했고, 우리 군대를 보자 폭동을 일으켰으며, 모두들 서로 다투어 무기를 잡았던 것이다. 스페인 사람들은 한 집단이 되서 명예를 존중하는 한 인간처럼 행동을 했다. 나는 그것에 대해선, 그들이 의기양양해 했으며 그 때문에 참혹하게 벌을 받았다는 것 이외엔 다른 할 말이 없다! 그들은 아마도 그것을 후회하고 있을 것이다!

그들은 그보다 더 좋은 대우를 받아 마땅한 국민이었는데……!

세인트헬레나에서의 구술 – 라스카즈

러시아 전쟁

러시아 전투의 역사는 결코 잘 알려지지 못할 것이다. 왜냐하면 러시아 사람들은 글을 쓰지 않고, 혹은 써도 진실에 대한 아무런 존중도 없이 글을 쓰기 때문이다. 그런데 프랑스 사람들은 고약한 정열을 품고서 스스로 자기네의 영광을 불명예스럽게 하고 그 영광의 가치를 떨어트리게 하기 때문이다. 알렉상드르 황제가 틸지트와 에르퓌르트 조약을 위반한 날 러시아에 대한 전쟁은 대륙적 체제의 필연적인 결과가 되었다. 그러나 그보다 더 큰 중요한 것에 대한 배려가 나폴레옹으로 하여금 그 전쟁을 결심하게 했다. 그가 그렇게도 많은 승리를 거둔 끝에 세워놓은 프랑스 제국은 그가 죽으면 어김없이 해체될 것이며, 그가 러시아인들을 드니에프르 강 저 너머로 물리치지 않고, 제국의 자연적인 방벽인 폴란드 왕권을 부흥시키지 않으면, 유럽의 지배권은 러시아 황제 차르의 손으로 들어갈 것이었기 때문이다. 1812년에 오스트리아, 프러시아, 독일, 스위스, 이탈리아 등은 프랑스 군기 밑에서 진군을 하고 있었다. 나폴레옹이 자신이 세워놓은 프랑스 제국이라는 그 거대한 건물을 공고히 할 순간이 왔다고 생각하는 것은 당연했던 것이 아닌가. 그러나 러시아가 오데르 강에 그 수많은 군대를 마음대로 보낼 수 있는 동안에는, 그 거대한 건물 위의 정상에다 자신의 권세의 모든 무게를 갖고 압박을 가할 것이리라. 알렉상드르 황제는 자기의 제국과 마찬가지로 젊고 왕성한 힘을 갖고 있었다. 그가 나폴레옹보다 더 오래 살 것이라고 추측하는 것은 어렵지 않은 일이었다. 바로 그 사실이 그 전쟁의 모든 비밀을 설명해 주는 것이다.

세인트헬레나에서의 구술 - 몽토롱

1819년 10월 14일

기분이 편하지 않다. 잠을 자고 싶고, 책을 읽고 싶고 뭔지 하고 싶어. 저기 라신[151]이 있군. 의사선생, 당신은 무대 위에 서 있소. 자, 시작하시오. 나는 앙드로마크에 귀를 기울이고 있소. 불행한 아버지들의 희극이라오.

"내 아들이 감금되어 있는 곳까지 가고 있었습니다. 헥토르와 트로이에서 나에게 남는 유일한 행복인 내 아들을 하루에 한번은

---

[151] 17세기 프랑스 비극 작가(1639~1699).

내가 보는 것을 폐하가 허락하셨기 때문입니다. 폐하, 나는 그 아이와 함께 잠시 동안 울려고 그곳에 가고 있었습니다. 나는 오늘 아직 그 아이를 포옹하지 않았습니다."

의사선생, 너무 가슴이 아프다. 나를 그냥 놔두시오.

세인트헬레나의 이야기 – 오마라[152]

***

영국은 무엇이든 매매거래하는 것으로 평판이 높은 나라이다. 그런데 왜 자유를 팔기 시작하지 않는지? 그것을 영국이 내놓으면 사람들은 그 자유를 영국에게 비싼 값을 치르고 살 것이고 따라서 영국을 파산시키지 않을 것이다. 그것은 근대적인 자유란 본질적으로 도덕적인 것이고 그 약속을 배반하지 않을 것이기 때문이다. 예를 들자면, 저 불쌍한 스페인 사람들을 길마를 얹혀 비틀어 맨 멍에로부터 해방시켜 준다면 영국에게 무슨 값인들 치르지 않겠는가? 나는 확신하건대, 스페인 사람들은 그것을 치를 충분한 각오를 하고 있을 것이다. 나는 그러한 증거를 여러 개 갖고 있다. 그렇지만 그와 같은 감정을 만들어 낸 것은 바로 나였다. 나의 실책도 누군가에겐 이롭게 해 주는 게 되리

---

152) 아일랜드 출신의 의사. 나폴레옹을 세인트헬레나까지 동반했던 사람(1786~1836).

라. 이탈리아의 경우, 나는 그 나라에 이젠 뿌리 뽑히지 않는 여러 원리를 심어 놓았다. 그 원리들은 늘 발효할 것이다. 군주들과 늙은 귀족들은 그것들에 반대하기 위하여 되풀이해 노력을 할 것인데 헛된 일이 될 것이다. 그들은 시지프스의 바위를 머리 위에 높이 올려 잡고 있는 것과 같다. 하지만 몇몇 사람의 팔은 지쳐버릴 것이다. 그래서 그때엔 아차 하는 첫 실수에 모든 것이 그들 위로 무너져 버리고 말 것이다.

세인트헬레나의 이야기 – 라스카즈

* * *

이 나라는 하나의 강력한 정부가 필요했다. 내가 국사를 다루는 우두머리 자리에 머물러 있는 동안, 프랑스는 공화국을 구출하기 위해 독재자가 필요했던 로마와 같은 처지에 놓여 있었다. 유럽의 여러 나라들은 당신네의 금과 당신네의 증오심[153]에 유혹되어, 내 권력에 대항한 동맹을 끊임없이 되풀이하였다. 따라서 늘 위협받고, 공격받는 국가 원수는 저항하거나 승리하기 위해 나라의 힘을 모아 모든 수단을 강구하는 것이 무엇보다 절박한 일이었다. 나는 자신을 방어할 목적 외에 정복을 한 적이 결코 없었다. 유럽은 프랑스의 원리들 때문에 프랑스와 싸우는

---

153) 영국의 금전과 프랑스에 대한 증오.

것을 결코 멈추지 않았던 것이다. 나는 쓰러트리지 않으면 쓰러지기 때문에 어쩔 수 없이 쓰러트렸던 것이다.

나는 여러 해 동안 나의 조국을 괴롭히고 흔들어 놓는 정당들 사이에서, 미친 듯 성미 급한 말 위에 올라탄 기수와 같은 처지에 놓여 있었다. 그 말은 늘 앞발을 들고 뛰어 올라, 한쪽으로 또는 다른 한쪽으로 몸을 던지려 해서, 곧바로 걸어가게 하기 위해서는 단단히 고삐를 잡지 않으면 안 되었던 그러한 말이었다. 여러 혁명의 뒤를 잇고, 외적에 의해 끊임없이 공격을 받으며, 여러 가지 음모로 인한 불안정한 국내 사정으로 정부가 시민들에게 어느 정도 가혹해야만 했던 것은 불가피한 일이었다. 평화 시라면, 나는 그 독재를 풀었을 것이고, 곧 헌법에 의한 통치가 시작되었을 것이다. 여러 가지의 통제가 있었지만, 그 결과로 봐서는 나의 체제는 아직 유럽에서 가장 자유주의적인 것이었다.

세인트헬레나의 이야기 – 오마라

나폴레옹의 업적

나폴레옹의 보물들을 알고 싶은가? 사실 그 귀중품들은 무한히 많다. 아무튼 그것은 백일하에 드러나 있다. 그것들은 다음과 같은 것들이다. 앙베르의 아름다운 독(dock), 프레생크그의 독—그것들은 가장 많은 함대들을 정박시킬 수 있으며, 그 함대들을 바다의 얼음으로부터 보호해 줄 수 있는 것이다—됭케브르, 르 아브르, 니스의 치수공사들, 셰르부르의 거대한 독, 베니스의 연안사업들, 앙베르에서 암스테르담, 마인츠에서 메츠, 보르도에서 바용 간의 아름다운 길들, 알프스를 사방으로 향해 터주는 심플롱, 몽스니, 쥬네브 산, 라 코르니쉬의 통로들……, 피레네산맥에서 알프스산맥을 잇는 도로들, 파르마에서 라 스페치아, 사본느, 사보네에서 피에몬테로 가는 도로들, 이에나, 오스텔리츠, 데 자르, 세브르, 투르, 로안, 리용, 튀렝, 이제르, 라 듀란스강, 보르도, 루앙 등의 다리들, 두브 강을 통해 라인 강과 론 강을 연결시켜 네덜란드의 바다를 지중해와 합치게 하는 운하, 에스코 강과 솜 강을 합쳐서 암스테르담과 파리를 연결시키는 운하, 랑스 강과 비렌느 강을 연결시키는 운하, 아를 운하, 파비 운하, 라인 강의 운하, 부르구앵과 코탕탱, 로슈포르의 늪 간척지들, 대혁명 기간에 파괴된 대부분의 교회의 복구 수리, 새로운 교회의 건립, 빌어먹는 거지들을 근절시키기 위한 수많은 산업시설들의 건립, 루브르, 공공 곡물 저장소, 프랑스 은행, 우르크 강 운하 등의 건설, 파리시에서의 식수 분배, 그 거대한 수도의 수많은 하수구, 강변도로들, 미화 작업과 여러 기념 건조물들, 로마를 미화하기 위한 여러 가지 공사, 리용의 수공업 제조공장의 재건, 면화, 제사, 직물 공장의 설립—그 공장들은 수백만의 노동자들을 고용할 수 있는 곳이다. 프랑스에서의 일부 소비를 위한 사탕무 설탕공장을 4백 개 이상 세우기 위해 모아 놓은 기금들, 그 공장들이 단지 4년만 뒷받침을 계속해서 받았더라면, 인도의 설탕 값과 마찬가지의 값으로 설탕을 제공했을 것이다. 인디고 대신 파스텔을 채용해 쓰기 — 그 파스텔은 식민지의 생산품에 뒤지지 않게 완전한 것으로 식민지 생산품과 마찬가지로 할 수 있게 되었을 것이다 — 모든 종류의 미술공예품을 만들기 위한 수많은 공장들……

그러한 것들이 수십억의 보물을 이루는 것들이고, 그것들은 여러 세기 동안 지속될 것이다.

세인트헬레나의 이야기 – 오마라

나폴레옹의 항변

요컨대 그들이 떼어 내고, 말살하고, 자르고 해 봐야 소용없는 일이 될 것이다. 그들이 나를 완전히 사라지게 하는 것은 아주 어려운 일이 될 것이다. 프랑스의 역사가는 어떻든 제정(帝政)시대를 다루지 않을 수 없을 것이다. 그리고 그가 자부심을 가진 역사가라면, 나에게 인정받아야 될 무엇인가를 회복시켜 주어야만 하고 역사에서 받아야 될 내 몫을 평가해 주어야만 할 것이다. 그와 같은 역사가의 일은 하기 어렵지 않을 것이다. 왜냐하면 여러 사실이 말을 하고 있으며, 그 사실들은 태양처럼 눈에 띄게 빛나는 것이기 때문이다.

나는 무정부 상태의 심연을 다시 막고 혼란을 풀어 해결하였다. 나는 대혁명으로 더럽혀진 것을 씻어 내고, 민중들을 향상시켜 주고 왕들의 지위를 다시 공고히 해 주었다. 나는 모든 경쟁심을 돋우어 주고, 모든 공로에 대해 보상을 해 주었으며 영광의 한계를 넓혀주었다! 그 모든 일은 대단한 것이다! 그런데 사람들이 무슨 일에 대해 나에게 공격을 한다 해도 역사가가 나를 옹호하지 않을 수 있을까? 사람들은 나의 의도를 공격하는 것일까? 결국 역사가는 내가 죄가 없다는 것을 인정하게 된다. 사람들은 나의 전제주의를 공격할 것인가? 결국 역사가는 독재는 반드시 필요했었다는 것을 증명할 터인데 말이다. 사람들은 내가 자유를 억압했다고 말을 할 것인지? 그러나 역사가는 방종, 무정부 상태 그리고 대혼란이 여전히 문턱에 있었다는 것을 증명할 것이다. 사람들은 내가 전쟁을 지나치게 좋아하는 호전적인 인간이었다고 나를 비난할 것인지? 그러나 역사가는 내가 늘 공격을 받고 있었다는 것을 제시해 줄 것이다. 세계적인 군주국을 세우려고 마음먹었던 것에 대해 비난할 것인지? 그러나 역사가는 보여주리라. 여러 가지 상황이 만들어 낸 우연한 작품에 불과하다는 것을. 그리고 그와 같은 군주국에 한 걸음 한 걸음 나를 이끈 것은 바로 우리의 적들 자신이었다는 것을. 마지막으로 사람들은 내가 야심을 품었다고 비난을 할 것인지? 아! 틀림없이 역사가는 나에게서 야심을 발견하리라. 그것도 무한한 야심을 말이다. 그러나 그것은 아마 일찍이 존재해 있던 것으로서 가장 위대하고 가장 높은 야심이리라. 요컨대 이성(理性)의 제국을 세우고 영속적으로 확립시키겠다는 야심, 그리고 인간 능력의 완전한 실천과 전적인 향유를 이루려는 야심 말이다! 그리하여 여기에 이르러 역사가는 그와 같은 야심이 이루어지지 못하고 채워지지 못한 것에 대하여 애석해 하지 않을 수 없을 것이다! 간단히 말해서, 위에 말한 것이 나의 모든 역사인 것이다.

세인트헬레나의 이야기 – 라스카즈

유서

I

1) 나는 사도전승(使徒傳承)의 로마 종교 안에서 죽는다. 나는 그 종교의 품 안에서 지금으로부터 오십 년 전에 태어났다.

2) 나는 내 유해가 센 강의 기슭에 묻히어, 내가 그토록 사랑해왔던 그 프랑스 국민 한가운데서 영면하기를 바란다.

3) 내가 매우 사랑하는 아내 마리 루이즈에게 만족하고 있다는 뜻을 표시하고 싶은 생각을 늘 갖고 있었다. 최후의 순간까지 나는 아내에게 가장 애틋한 감정을 간직하고 있었다. 아내에게 부탁하는 바이지만, 아직도 그 어린아이를 둘러싸고 있는 갖가지 함정들로부터 내 아들을 보호해 주기를 바란다.

4) 나는 내 아들에게 당부한다. 자신이 프랑스의 황태자로 태어난 것을 결코 잊지 말 것이며, 유럽의 국민들을 억압하는 삼두정치(三頭政治)의 도구가 되어서는 안 된다. 내 아들은 결코 싸워서는 안 되며, 또한 어떠한 방법으로도 프랑스에 해를 끼쳐서는 절대 안 된다. 내 아들은 다음과 같은 내 좌우명을 택하여만 한다. '모든 것을 프랑스의 국민을 위하여.'

5) 나는 영국의 과두 정치와 그 자객에 의하여 너무 이르게 죽게 되었다. 영국의 국민은 머지않아 내 원수를 갚아 줄 것이다.

6) 프랑스는 아직도 많은 자원을 갖고 있었는데, 적군의 침공에 의해 저 아주 불행한 두 개의 결과를 갖게 된 것은, 마르몽, 오주로, 탈레랑 그리고 라파예트 등이 저지른 배반 때문이다. 나는 그들을 용서한다. 프랑스의 후세들이 나처럼 그들을 용서해 주기를!

7) 나의 선량하시고 매우 훌륭하신 어머님, 추기경, 내 형제들인 조제프, 뤼시앵, 제롬, 폴린, 카롤린, 쥘리, 오르탕스, 카트

린, 외젠 등에게 말하노니 그들이 내게 품어 온 호의에 대해 고맙게 생각한다. 나는 루이가 1820년에 간행한 비방문에 대해 그를 용서한다. 그것은 잘못된 주장과 날조된 각본으로 가득 찬 소책자이다.

8)「세인트헬레나의 원고」와「잠언집」,「격언집」등이라는 제목 밑에 이뤄진 다른 작품들……. 6년 전부터 사람들이 즐겨 그것들을 간행했는데, 나는 그것들을 내 것으로 인정하기를 거부한다. 거기엔 내 삶을 이끌어 온 규칙들이 없기 때문이다. 내가 앙기앵 공을 체포하고 재판에 회부한 것은 그것이 프랑스 국민의 안전과 이익, 명예를 위해 필요했기 때문이었다. 그때 그의 자백에 의하면, 육십 명의 암살자들을 파리에 거느리고 있었다는 것이다. 그와 똑같은 상황에 처해 있다면, 지금도 나는 같은 행동을 할 것이다.

II

1) 나는 내 아들에게, 물건을 넣어두는 상자들, 훈장들 그리고 은식기, 야전침대, 무기들, 안장들, 박차들, 내 예배실의 제기들, 책들, 내 신상에 유용하게 쓰인 내의와 수건 등을 물려준다. 나는 이 빈약한 유물이 내 아들에게 소중한 것이 되기를 바란다. 세계가 그에게 말해 줄 아버지를 그에게 되새겨 주는 것으로 말

이다.

2) 나는 교황 비오 6세가 톨렌티노에서 나에게 준 돋을새김한 옥석을 레디 홀랜드[154]에게 물려준다.

3) 나는 몽토롱 백작에게 2백만 프랑을 물려준다. 백작이 6년 이래 부모를 섬기듯이 나를 섬긴 것에 대한 나의 고마움의 표시로서 그리고 그가 세인트헬레나에 머무름으로 생긴 손해를 보상하기 위한 것이다.

4) 베르트랑 백작에게 50만 프랑을 물려준다.

5) 나의 시종장에게 40만 프랑을 물려준다. 그가 나에게 해준 봉사는 친구로서의 봉사 그것이었다. 나는 그가 나의 고참 친위대 장교나 병사의 과수댁이나 누이 또는 딸과 결혼해 주기를 바란다.

(……) 12) 비냘리 신부에게 10만 프랑을 물려준다. 그가 폰테 누오보 디 로스티노 부근에 자기 집을 짓기를 나는 바라고 있다.

(……) 15) 마찬가지로 외과 과장인 라레에게 10만 프랑. 그는 내가 아는 중에 가장 덕이 높은 사람이다.

(……) 21) 마찬가지로 용감한 라베 두 아예르의 자녀들에게 10만 프랑.

22) 마찬가지로 리니에서 전사한 지라르 장군 자녀들에게

---

154) 영국인, 그녀의 살롱은 그 당시 명사들이 집합하는 장소였다(1770~1845).

세인트헬레나 **275**

10만 프랑.

(……) 24) 마찬가지로 덕망 높은 트라보 장군 자녀들에게 10만 프랑.

(……) 30) 마찬가지로 「마리우스」의 저자 아르노에게 10만 프랑.

31) 마찬가지로 마르보 대령에게 10만 프랑. 나는 그에게 권하건대, 프랑스군의 영광을 위해 계속해서 글을 쓰고, 프랑스군에 대한 중상모략자와 군의 변절자들을 계속해 좌절시키길 바란다.

32) 마찬가지로 비뇽 남작에게 10만 프랑. 나는 그가 1792년부터 1815년에 이르는 프랑스 외교사를 쓰기를 권유한다.

(……) 35) 그 금액은 내가 1815년에 파리를 떠나면서 예금한 600만 프랑에서 꺼내 쓰면 될 것이다.

36) 그 예금이 위에서 배분 처리된 5백 60만 프랑 이상의 금액으로 불어났을 경우 그 모든 것은 몽토롱, 베르트랑, 드루오, 캉브론 그리고 외과의사 라레에 의해 결정된 리스트에 따라 워털루 전투의 부상자, 엘바 섬 대대의 장병들에게 포상금으로 나뉘도록.

37) 그 유산은 받을 사람이 사망했을 경우에는 그 미망인과 자녀들에게 지불될 것이며, 그들 미망인이나 자녀들이 없을 경우엔 공공재산으로 일반 대중에게 돌아가게 할 것이다.

Ⅲ

1) 내 개인 자산은 내 소유로서 내가 아는 한, 어떠한 프랑스의 법도 내게서 그것을 빼앗을 수 없으므로, 내 재무관인 라 부이유리 남작에게 그 회계 보고서 작성을 의뢰해 주길 바란다. 그것은 2억 프랑 이상에 이를 것임에 틀림없다. 즉 i) 십사년 동안 내가 받은 세비에서 저축해 사 놓은 유가증권, 내 기억이 정확하다면 그 저축은 1년에 1천 2백만 프랑 이상이 될 것이다. ii) 그 유가증권에서 생긴 수익. iii) 1814년에 있었던 그대로의 내 여러 궁전의 가구들, 로마, 피렌체, 토리노 궁전들도 포함된다. 그 모든 가구들은 세비에서 소득으로 받은 돈으로 값을 치른 것이다. iv) 이탈리아 왕국의 내 여러 저택을 처분해서 생기는 것. 즉은, 은식기, 보석들, 가구들, 마굿간들 같은 것들. 그런 것들의 회계 보고서는 외젠 공 그리고 왕실 경리관 캄파뇨니에 의해 작성이 될 것이다.

2) 나는 내 개인 재산 절반을 살아남은 프랑스군의 장병들에게 물려준다. 그들은 1792년부터 1815년까지 국가의 영광과 독립을 위해 싸웠다. 그 배분은 현역시의 봉급에 비례해서 이루어질 것이다. 그리고 절반은 알자스, 로렌, 프랑슈 콩테, 부르고뉴, 일 드 프랑스, 샹파뉴, 포레, 도피네 등의 도시와 농촌에 준다. 그들 시민은 두 침입의 어느 것으로부터건 고통을 받았을 것이기

때문이다. 그 금액 중에서 브리엔시를 위해 1백만 프랑, 메리시를 위해 1백만 프랑을 공제해 주도록.

나는 몽토롱 백작, 베르트랑 백작 그리고 마르샹을 내 유언 집행인으로 임명한다.

현재의 이 유언은 직접 내 손으로 모두 쓰였고, 서명이 되었으며 내 문장(紋章)으로 봉인된 것이다.

- 나폴레옹

몽토롱에게 구술된, 아들에게 주는 조언

1821년 4월 17일, 세인트헬레나

내 아들은 내 죽음에 대해 복수를 할 생각을 해서는 안 된다. 내 죽음을 유익하게 이용하도록 해야만 한다. 내가 해 놓은 것에 대한 추억이 결코 그에게서 떠나지 않도록. 그리고 내 아들은 나처럼 골수까지 프랑스 사람으로 영원히 머물러 있도록. 그의 모든 노력은 평화로 통치하는 방향으로 가야만 한다. 만일 단순한 모방으로 절대적인 필요도 없는데 내가 치른 것과 같은 전쟁을 다시 시작하려 한다면, 내 아들은 하나의 원숭이에 불과한 인간이 될 뿐이리라. 나의 과업을 다시 한다는 것은 내가 아무것도 하지 않았다는 것을 가정하는 것이 될 것이다. 그와 반대로 내 과업을 완성한다는 것은, 그 기초의 공고함을 보여주는 것일 것이고, 초안을 잡아놓았던 것에 불과했던 대 건축물의 전체 설계를 설명하는 일이 될 것이다. 한 세기에 같은 일을 두 번 할 수 있는 게 아니다. 나는 무력으로 유럽을 정복하지 않을 수 없었다. 오늘날엔 유럽을 설득하지 않으면 안 된다. 나는 괴멸해 가는 프랑스 대혁명을 구해내고, 그 혁명이 저지른 죄악으로부터 혁명을 깨끗이 씻어내고, 그 혁명이 영광으로 빛나는 모습을 세상에 내보여 주었다. 나는 프랑스와 유럽 내에 새로운 사상을 심어 놓았으며, 그 새로운 사상은 뒤로 퇴보할 수 없을 것이다. 내 아들은 내가 심어 놓은 모든 것이 꽃 피게 하도록. 그리고 프랑스의 토지가 품고 있는 번영의 모든 요소들을 개발시키도록. 그와 같은 일을 한 대가로, 그는 또한 위대한 군주가 될 수 있는 것이다.

부르봉 왕조는 존속되지 못할 것이다. 내가 죽으면 사방에서, 영국에서까지도 나에게 호의적인 반발이 일어날 것이다. 그것은 내 아들을 위해 훌륭한 유산이 된다. 그들이 나에게 가한 박해에 대한 기억을 지워버리기 위해 영국인들은 내 아들이 프랑스에로 귀국하는 것을 도울 수 있을 것이다. 그러나 영국과 사이좋게 지내려면, 어떤 대가를 치르더라도 그들의 상업적 이권에 대한 배려를 하지 않으면 안 된다. 그와 같은 필요성은 두 가지 결론으로 인도가 되는데, 영국과 싸우거나 영국과 함께 세계의 통상을 함께 나누든가 하는 것이다. 두 번째의 조건이 오늘 유일하게 가능한 조건이다. 대외 문제가 프랑스에선 아직도 오랫동안 국내 문제를 압도할 것이다. 나는 내 아들이 수준 높고 화해적인 외교라는 유일한 무기로 내 과업을 수행할 수 있도록 충분한 힘과 충분한 동정심을 물려주는 바이다. 비엔나에서의 내 아들의 처지는 비참한 것이다. 오스트리아는 조건 없이 내 아들을 돌려 줄 것인지? 요컨대 프랑스와 1세는 한층 더 위태로운 처지에 놓여 있었다. 그러나 프랑스의 민족성은 그 때문에 아무것도 잃은 것이 없다.

내 아들은 외국의 영향을 힘입어 다시 옥좌에 올라서는 결코 안 된다. 그 목적은 단순히 군림한다는 데 있어서는 안 되고, 후세의 지지와 찬양을 받을 자격이 있어야 한다. 자신이 그럴 수 있게 되면, 내 가족들과 가까이 하도록 해라. 내 어머님은 옛날 분이다. 조제프와 외젠은 아들에게 좋은 조언을 해줄 수 있다. 오르탕스와 카트린은 뛰어난 여자들이다. 내 아들이 유배지에 머문다면, 내 조카들 한 사람과 결혼을 하도록. 만일 프랑스가 그를 불러들인다면, 러시아의 공주를 찾아 구혼하길 바란다. 러시아 궁정은 가족관계가 정치를 지배하는 유일한 궁정이기 때문이다. 내 아들이 맺게 될 인척관계는 프랑스의 영향력을 국외에 증가시키는 목적의 것이지 외국의 영향력을 측근 상담역 속에 끌어 들이는 것이어서는 안 된다.

프랑스 국민은 역으로 다루지 않는다면, 다스리기 가장 쉬운 국민이며, 그 국민의 빠르고 어렵지 않은 이해력은 비길 만한 데가 없다. 프랑스 국민은 자신들을 위해 일하는 사람과 자신들에게 해가 되게 하는 사람들을 바로 그 당장에 가려낸다. 하지만 또한 그들의 감각에다 늘 이야기를 해야만 한다. 그렇지 않으면 그들의 불안한 정신이 프랑스 국민을 침식하고 격노하게 되는 것이다.

내 아들은 여러 개의 내분이 있은 연후에 돌아올 것이다. 그는 단 하나의 당파만을 두려워하면 되는 것이다. 그것은 오를레앙 공의 당이다. 그 당은 오래 전부터 싹이 트고 있다. 그 문제에 관해 베르트랑이 나에게 한 말을 내 아들에게 전해주도록. 모든 당파들을 내 아들은 경멸하도록. 그는 단지 대중만을 봐야 할 것이다. 내 아들은 조국을 배반한 자들을 제외하고는 모든 사람들의 전력을 잊어야만 할 것이고, 재능 있는 사람, 가치가 있는 사람, 공로자들은 그들을 어디에서건 보상을 해야만 한다. 샤토브리앙, 그는 비방하는 소책자를 썼음에도 불구하고 훌륭한 프랑스 사람이다.

프랑스는 수령들의 영향력이 가장 없는 나라이다. 따라서 그 수령들에게 의지를 한다는 것은 모래 위에 무엇을 세우는 것이다. 프랑스에선 대중에게 의지를 하면서만 오직 큰일들을 할 수 있는 것이다. 게다가 정부는 자기에 대한 지지를 그 지지가 있는 곳으로 구하러 가야만 되는 것이다. 물질적 법칙과 마찬가지로 거역 못하는, 준엄한 정신적인 법칙이 있는 것이다. 부르봉 왕조는 어떤 헌법을 택한다 해도, 오직 귀족들과 승려들에게만 의지할 수밖에 없다. 그것은 기계가 물을 한동안 끌어올린다 해도 그 물은 얼마 후에 그 흐름의 수평을 다시 잡게 되는 것과 같은 이치이다. 나는 예외 없이 모든 사람에게 의지를 했다. 나는 모든 사람의 이익에 혜택을 주는 정부라는 최초의 예를 보여줬다. 나는 귀족들, 승려들, 부르주아들 혹은 직공들을 위하여 통치를 하거나 또는 그들에 의해 통치를 한 것이 아니다. 나는 공동체 전체를 위해, 프랑스라는 대가족을 위해 통치를 하였다. 한 국민의 이해를 분할하는 것, 그것은 그들의 모든 이해관계를 해치는 것이며, 그것은 내란을 야기하는 것이다. 본래 나뉘질 수 없는 것은 분할할 수 없는 것이다. 그것은 팔다리를 자르는 것이 된다. 나는 헌법의 주된 기초를 구술해 주었는데, 그 헌법에 아무런 중요성도 주지 않는다. 즉 그것은 오늘날에는 좋은 것이나, 내일에는 나쁜 것일 수도 있기 때문이다. 그 위에, 그 점에서는 국민의 확실한 동의 없이는 아무것도 결정적으로 이루어질 수 없는 것이다. 아무튼 근본 원리는 투표의 보편성(보통선거)이 되어야만 할 것이다.

내 귀족 신분은 내 아들에게 아무런 뒷받침이 되지 못할 것이다. 내 귀족 신분이 내 색깔을 지니고, 내 귀족 신분이 내 모든 정신적인 획득물의 신성불가침한 기탁을 전통에 의해 간직하기

▶ "황제 드디어 눈을 감다." 장-밥티스트 모자이세, 〈나폴레옹의 임종〉, 1840년경.

위해선 한 세대 이상의 세월이 필요했던 것이다. 1815년부터, 모든 고관들은 망설임 없이 나를 적대시했다. 나는 내가 만들어 준 원수(元帥)들에게도, 내가 만들어준 귀족들에게도, 내 대령들에게조차도 기대를 갖지 않았다. 그러나 모든 백성 그리고 대위 계급에까지 이르는 전 군의 병사들은 내 편이었다. 내가 베풀었던 신뢰심은 나를 저버리지 않았다. 그들은 나에게서 많은 덕을 입었으며, 나는 그들의 진실된 대표자였다. 나의 독재는 불가피한 것이었다. 그 증거로, 사람들은 내가 원하는 것보다 더 많은 권력을 늘 나에게 제공하였던 것이다. 오늘날 프랑스에선 필요한 것만이 오직 가능한 것이다. 내 아들에겐 사정이 같은 것이 되지 않을 것이다. 즉 사람들은 내 아들과 권력을 다툴 것이다. 그는 자유에 대한 모든 욕구를 알아차리고 만족시켜주어야 할 것이다. 평상시엔 혼자서보다 의회와 함께 군림하는 것이 쉬운 일이다. 즉 의회는 책임의 큰 부분을 갖고 있기 때문이고 대다수 의원들을 늘 자기 편 여당으로 갖고 있다는 것은, 더할 나위 없이 일하는 것을 쉽게 하는 것이다. 그러나 늘 주의해야만 하고 나라의 사기를 타락시켜서는 안 된다. 프랑스에선 정부의 영향력은 무한한 것이다. 따라서 서투르지 않게 잘만 할 줄 알면, 사방에서 지지자들을 얻기 위해 뇌물로 매수할 필요가 없는 것이다. 군주의 목적은 오직 군림하는 데에만 있어서는 안 되며, 교육과 도덕 그리고 복지를 넓히는 데 있는 것이다. 모든 거짓된 것은 나쁜 도움인 것이다.

젊었을 때 나는 여러 환상을 가지고 있었다. 그러나 나는 아주 빨리 그 환상에서 깨어났다. 자기네 말의 화려함을 갖고 의회를 지배하는 대 웅변가들은 일반적으로 가장 보잘것없는 정치가들이다. 따라서 그들과 말로써 싸워서는 안 된다. 그들은 그대의 것보다 더 한층 허풍을 떠는 말들을 늘 갖고 있기 때문이다. 그들의 능변에 대해 치밀하고 논리적인 추론으로 대항해야만 한다. 그들의 힘은 막연함 속에 있는 것이다. 그리하여 그들을 사실에 입각한 현실 속에 돌아오게 해야만 한다. 실천은 그들을 죽여 버리는 것이다. 참사원에는, 나보다 훨씬 더 웅변적인 사람들이 있었다. 그러나 나는 둘에 둘을 더하면 넷이 된다는 간단한 논법으로 그들을 늘 이겨냈던 것이다.

프랑스에는 아주 능력 있는 실천적인 사람들이 득실거리듯이 많다. 중요한 것은 그들을 발견하고 그들에게 성취하고 입신할 수 있는 수단을 부여하는 것이다. 어떤 사람은 쟁기로 농사일을 하고 있는데, 실은 참사원에 있어야만 할 사람인지 모른다. 어떤 사람은 대신인데, 그는 사실은 쟁기로 농사를 지어야 할 사람인지도 모른다. 겉으로 보아 가장 분별이 있어 보이는 사람들이 농지(農地)법부터 옛 터키 제국의 전제주의에 이르는 가장 사리에 어긋나는 계획들을 자기에게 제안하는 것을 보고 나의 아들은 놀라지 말기를. 어떤 정치 방식이건 프랑스에는 그

옹호자들이 있는 것이다. 나의 아들은 모든 것을 다 듣도록. 그러나 또한 그 올바른 가치를 헤아려보고 이어서 나라의 모든 실제적인 재능 있는 사람들이 자신을 둘러싸게 하도록. 프랑스 국민들은 서로 간에 대치되어 보이는 두 개의 강력하고도 동등한 정념(情念)을 갖고 있다. 그러나 그것은 같은 감정에서 유래하는 것으로서, 평등에 대한 사랑이고 영예에 대한 사랑이다. 그 두 개의 욕구를 정부는 더할 나위 없는 공정함에 의해서만 만족시킬 수 있는 것이다. 정부의 법과 행동은 모든 사람들에게 평등해야 한다. 명예와 보상은, 모든 사람들의 눈으로 보아 그것을 받아 가장 마땅한 사람에게 주어져야 한다. 공적이 있는 사람은 용서를 하지만, 음모는 용서해선 안 된다. 레지옹 도뇌르는 덕과 재능 그리고 용기에 대한 거대하고 강력한 지렛대였다. 따라서 그것이 잘못 쓰인다면 그것은 페스트가 될 수 있을 것이다. 만일 궁정적(宮廷的)인 정신과 당파적인 정신이 그 레지옹도뇌르 수훈자의 임명과 그 관리를 주재한다면, 온 군대가 떨어져 나가버리고 말 것이다.

내 아들은 언론의 자유와 함께 통치를 하지 않으면 안 될 것이다. 오늘날 그것은 하나의 필연성이다. 통치하기 위해선 다소간 좋은 이론을 따르는 것이 문제가 아니라 바로 가까이에 있는 재료를 갖고 건설하는 것이 문제이다. 필연적인 것을 받아들이고 그것을 이용해야만 한다. 언론의 자유는, 정부의 손길에서, 건전한 주장들과 훌륭한 원칙들을 제국의 방방곡곡에 다다르게 하는 강력한 보조 수단이 되어야만 한다. 언론의 자유를 그 자체로 맡겨놓는다는 것은 위험 옆에서 잠들어 버리는 것이 된다. 전반적인 평화가 찾아왔다면, 나는 나라의 최고로 능력 있는 인사들로 구성되는 신문의 지도 기관을 하나 세워 놓았을 것이고, 그렇게 해서 내 사상과 내 의도를 구석 끝 촌락까지 다다르게 하였을 것이다. 오늘날에는 삼백년 전처럼 사회의 변화에 상관없는 구경꾼으로 머물러 있다는 것은 불가능한 일이다. 죽지 않으려면, 모든 것을 지도하거나 아니면 모든 것을 막아야만 하는 것이다.

　내 아들은 새로운 사상을 가진 인간이 되어야만 한다. 그리고 내가 사방에서 성공을 거두게 한 대의명분을 지키는 인간이 되어야만 한다. 왕들에 의해 백성들을 쇄신시키는 것, 봉건제도의 흔적을 사라지게 하고, 인간의 존엄성을 확보하고, 수세기 전부터 잠자고 있던 번영의 싹을 트게 할 체제를 사방에 세우는 것, 오늘날 소수인의 전유물에 불과한 것을 일반인들에게 나눠 주도록 하는 것, 유럽을 풀리지 않는 굳은 연방제도의 유대로 합치게 하는 것, 오늘날 아직도 미개하고 개척되지 않은 세계의 모든 곳에 기독교와 문명의 혜택을 전파하는 것. 그와 같은 것이 내 아들이 갖는 모든 사상의 목적이 되어야 한다. 그와 같은 것이 나의 대의명분이고, 그것을 위해 나는 순교자로서 죽는 것이다. 내 아들은 과두정치를 하는 소수의 권력자들로부터 내가 증오의 대상이 되어있는 것을 보고, 내 대의명분이 얼마나 성스러운 것인가를 헤아려보도록. 루이 16세의 시역자들을 보라. 그들은 최근까지도 부르봉 왕조의 한 왕의 상담역 속에 있었다. 그들은 내일 자기네 조국으로 돌아갈 것이다. 그리고 나와 내 가족들은, 내가 여러 국민들에게 베풀려 했던 혜택으로 인해 오히려 괴롭힘을 받으며 벌을 받는 것이다. 나의 적들은 인류의 적이다. 그들은 백성들을 양떼의 무리로 보고, 그들을 사슬로 얽어매려고 한다. 그들은 프랑스를 학대하고, 강물을 그 근원의 수원으로까지 거슬러 역류하게 하려고 한다. 그러나 그들은 그 강물이 범람한다는 것을 주목하기를! 내 아들과 더불어서 서로 대치되는 이해관계가 평화롭게 공존하고, 새로운 사상이 동요와 희생 없이 펼쳐지고 강화될 수 있을 것이다. 그렇게 되면, 엄청난 불행을 인류가 면하게 될 것이다. 그러나 만일 여러 왕들의 맹목적인 증오가 이어져 내가 죽은 뒤에도 내 혈통을 추적하고 괴롭히면, 그때엔 나를 위한 복수가 있을 것이며, 잔혹하게 그 복수가 이루어질 것이다. 백성들의 분노가 폭발하면, 문명은 거기에서 손상을 입게 될 것이다. 그리고 수많은 피가 유럽 전역에 흘러넘칠 것이다. 내란과 대외 전쟁 한가운데에서 문명의 빛은 사라져 버릴 것이다. 만인의 이익을 대표하게 된 것은 단지 어제의 일에 불과했지만, 중세의 질곡에서 빠져나오는 데 여러 세기가 걸린 왕권, 그것을 유럽에서 타도하기 위해서는 삼백 년 이상의 혼란이 있어야만 할 것이다. 반대로 북유럽이 만약 문명에 대항해서 전진한다면, 싸움의 기간은 덜 걸릴 것이나, 그 타격은 더욱 치명적인 것이 될 것이다. 여러 백성들의 복지, 많은 해에 걸쳐서 얻어낸 모든 성과들은 상실될 것이다. 아무도 그것에서 비롯되는 처참한 결과가 어떨 것이라는 것을 예측하지 못한다. 여러 나라의 백성은, 여러 왕들과 마찬가지로 모두 내 아들의 즉위로 이익을 볼 것이다. 우리가 그것들을 위해 싸워왔고, 내가 성공을 거두게 했던 사상과 원칙들이 없다면, 프랑스에서나 유럽에서나 노예 상태와 같은 혼란만이 가득할 것이다.

그대는 내가 구술하거나 내가 쓴 모든 것을 간행해야 하고, 내 아들이 그것을 읽도록 하고, 그것에 대해 명상하도록 권하기를 부탁한다. 그대는 내 아들에게 나를 잘 섬겼던 모든 사람들을 보호하라고 말하길 바란다. 하지만 그들의 숫자는 엄청나게 많다. 내 불쌍한 병사들, 그렇게도 도량이 크고 그다지도 헌신적이었던 그 병사들이 아마 빵이 없어 굶고 있을 것이다! 얼마나 많은 용기와 얼마나 많은 양식(良識)이 그 프랑스 백성 속에 있는지 모른다! 얼마나 많은 자원이 — 아마도 이젠 햇빛을 보지 못할 — 파묻혀 있는지 모른다! 유럽은 피할 길 없는 변화를 향해 전진하고 있다. 따라서 그것을 지체시키는 것은 무익한 투쟁으로 자신을 약하게 하는 것이다. 그 변화를 도와주어 촉진시키는 것은 만인의 희망과 의지로서 자신을 강화하는 것이다.

여러 민족의 소망들이 있는데, 조만간 그것을 만족시켜 주어야만 한다. 그리고 그 목적을 위해 전진해야 한다. 내 아들의 지위에는 무수히 많은 어려움이 있을 것이다. 따라서 상황적으로 나로서는 무력의 힘으로 하지 않을 수 없었던 것을 내 아들은 모든 사람의 동의를 얻어 하기를 바란다. 1812년의 러시아와의 싸움에서 승리자가 되었더라면 백 년 동안 평화 문제는 해결이 되었을 것이다. 나는 여러 국민들의 어려운 문제를 비상수단으로 해결했다. 그러나 오늘날은 그 어려운 마디를 하나하나 풀어주어야만 한다. 나의 전반적인 정책의 이해관계를 위해 내가 세워놓았던 왕위들에 대한 추억은 뿌리쳐야만 한다. 1815년에 나는 이미 내 형제들에게 요구했는데, 그것은 그들이 자신들의 왕위를 잊고 프랑스 왕자들이라는 칭호만을 지니라는 것이다. 내 아들도 그 본보기를 따라야만 할 것이다. 그 반대의 행위를 하면 당연히 민심의 불안을 유발시킬 것이기 때문이다. 중대한 문제가 해결되는 것은 북유럽에서가 아니라, 바로 지중해 안에서인 것이다. 거기엔 강대국들의 모든 야심들을 충족시킬 무엇이 있는 것이다. 따라서 미개지의 조각 땅들을 주고 문명화된 여러 국민들의 행복을 손에 넣을 수 있는 것이다. 여러 왕들이 이성으로 돌아간다면, 유럽에는 국제적인 증오를 품게 할 동기가 이젠 더 이상 없게 될 것이다. 편견은 사라지고, 더 커지며, 서로 뒤섞이며 합치는 것이다. 교역의 도로들은 늘어나게 된다. 한 국가가 그 통상로를 독점해서 유지한다는 것은 이젠 불가능하다.

내 아들은 자신이 하는 행정이 좋은지 나쁜지를, 자신이 정한 법률이 풍습과 일치가 되는지 알기 위해, 재판소에서 선고를 한 것이 근거가 있는지 첨부한 보고서를 매년 자신에게 제출토록 해야 한다. 범죄와 불법 행위가 증가한다면, 그것은 빈곤이 증가하고 사회가 잘 통치되고 있지 않다는 증거인 것이다. 그와는 반대로 범죄와 불법 행위의 감소는 빈곤이 줄어들고 통치가 잘 되고 있다는 증거이다.

종교적 관념은 편협한 몇몇 철학자들이 생각하는 것보다 한층 더 많은 영향력을 갖고 있다. 그 관념은 인류에게 크나큰 봉사를 해줄 수 있는 것이다. 교황과 좋은 사이를 유지하고 있으면, 오늘날 아직도 일억 명의 정신을 지배할 수 있는 것이다. 비오 7세는 내 아들에 대하여 늘 호의적일 것이다. 그는 관용과 지식으로 가득 찬 노인이다. 돌이킬 수 없는 여러 사정이 나의 내각을 혼란에 빠뜨리게 하였다. 나는 그것을 유감스럽게 여기고 있다. 페슈[155]는 나의 뜻을 이해하지 못했다. 그는 프랑스에 있어서 진짜 종교의 적들이 되는 교황지상권론자들을 옹호했던 것이다. 그대가 프랑스로 돌아가도록 허용이 된다면, 그대는 나에 대한 추억에 충실한 수많은 사람들을 아직도 만날 수 있을 것이다. 그들이 나를 위해 세울 수 있는 가장 훌륭한 기념비는, 내가

---

155) 나폴레옹의 외삼촌으로 추기경이었음(1763~1839).

▶ 세인트헬레나 섬의 나폴레옹 묘지 풍경.

참사원에서 제국의 행정을 위해 발언한 모든 내 생각을 하나의 집대성한 작품으로 모아 간행하는 일이고, 내가 대신들에게 한 모든 지시를 모으는 것이며, 내가 기도한 모든 사업들과 내가 프랑스와 이탈리아에 세워놓은 모든 기념물들의 목록을 작성하는 일이다. 마레, 다뤼, 몰리엥, 메르렝, 메를린, 캉바세레스 등은 그 일에 협력할 수 있다. 그것은, 내가 비뇽에게 내 대외 정책에 관해, 그리고 위에 열거한 장군들에게 내가 치른 전쟁에 관해 쓰도록 맡긴 것에 대한 보완이 될 것이다. 내가 참사원에서 이야기한 것에서, 그 당시에만 걸맞은 좋은 방책과 그 적용이 영구히 진실된 것이 될 방책을 구분하지 않으면 안 된다.

내 아들은 역사를 읽고 자주 역사를 깊이 생각하도록. 그것이야말로 유일하고 진실된 철학이다. 위대한 지휘관이 치른 전쟁에 관한 책을 읽고 그것을 깊이 생각하도록. 그것은 전쟁을 배우는 유일한 방법이다.

그러나 그대가 내 아들에게 무엇을 말해주건, 내 아들이 무엇을 배우려하건, 그 모든 것은 그에게 도움이 되지 않을 것이다. 만일 내 아들이 마음 깊은 곳에, 저 성스러운 정열, 저 선(善)에 대한 사랑을 갖고 있지 않다면. 단지 그것만이 위대한 일을 하게 하는 것이다.

아무튼 내 아들이 자신의 운명에 걸맞는 사람이 되기를 바라는 바이다.

만일 그대가 비엔나로 가게 하지 않는다면…….

최후의 마지막 말들

1821년 5월 5일 오전 5시 반

프랑스……떼뜨[156]……군대……(France……Tête……Armée……)

---

[156] 머리, 선두, 지도자.

VI
초상과 판단

단테는 자신의 영감을 어느 누구에서도 얻어 오려고 하지 않았다.
그는 자신, 오직 자신이고자 했다. 한마디로 말해서 창조하려고 했던 것이다.
그는 방대한 틀을 붙잡고는 숭고한 정신의 탁월함을 지니고 그 틀을 가득 채워 넣었다.

카이사르

　벌써 골(갈리아)족들은 전쟁의 흥분에 전율하고 있고, 봉기는 사방에서 일어나고 있었다. 기원전 52년의 겨울 동안, 그들은 집단으로 봉기를 일으켰던 것이다. 그토록 로마에 충실했던 오툉의 민중들조차도 전투에 가담을 했다. 로마의 질곡은 골족들에겐 지긋지긋한 것이었다. 카이사르는 로마의 프로방스[157]로 돌아가든가 알프스 산맥을 다시 넘든가 하라는 충고를 받았다. 그는 그 두 가지 중 어느 것도 택하지 않았다. 그는 당시 열 개의 군단을 갖고 있었다. 그는 루아르 강을 건넌 다음 한겨울에 부르주를 포위 공격하여, 베르셍제토릭스의 군대가 보는 앞에서 그 도시를 점령한 다음, 클레르몽을 공략하였다. 그는 그 싸움에서 실패하였다. 그리하여 그의 보급 기지인 느베르에 있는 인질, 저장품, 군마들을 잃었던 것이다. 그 모든 것을 오툉의 민중들이 탈취해갔다. 그의 입장만큼 더 위태로운 것이 없어보였다. 그의 부관 라비에누스는 파리의 민중들로부터 위협받고 있었다. 그는 라비에누스를 불러들이고 군대를 합친 다음 골족 군대가 틀어박혀 있는 알리즈를 포위 공략했다. 그는 50일이나 걸려서 보루선과 포위 참호선들을 강화시켰다. 골족들은 자기네가 방금 잃은 군대보다도 숫자가 더

---

157) 갈리아에 있는 로마 최초의 식민지. 오늘날 프로방스 지방.

▶ 줄리어스 카이사르(Caesar, Gaius Julius, BC 100.~ BC 44.).

많은 새로운 군대를 소집하였다. 랭스의 민중들만이 로마에 충실하게 남아 있었다. 골족들이 포위 공격을 풀기 위해 나타났다. 그러자 그에 호응하여 주둔부대도 사흘 동안 힘을 합해, 로마군들을 그 전선에서 궤멸시키려고 애썼다. 그러나 카이사르는 모든 것을 다 물리쳤다. 알리즈는 점령되었고, 골족들은 굴복했다.

그 크나큰 전쟁을 하는 동안, 카이사르의 전군은 그의 진영 안에 있었다. 카이사르는 아무런 허점도 보이지 않았다. 그는 자신의 승리를 이용하여 오툉의 민중들의 애정을 다시 얻고, 오툉 민중들 한가운데에서 겨울을 지냈다. 비록 그 곳에서 100리외 되는 곳에 차례로 계속해서 군대를 바꿔가면서 원정대를 보냈는데도 말이다. 마침내 그는 51년에 카오르를 공략했고, 그곳에서 골족의 마지막 저항병들이 굴복했다. 골 전체는 로마의 지방이 되었다. 그들이 바치는 공물은 매년 로마의 부를 팔백만 만큼씩 증대시켜 주었다.

내란의 여러 전투에서 카이사르는 같은 방법과 같은 원칙에 따르면서 승리를 거두었다. 그렇지만 그는 더 많은 위험을 겪었다. 그는 단지 한 군단만 이끌고 루비콘 강을 건넜으며, 코르피니움에서 30개 보병대를 사로잡고, 3개월 동안에 이탈리아에서 폼페이우스를 쫓아냈다. 얼마나 대단한 신속성인가! 얼마나 대단한 민첩함인가! 얼마나 큰 대담함인가! 아드리아해를 건너 그리스에 있는 자신의 적수를 추적하기 위해 필요한 선박을 준비시키고 있는 사이 그는 알프스를 넘고 피레네 산맥을 넘었다. 그리고 자신을 호위하는 데나 충분할 900두의 기마대 선두에 서서 카탈루냐를 횡단하고 레리다의 전면에 이르렀다. 그리고 40일 동안에, 아프라니우스가 지휘하는 폼페이우스의 여러 군단을 굴복시켰다. 그는 에브르 강과 시에라모레나 산맥을 분리시키는 간격을 단숨에 가로질러 안달루시아를 평정하고 자기 부대가 막 굴복시킨 마르세유에 개선 입성을 하였다. 마침내 그는 로마에 도착하여, 그 곳에서 열흘 동안 절대적 지배를 행사하고 다시 출발하여, 안토니우스가 브렝데스에 집결시켜 놓은 12개 군단의 지휘자가 되었다.

***

카이사르의 원칙은 알렉산더 대왕과 한니발의 그 원칙들과 마찬가지의 것이었다. 즉 자신의 병력을 집결시켜 놓을 것, 어느 지점에서도 허점을 보이지 말 것, 중요한 지점에 신속하게 옮길 것, 그리고 정신적인 여러 수단, 즉 자기 군 병기의 평판이라던가, 자기가 품게 해주는 공포감이라던가, 또한 정치적인 여러 수단 등에 의존하여 동맹국이 변함없는 충성심을 지키게 하고 정복한 국민이 복종을 계속하도록 하는 것.

세인트헬레나의 이야기 - 몽토롱

타키투스

그는 로마 제국의 위대한 통일성을 이해하지 못했다. 범용한 군주나 반미치광이 군주들과 더불어서 그렇게 많은 국민들을 로마 이탈리아의 지배 밑에 있게 했던 저 통일성을 말이다. 황제들의 통치는, 국내의 노예 제도를 제외하곤 평등하고 위대한 시대였다. 그 통치는 오늘날 프랑스가 사랑하고 있는 것을 세상에 주었던 것이다. 다뉴브 강에서 에브르 강에 이르고 라인 강에서 센 강에 이르는 서양의 모든 민족들, 심지어는 글로디우스까지도 로마 국민화함으로써 인기를 얻었다. 타키투스는 민중들이 네로의 죽음을 애석해했다고 하였다. 그것은 그때엔 제도의 우수함이 인간이 저지르는 죄악보다 우세하였다는 것을 증명하는 것이다. 그렇지만 자신의 입에서 빠져나온 그 고백의 결과가 어떤 것인가에 대해서 역사가 타키투스는 생각하지 않았다. 그리고 로마 제국의 가장 위대한 인물 중의 하나인 베스파시아누스 황제에 대하여 벌이는 음험한 싸움을 계속하고 있었다. 이 모든 문제에 관해서 학교의 편견이나 살롱의 악의를 바로잡아야만 한다. 그리고 특히 청소년의 미래의 선생들을 그와 같은 편견으로부터 보호해 주어야만 한다.

동시대인의 추억-빌맹

앙리 4세

그의 생애는 불행했다. 그는 보다 더 행복하게 살아야 마땅한 사람이었다. 그는 강제로 결혼했고, 셍바르텔미[158]에서 거의 학살될 뻔했으며, 강제로 종교를 바꾸지 않으면 안 되었고, 자신을 없애려 하는 궁전에 잡혀있었다. 그는 의심 많고 규율이 없는 당파의 우두머리로, 무력에 호소하여 왕관을 쟁취하고, 음모자와 암살자들 한가운데서 통치했다. 그는 자신의 정부(情婦)들에게 배신을 당했고 괴팍한 아내 때문에 풍파를 겪었으며, 마침내는 단검에 찔려 사망했다.

나는 그의 운명과 내 운명을 비교해 본다. 즉 왕관은 그에게 속해 있었으나 그 왕관을 획득하는데 너무나 많은 힘이 들었다. 그는 훌륭하고 능숙한 군주로서 통치를 하였다. 그런데 사람들은 그를 암살하였다. 한편 나는, 옥좌에 오르게 되는 신분으로 태어나지 못했는데, 큰 고통 없이 아주 쉽게 옥좌에 올랐다. 그리고 조용히 위험 없이 그 곳에 머물 수 있었던 것은, 내가 상황의 산물이었기 때문이다. 나는 늘 상황과 함께 나아갔던 것이다.

바랑트의 회고록, 1813년

---

158) 1572년 8월 24일에 일어난 신교도 학살.

루이 14세

　루이 14세는 위대한 군주였다. 다시 말해 프랑스를 유럽의 여러 나라 중에서 제1의 지위에 올려놓은 사람이 바로 그이다. 처음으로 40만의 군대를 세우고 바다에 백 척의 군함을 보유한 사람이 바로 그였다. 그는 프랑슈 콩테, 루시용, 플랑드르를 귀속시켜 프랑스의 영토를 확장시켰다. 그는 자기 자식들 중 하나를 스페인의 왕위에 오르게 했다. 하지만 낭트 칙령의 폐지, 용기병에 의한 신교도 박해, 유니게니투스 칙령, 2억 프랑의 부채, 베르사유 궁전, 무능한 총신 마르리! 하지만 마담 드 맹트농, 빌르루와, 탈라아르, 마르셍 등등은 뭐란 말인가? 아봐! 태양까지도 오점이 있는 게 아닌지! 샤를마뉴 대제 이후 모든 면에서 루이 14세와 비유할 수 있는 프랑스 왕이 누구란 말인가?

세인트헬레나에서의 구술－몽토롱

＊＊＊

　콩데와 튀렌 사이엔 다음과 같은 차이가 있다. 콩데는 로크르아에서 스물두 살 때에 앞으로 자기 온 생애 동안 보여 줄 모습을 다 보여주었다. 그가 첫 출전한 전투에서 이룩한 것보다 더 뛰어난 적이 결코 없었다. 한편 튀렌은 끊임없이 완성시켜 나갔으며, 늘 그의 마지막 전투가 가장 능숙한 것이었다. 그것은 튀렌이 관찰력이 있는 정신을 지니고 있으며 경험을 이용할 줄 알았기 때문이다. 반면에 콩데는, 군인의 소질을 갖고 태어나서, 타고난 본성이 위치시켜 준 지점에서 딱 멈춰 있었기 때문이다.

샵탈의 회고록

프레데릭 2세

이 군주는 전쟁의 모든 규칙에 반해서 행동을 했다. 그는 오스트리아군이 그 곳에 있다는 것을 모르고 있다가, 급습을 당했다. 그는 전투 대형을 오른쪽으로 돌리지 않을 수 없었다. 이 전투에서, 그는 프라하 전투에서처럼 수에 있어선 우세하였다. 하지만 만나서 싸우는 회전에 있어서는 늘 불리했다. 장수의 위대한 기술이란 실제로는 열세에 처해있지만, 전쟁터에 임해서는 우세한 입장에 서 있는 것이다. 로렌 공은 프레데릭군과 쉔군이 서로 떨어져서 진군을 하고 있을 때 양군을 기습했어야만 했다. 40,000의 병사와 함께 프라하 안에 틀어박혀 50,000의 병사에 의해 그 곳에 봉쇄를 당하는 어리석은 짓은 생각할 수 없는 일이다! 로렌 공은 30,000의 군사와 함께 봉쇄 돌파를 했어야만 했다. 그랬으면 프레데릭은 봉쇄를 포기했었을 것이다.

프레데릭은 내 앞에선 그와 같은 작전 지휘를 하지 않았을 것이다. 로스바하에서 나는 그의 작전에서 아무런 훌륭한 점을 발견하지 못하고 있다. 그는 꽁무니를 뺐는데, 그와 같은 군사 행동을 매번 할 때마다 그렇게 하지 않으면 안 되었기 때문이다. 나는 그러한 행동에 천재적인 그 무엇이 있다고 전혀 보지 않는다. 그가 자신의 모든 병력을 갖고 적의 종대의 정면으로 접근을 했는데, 그보다는 적의 종대의 왼쪽 측면으로 임했었더라면, 그는 위대한 장군이 되었을 것이다. 그 왼쪽 측면으로의 습격은 바로 오스텔리츠에서 내가 실행을 한 것이다. 만일 러시아군의 측면을 습격하는 대신, 프리앙[159]이 있었던 곳으로 내가 꽁무니를 뺐었더라면, 나는 프레데릭을 모방하는 것이 되었을 것이다.

…… 프레데릭에게서 가장 두드러진 것은 그의 훌륭한 용병술이 아니라 그의 대담함이다. 그는 내가 감히 시도해 본적이 없는 것을 실행하였다. 즉 그는 작전 선에서 벗어나 자주 아무 전술 지식이 없는 것처럼 행동을 하였다. 그는 전투 초기엔 늘 수적으로 우세하였으나, 전쟁터에서는 한결같이 열세가 되었다. 그의 부대들은 완전했으며, 그의 기병은 훌륭했다. 우리의 훌륭한 흉갑기병에 아무도 버티지 못하듯, 그의 부대와 기병에 아무

---

[159] 나폴레옹의 예하 장군.

도 버티지 못했다. 그는, 이를테면 전투 중에 자신의 군대를 손아귀에 넣고 있어야 한다는 것을 잘 알고 있었다.

세인트헬레나에서의 구술-구르고

바라스

프로방스의 훌륭한 집안에서 태어난 바라스는 일-드-프랑스 연대의 장교였다. 대혁명 당시, 그는 바르 지방에서 국민의회의 의원으로 임명되었다. 허나 그는 의회 연단에서 활동하는 재능은 하나도 없었고, 의회에서 일하는 습관도 전혀 없는 사람이었다. 9월 31일 후에, 그는 프레롱과 함께 이탈리아 원정군과 내란의 중심지였던 프로방스의 국민의회 위원으로 임명되었다. 파리로 돌아오자, 그는 테르미도르 파(派)에 투신하였다. 로베스피에르에게 위협을 받자 그는, 탈리엥과 당통파의 모든 잔당들과 함께 '테르미도르 9일[160]'을 일으켰다. 위기의 순간에 국민의회는 로베스피에르를 위해 반란을 일으킨 코뮌을 진압시키라는 명령을 그에게 내렸고 그는 그렇게 하는 데 성공했다.

그와 같은 사건으로 인해 그는 대단한 명성을 얻게 되었다. 로베스피에르 몰락 후에 모든 테르미도리엥은 프랑스의 열렬한

| [160] 1794년 7월 27일 반(反) 로베스피에르 파의 쿠데타가 성공한 날.

애국자들이 되었다.

　방데미에르 12일[161]에 위기에 처하자, 국내군(國內軍)의 곁에 있는 세 명의 국민의회 위원을 급히 해고하고 국민의회 위원의 권한과 국내군 병력의 지휘권을 그 한 사람에게 몰아 갖게 하려고 구상했다. 그러나 상황은 그가 감당하기에 너무나 중대한 것이었고, 그것은 그의 능력을 뛰어넘는 것이었다. 바라스는 여태껏 전쟁을 해본 적이 없었고 단지 대위로 복무한 것이 전부였으며 그는 군을 떠난 처지였다. 그는 아무런 군사 지식도 없었던 것이다.

　테르미도르와 방데미에르 사건들은 그를 5집정관 정부의 자리에 오르게 했다. 다시 말해 그는 그와 같은 자리에 필요한 자질을 전혀 갖고 있지 못했던 것이다. 그러나 그는 그를 알고 있는 사람들이 그에게서 기대했던 것 이상의 일을 했다.

　그는 자기 집을 화려하게 가꾸었다. 그는 사냥할 때 수행하는 하인들을 부리었고, 또한 엄청난 돈을 썼다. 브뤼메르 18일[162]에 5집정관 정부에서 물러났을 때에도 그에겐 여전히 큰 재산이 남아있었다. 그는 그것을 숨기지 않았다. 그 재산은 국가 재정을 문란케 하는데 영향을 미칠 성질의 것은 아니었지만, 그가 돈을 벌어들인 방법은 납품업자들에게 편의를 주어서 공공의 도덕을

---

161) 1795년 공화력 1월에 봉기가 일어나 국민의회가 포위되었는데 보나파르트와 뮈라의 도움으로 질서가 회복되었음.
162) 1799년 나폴레옹이 일으킨 쿠데타.

초상과 판단

문란케 하였다.

바라스는 키가 매우 큰 사람이었다. 그는 때때로 큰 소동이 일어난 순간에 이야기를 했는데, 그럴 때엔 그의 목소리가 방 안을 덮었다. 그의 정신적 능력은 몇 개의 문구 넘어 그 이상의 것을 말하는 것을 그에게 허용치 않았다. 그는 정열적으로 말을 했는데, 그것은 그를 단호한 사람으로 생각되게 했다. 그러나 실은 전혀 그렇지 못했다. 그는 공공 행정의 어떤 부서에서도 아무런 의견을 내지 못하고 있었다.

프뤽티도르[163]에 그는 뢰벨 그리고 라 레베이예르-르포와 함께 다수파를 형성하고 카르노와 바르텔미에 대항을 했다. 그 날 이후 겉으로는 그가 5집정관 정부의 제일 중요한 인물로 보였다. 그러나 실제로는, 국사에 진짜로 영향을 미치는 사람은 바로 뢰벨이었다. 바라스는 공공연하게 나폴레옹의 열렬한 친구로서의 역할을 지속하였다. 프레리알 30일[164]에 그는 능란하게도 의회의 지배적인 우세파와 화해하고서는 자기 동료들의 불행을 함께 나누지 않았다.

세인트헬레나의 이야기 - 라스카즈

---

163) 집정관정부의 쿠데타. 바하스, 레베이예르-르포, 괴벨 등이 일으켰음. 1797년 9월 4일.
164) 과격 공화파의 봉기. 1795년 5월 20일.

라 레베이예르-르포

라 레베이예르-르포는 앙제 출신으로 철저한 소시민으로서, 작고 곱사등이며 외모가 상상할 수 있는 범위에서 가장 불쾌감을 주는 모습을 지닌 사람이었다. 즉 진짜 이솝 그대로의 모습이었다. 그는 글은 웬만큼 썼다. 그러나 그의 정신은 폭이 없는 것이었다. 그는 국사를 다루는 데 익숙하지 못했고, 인간들에 대한 지식도 없었다. 그는 때에 따라 번갈아가면서 카르노와 뢰벨에게 지배를 받았다. 식물원과 그가 그 창시조가 되고자 미쳐 있었던 경신박애교(敬神博愛敎)[165]가 그의 모든 일을 차지하고 있었다. 그러나 그는 열렬한 애국자였고, 정직한 사람이었으며, 청렴하고 유식한 시민이었다. 그는 가난한 사람으로 5집정관 정부에 들어갔으며 거기에서 나올 때도 가난한 사람으로 나왔다. 천성은 그에게 오직 하급 행정관의 자질만을 부여해 주었을 따름이다.

세인트헬레나의 이야기- 라스카즈

---

[165] 프랑스 대혁명 시 기독교 대신 일어난 이신론(理神論)적인 종파.

카르노

 카르노는 아주 젊어서 공병대에 들어갔다. 그는 부대에서 몽타-랑베르의 방법을 지지하였다. 그는 친구들 사이에서 괴짜로 통했다. 그가 열렬히 지지한 혁명 당시, 그는 생 루이 훈장을 받았다. 그는 국민의회 의원으로 임명이 되었고, 로베스피에르, 바레르, 쿠통, 생쥐스트, 비요-바렌, 콜로 데르브와 등과 함께 공안위원회 위원으로 임명되었다. 그는 귀족들에게 적대하여 늘 대단히 흥분했다. 그것은 로베스피에르와 그가 여러 번의 기묘한 싸움을 하게 하였다. 로베스피에르는 마지막 시기에 굉장히 많은 수의 귀족들을 보호해 주었다. 그는 부지런한 사람이었고, 자신이 하는 모든 일에 진지했으며, 음모를 꾀하지 않았으나 속이기 쉬운 사람이었다. 그는 모뵈즈 봉쇄 해제 시에 국민의회의 위원으로서, 주르당 곁에 있었다. 그는 거기에서 중요한 일들을 해주었다. 공안위원회에서 그는 전쟁의 작전을 지도했는데 유익하기는 했으나 그가 사람들에게서 받은 찬사에 걸맞은 일을 한 것은 아니었다. 그는 전쟁의 경험을 전혀 가져보지 못했기 때문이다. 그의 생각은 전술의 모든 측면에서 봤을 때 잘못된 것들이었다. 공격과 장소의 방어에 관한 것이나 그가 어린 시절부터 공부해 온 방어공사의 원리에서조차도 잘못 생각을 하고 있었다. …… 그는 정신적인 용기를 보여 주었다. 테르미도르 후에 국민의회가 그만을 제외하고 공안위원회의 위원 전부를 체포했을 때, 그는 그 위원들과 운명을 같이하려고 했다. 여론은 공안위원회에 대하여 빗발치듯 맹렬하게 비난을 퍼부었고, 그가 같이 협력했던 콜로 데르브와와 비요-바렌은 사실로 끔찍한 인간들이었던 만큼, 그의 행위는 더 한층 고귀한 것이 되었다. 그는 방데미에르 후에 5집정관 정부의 일원으로 임명되었다. 그러나 테르미도르 9일 이후, 사형 집행장 위에 흘린 모든 피를 공안위원회의 탓으로 돌리는 여론의 비난 때문에 그는 마음이 몹시 괴로웠다. 그는 환심을 살 필요가 있다고 느꼈다. 그래서 그는 국외자 당파의 선동자들에게 이끌리었다. 그러자 그는 격찬을 받았다. 그러나 그는 프랑스의 적들로부터 칭찬을 받을 만한 가치는 없었다. 그는 허울뿐인 자리에 놓여 있었고, 프뤽티도르 18일에 패배했다. 뒤에 그는 제1집정(나폴레옹)에 의해 부름을 받고 육군 장관에 임명이 되었다. 그는 그 장관직에서 별로 재능을 보이지 못했고, 재무장관이며 국고 책임자인 뒤프렌느와 많은 말다툼을 했는데 대개의 경우 그가 옳지 못했다. 돈이 없어 더 이상 해나갈 수 없다는 것을 알고, 마침내 그는 장관직에서 물러났다. 법제심의의원 위원이 된 그는 제정(帝政)에 반대하여 투표하고 제정에 반대하는 발언도 하였다. 그러나 그가 지닌 언제나 올바른 행동거지는 정부에게 전혀 의혹을 품게 하지 않았다. 황제는 그에게 이만 프랑의 퇴직 연금을 하사했다. 제반

사가 순조롭게 되어가고 있는 동안, 그는 아무 말도 하지 않고 자기 서재에 머물러 있었다. 그러나 러시아 원정 후, 프랑스가 불운에 처했을 때, 그는 봉사를 할 수 있게 해달라고 청했다. 그래서 앙베르 시를 그에게 맡기었다. 그는 그곳에서 처신을 아주 잘했다.

세인트헬레나에서의 구술 – 몽토롱

오슈 장군

오슈 장군은, 상브르-에-뫼즈의 군을 지휘하고 있었는데, 그 임무 중 갑자기 마인츠에서 사망하였다. 많은 사람들이 그가 독살을 당했다고 믿고 있는데, 그것은 근거가 없는 것이다. 이 젊은 장군은 1794년 비상부르크 전선에서 두각을 나타내었다. 그는 1795년에 방데 지방에서 그 재능을 보여주었다. 그는 방데 지방을 일시적으로 평정한다는 영광을 차지했다. 열광적인 애국심을 지녔고, 열렬한 성격, 놀랄 만한 용맹성, 활동적이고 끊임없는 야심을 지녔던 그는 사건을 기다릴 줄 몰랐다. 그리하여 시기상조인 계획을 꾀하다가 자신의 몸을 위태롭게 하였다. 프뤽티도르 18일에 자신의 부대를 파리로 진군시킴으로써 그는 헌법의 범위를 침해하였다. 그리하여 참사원에선 그의 죄상을 조사하였다. 그는 아일랜드 원정을 해보려고 시도했다. 그러나 아무도 그 원정이 이룩되게 해주려는 사람이 없었다. 그는 기회가 될 때마다 나폴레옹에 대한 애착심을 보여주었다.

세인트헬레나에서의 구술-몽토롱

주베르

엥 지방(옛 브레스 지방)에서 태어난 주베르는 변호사가 되려고 공부를 하였다. 그러나 프랑스 대혁명은 그가 군인이 되게 하였다. 그는 이탈리아 원정군에 복무를 하여 거기에서 여단장이 되고 이어 사단장이 되었다. 그는 키가 크고 야윈 사람으로 천성적으로 약한 체질을 지닌 사람 같았다. 그러나 그는 고된 일과 군 야영, 산악전 등을 하는 속에서 체격을 단련하였다. 그는 대담했고, 주의를 게을리하지 않았으며, 활동적이었다. 그는 1796년 11월에 보브와의 후임으로 사단장이 되었고 티롤 군단의 지휘를 맡았다. 그가 독일 전선에서 수훈을 이룩하는 것을 보게 되리라. 그는 나폴레옹에게 아주 충실했었다. 그리하여 나폴레옹은 1797년 11월에 그에게 이탈리아 원정군의 군기를 5집정관 정부에 갖다 주는 임무를 맡기었다. 1799년에는 파리의 음모에 투신하였다. 그리고 이어 모로 장군의 패전 뒤에 이탈리아 원정군의 사령관으로 임명되었다. 그러자 스몽빌 상원의원의 딸과 결혼을 했다. 그는 노비 전투에서 영광스럽게 전사하였다. 그는 아직 젊어서, 필요한 모든 경험을 얻어놓지 못한 터였다. 그러나 대단한 군사적 명성을 떨치도록 태어난 사람이다.

세인트헬레나에서의 구술 - 몽토롱

마세나

마세나는 니스에서 출생하여, 르와얄-이탈리엥 연대에 들어가 프랑스에 봉사하게 되었다. 프랑스 대혁명 당시 그는 장교였다. 그는 빨리 승진하였다. 그리고 이어 사단장이 되었다. 이탈리아 원정군에서, 지휘 장군들인 뒤고미에, 뒤모르비용, 켈레르만 그리고 쉐레르 밑에서 복무했다. 그는 체격이 강건해서 암석 사이와 산속에서 밤낮으로 말을 타고도 지칠 줄을 몰랐다. 그가 특히 정통했던 것은 바로 전쟁이었다. 그는 단호했고, 용감했으며, 대담했고 야심에 가득찼으며 또한 자존심이 강했다. 그의 성격상의 두드러진 특징은 집요함이었다. 그는 결코 낙담하는 일이 없었다. 그러나 그는 규율을 소홀히 했고, 행정을 잘 살피지 못했다. 그 때문에 병사들에게서 사랑을 받지 못하였다. 그는 공격의 준비를 아주 서투르게 하곤 했다. 그의 말솜씨는 그리 훌미롭지 못했다. 그러나 첫 대포 소리가 나면, 포탄과 위험의 한가운데에서 그의 사고는 힘과 명석함을 동시에 얻게 되는 것이다. 싸움에 패하여도, 그는 마치 승리자인 것처럼 다시 싸움을 시작했던 것이다.

세인트헬레나의 이야기-몽토롱

오즈로

오즈로는 포부르 생 마르소의 출신으로, 프랑스 대혁명 시에 중사였다. 나폴리 부대를 교육시키기 위해 나폴리로 선발되어 갔으니 탁월한 하사관이었음에 틀림없다. 그는 처음엔 방데 지방에서 복무를 하였다. 피레네 오리앙탈 군에서 장군이 되어, 거기에서 중요한 사단 하나를 맡아 지휘하였다. 스페인과 평화조약이 이뤄지자, 그는 자신의 사단을 이탈리아 원정군에 이끌고 왔다. 그리고 거기서 나폴레옹 휘하에서 모든 전쟁을 치렀다. 나폴레옹은 프뤽티도르 18일을 위해 그를 파리로 보냈다. 이어 5집정관 정부는 그를 라인 강 연안군의 총사령관으로 임명했다. 그는 처신을 바르게 할 능력이 없었다. 교육도 받지 못했고, 정신적 폭도 없었고, 교양도 없었던 것이다. 그러나 그는 병사들에게선 그들 사이에 질서와 규율을 유지시켜 사랑을 받았다. 그의 공격들은 규칙적이었고 질서 있게 이루어졌다. 그는 자기 부대의 종대를 잘 구분하고, 그 예비 부대를 잘 배치하고 대담하게 싸웠던 것이다. 그러나 그 모든 것은 하루밖에 지속되지 못했다. 승자가 되었건 패자가 되었건 저녁에는 너무 자주 기력을 잃고 말았다. 그것은 그의 성격 탓인지 또는 그의 정신이 안고 있는 예측 부족과 통찰력 부족 때문인지 몰랐다. 그의 정치적 의견은 바뵈프[166]당인, 가장 과격한 무정부주의자들의 당에 그를 연결시켜 놓았다. 그는 그와 같은 수많은 무정부주의자들의 무리에 둘러싸여 있었다. 그는 1798년 제정 입법원(帝政 立法院)에 의원으로 임명되었고, 술책을 부리는 음모에 개입하였지만 흔히는 거기에서 웃음거리가 되었다. 그 당파에 속해 있는 사람들이 교육을 받지 못한 사람들은 아니었다. 따라서 그가 끼어들기를 좋아하는 정치적 토론이나 민사 사건 등에 있어서 그보다 적절치 못한 사람은 아무도 없었다. 그는 제정시대에 카스틸리오네 공작이 되었고 프랑스의 원수(元帥)가 되었다.

세인트헬레나에서의 구술-몽토롱

---

[166] 프랑스 대혁명 때의 혁명주의자로 토지의 공유화를 주장했음(1760~1797).

단테

 단테, 내 생각으론 그는 근대의 제일가는 천재이다. 단테는 깊은 밤 한 가운데서 온갖 광채로 빛을 내는 태양이다. 그에게 있는 모든 것은 비범한 것이다. 특히 그가 지닌 독창성은 그에게 특수한 위치를 부여해 준다. 아리오스트[167]는 기사 소설과 고대 시들을 모방하였다. 타스[168] 또한 그와 같았다. 단테는 자신의 영감을 어느 누구에서도 얻어 오려고 하지 않았다. 그는 자신, 오직 자신이고자 했다. 한마디로 말해서 창조하려고 했던 것이다. 그는 방대한 틀을 붙잡고는 숭고한 정신의 탁월함을 지니고 그 틀을 가득 채워 넣었다. 그는 다양하고 특출하며 우아하다. 그는 재치가 있고 열의가 있으며 사람의 마음을 이끄는 힘을 갖고 있다. 그는 독자가 전율하지 않을 수 없게 하고, 눈물을 흘리지 않을 수 없게 하며, 예술의 극치가 되는 경의를 느끼지 않을 수 없게 하는 것이다. 엄격하고 위대한 그는 범죄에 대해선 가차 없는 저주를 하고 악덕함에 대하여 규탄을 하며, 불행에 대해선 애석해 하는 것이다. 공화국의 법률에 의해 추방된 시민인 그는 압제자들에 대하여 공격을 했지만 자신이 태어난 도시를 관대하게

---

167) 이탈리아 시인(1474~1533).
168) 이탈리아 시인(1544~1595).

보았다. 피렌체는 언제나, 자신이 태어난 그리운 고향이며, 마음속에 정다운 곳으로 남아 있는 것이다. 나는 사랑하는 프랑스를 위해 시샘을 한다. 프랑스가 단테와 견줄 수 있는 인물을 만들어 내지 못한 것에 대해서 말이다.

세인트헬레나의 이야기 – 라스카즈

라 퐁텐[169]

나는 라 퐁텐의 우화를 이해 못하는 아이들에게 그의 우화를 주는 것에 찬성을 하지 않는다. 「이리와 어린 양」이라는 우화 속에는 아이러니가 너무 많아서 어린이들의 능력으로는 이해하지 못한다. 게다가 그 원칙과 전개에 있어서 그 우화는 과오를 범하고 있다. 예컨대 가장 힘이 센 사람의 논리가 항상 최상의 논리라는 것은 잘못된 것이다. 실제로 그런 일이 일어나면 그것이야말로 단죄해야 할 악이요 남용인 것이다. 따라서 어린 양을 우적우적 씹어 먹다가 이리가 숨이 막혔어야 됐던 것이다.

세인트헬레나의 이야기 – 라스카즈

---

[169] 프랑스의 시인. 『우화집』이 유명하다(1621~1695).

보쉬에[170]

운 좋게 보쉬에를 만나, 그가 「세계사론」에서 일련의 제국들의 역사를 그리면서 알렉산더 대왕의 정복에 대해 훌륭하게 이야기하고, 파르살[171]에서 승리를 한 후 한 순간에 온 세계의 패자의 모습으로 등장한 카이사르에 대하여 이야기한 것을 읽은 날, 나에겐 신전의 장막이 위에서 아래로 찢기고 신들이 걸어 나오는 것 같은 생각이 들었다. 그때 이후, 그 환영은 이탈리아에서, 이집트에서, 시리아에서, 독일에서, 나의 가장 역사적인 전투의 날에 나에게서 떠나지를 않았던 것이다. 그리고 나의 운명이 내 앞에서 크게 펼쳐짐에 따라서, 그의 사상은 더 한층 명백하게 내 머리에 다시 떠오르곤 했다.

동시대의 추억-빌맹

역사

내가 이해하는 바의 역사란, 개인과 국민들의 모습을 그들이

---

170) 프랑스의 고위 성직자이며 작가(1627~1704).
171) 그리스의 땅, 카이사르가 그 곳에서 폼페이우스를 패퇴시켰음(기원전 48년).

자기 시대의 한가운데에서 나타날 수 있었던 모습 그대로 포착하지 않으면 안 되는 것이다. 그들의 행동에 필연적으로 큰 영향을 미쳤을 것임에 틀림없는 외부적 상황을 고려해 넣어야만 하고, 그 영향이 어떤 한계 속에서 발휘되었는가를 분명하게 보아야만 하는 것이다. 로마의 황제들은 타키투스가 우리에게 묘사해보인 것처럼 그렇게 악한 사람들은 아니었다. 따라서 나는 타키투스보다는 몽테스키외를 훨씬 더 좋아한다. 즉 그는 더 한층 올바르고, 그의 비판은 더 한층 진실에 부합하는 것이다.

세인트헬레나의 이야기-라스카즈

비극

코르네이유가 쓴 것과 같은 격조 높고 숭고한 비극을 나는 좋아한다. 위인들이 그러한 비극 속에선 역사에서보다 더 진실되기 때문이다. 즉 그러한 비극에선 위인들을 발전시켜주는 위기들 속에서만, 최고의 결정을 하는 순간들에서만, 그들을 보여주는 것으로서, 역사가들이 우리에게 흔히 그릇되게 주는 세목과 추측의 그 모든 예비 작업에 우리가 지나치게 부담을 지니지 않는 것이다. 그것은 영광에도 그만큼 득이 되는 것으로서, 그것은 인간들 속에는 많은 비참함이 있고, 불안정이, 의혹들이 있는 것이지만 그러한 모든 것은 영웅 속에선 사라져 버려야 하는 것이기 때문이다. 비극의 주인공은 기념비적인 조상(彫像)으로 거기에는 육체의 결함이나 떨림과 같은 것이 더 이상 눈에 띄지 않는다. 그것은 벤베누토 첼리니[172]의 「페르세우스」, 거기에는 격노한 예술가가 그 청동의 반신(半神)상을 만들어 내기 위해, 그 비등하는 세계 속에 값싼 납과 주석 접시들을 던져 버렸는데, 아무도 그와 같은 것들이 거기에 들어갔다고는 결코 생각할 수 없는 그 단정하고 숭고한 군상인 그 페르세우스와 같은 것이다.

그처럼 몇몇 사람들을 위대하게 해준 것에 대하여, 아니 그보다는 그들에게 죽음을 면할 수 없는 육신 속에서 숭고한 인간의 진짜 스케일을 갖게 해 준 비극에 대하여 나는 감사한다. 우리나라의 시인들이 근대의 영웅들에게 그렇게 해 줄 것을 나는 자주 절실하게 원했다. 왜 그렇게 안 되는가? 카이사르 이후 천재가 없는 것은 아닌데 말이다.

회상록-마담 드 레뮈자

---

[172] 벤베누토 첼리니는 이탈리아의 금·은 세공사 및 조각가로서 「페르세우스」는 그의 대표작이다(1500~1571).

▶ 샤토브리앙(Franois-Ren de Chateaubriand, 1768~1848년)의 초상화. 샤토브리앙은 나폴레옹의 정치적 비판자였지만, 문인 기질이 흐르고 있던 나폴레옹은 그의 문학적 재능을 높이 샀다.

샤토브리앙

　만약 1814년과 1815년에, 너무나 강렬했던 상황 때문에 넋이 쇠약해져 있던 사람들이나, 조국을 배반하고 자기네 주인의 왕좌가 신성동맹(神聖同盟)의 멍에 속에서만 오직 그 구원과 영광이 있을 것이라고 보고 있었던 사람들에게 왕의 신뢰가 주어지지 않았다면, 만약, 외국군의 총검으로부터 자기 나라를 해방시키는 것이 그 야망이었던 리슐리외 공, 그리고 가앙에서 결출한 공적을 막 세운바 있는 샤토브리앙, 그 두 사람이 국사 처리의 지도를 맡았었다면, 프랑스는 그 두 크나큰 국가적 위기에서 벗어나 강력하고 두려움을 주는 국가가 되었을 것이다. 샤토브리앙은 천성적으로 성스런 열정을 지닌 사람으로 태어났다. 그의 작품들은 그와 같은 사실을 증명하고 있다. 그의 문체는 라신의 문체가 아니다. 그것은 바로 예언자의 문체인 것이다. 상원의 연단에서 다음과 같은 말을 벌 받지 않고 말 할 수 있었던 것은 이 세상에 그 사람밖에 없는 것이다. "나폴레옹의 회색 외투와 모자가 브레스트 해안에서 한 막대기 위에 걸쳐진다면, 유럽은 무기를 들고 일어날 것이다." 만일 국정을 다스리면, 샤토브리앙은 착오를 저지를 수 있을 것이다. 그와 같은 지위에서 파멸을 한 사람이 수없이 많다! 그러나 확실한 것은 모든 위대하고 국민적인 모든 것은 그의 천분에 걸맞은 것임에 틀림이 없다는 것이며, 그리고 그였다면 당시 행정의 저 수치스런 행위들에 분개해서 물리쳤을 것이라는 것이다.

세인트헬레나의 이야기 - 몽토롱

마담 드 스탈

요컨대, 마담 드 스탈은 아주 대단한 재능을 가진, 퍽 탁월한, 재치가 많은 여자이다. 따라서 그 여자는 후세에 길이 남을 사람이다. 만일 그녀가 나를 헐뜯는 대신, 내 편이 되어 나를 택하였더라면, 내가 얻는 것이 있었을런지도 모른다는 것은 틀림없는 사실이다.

세인트헬레나의 이야기 - 라스카즈

VII

자신에 관하여

"나의 생애는 얼마나 놀라운 소설인가!"

***

　삶 속에 던져진 인간은 다음과 같이 자문을 한다. 나는 어디서 온 것일까? 나는 누구인가? 나는 어디로 가는 것일까? 그것들은 모두가 신비스런 질문으로 우리를 종교에로 서둘러 가게 하는 것이다. 우리는 종교를 마중하러 뛰어간다. 우리의 타고난 성향이 우리를 종교에로 가게 하는 것이다. 그러나 교육이라는 것이 닥쳐와서 우리를 멈추게 한다. 즉 교육과 역사, 바로 그것들이야말로 진짜 종교의 큰 적들인 것이다. 진짜 종교는 인간의 불완전함에 의해 왜곡되는 것이다. 사람이 신을 믿는 것은 모든 것이 우리 주위에서 신을 분명히 보여주고 있기 때문이고 또한 가장 위대한 정신을 지닌 사람들이 신을 믿고 있기 때문이다. 믿는 것이 그의 직무였던 보쉬에뿐만 아니라, 믿을 필요가 없었던 뉴턴이나 라이프니츠까지도 신을 믿었던 것이다. 그러나 우리에게 가르침을 주는 교리에 대해 어떻게 생각해야 할지 모르겠다. 그리하여 우리는, 자기를 만들어 낸 시계 제조업자를 모르고 움직이는 회중시계와 같은 처지가 되고 마는 것이다. 나는 믿을 필요가 있어서 믿었다. 그러나 내가 사리를 알게 되자마자, 이치를 따지기 시작하자마자, 나의 믿음은 장애에 부딪히고 불확실해졌다. 그것은 열세 살이라는 아주 이른 나이에 나에게 일어났던 일이다. 아마 나는 맹목적으로 또 다시 믿게 될지 모른다. 제발 그렇게 되기를 바란다! 나는 확실히 그 신앙을 거역하지 않을 것이다. 믿게 되면 더 이상 바랄 게 없을 테니까. 신앙은 참되고 큰 행복임이 틀림없다고 나는 생각한다.

***

군인, 나는 군인이다. 그것은 내가 태어나면서 받은 특수한 재능으로 말미암은 것이다. 그것은 나의 생활이며, 그것은 나의 습관인 것이다. 내가 간 어디에서건 나는 지휘를 했다. 나는 스물세 살 때 툴롱 포위 공격을 지휘했다. 방데미에르 사건 때는 파리에서 지휘를 했다. 내가 이탈리아에 부임하여 그 곳에 나타나자마자, 병사들을 열광케 하였다. 나는 그러한 것을 위해 태어난 사람이다.

***

하나의 뛰어난 힘이, 나도 모르는 하나의 목적을 향해 가도록, 나를 민다. 나는 그 목적을 달성하지 않는 한 손상되지 않을 것이며, 흔들리지 않을 것이다. 내가 그 목적에 더 이상 필요치 않게 되면, 즉시 한 마리의 파리도 나를 충분히 쓰러트릴 수 있을 것이다.

＊＊＊

나는 단지 2년 뒤만을 생각하고 살았을 뿐이다.

＊＊＊

 태어날 때부터 나에겐 크나큰 역경들이 예측되어 있었던 것으로 생각한다. 그러나 그 역경들을 만났어도 내 영혼은 대리석과 같이 단단한 것이었다. 벼락도 영혼 속에 파고들어 내려치지 못하고, 그 위로 미끄러져 빠져 나가지 않을 수 없었던 것이다.

＊＊＊

 나는 아주 기묘한 성격의 인간임에 틀림없다. 만일 예외적인 성질을 갖지 않는다면 비범한 사람이 될 수 없을 것이다. 나는 공간 속에 던져진 작은 한 조각의 돌인 것이다.

＊＊＊

 1813년부터 바로, 결정적인 시간이 다가오는 것을 나는 분명하게 보고 있었다. 내 운명의 별이 빛을 잃어가고 있었다. 고

▶ **앙티브 감옥에 유폐 중인 나폴레옹.** 1794년 공안위원장 로베스피에르가 테르미도르의 반동으로 실각하여 처형되자 로베스피에르의 남동생 오귀스탕과 연줄이 있었던 나폴레옹은 쟈코뱅주의의 혐의로 감옥에 갇히고 말았다. 그러나 나폴레옹은 그의 능력을 인정받아 14일만에 석방된다.

뼈가 내 손에서 빠져 나가는 것을 느끼고 있었다. 그러나 나는 그것을 어떻게 할 수가 없었다. 벼락의 일격만이 오직 우리를 구할 수 있었다. 배반이 우리들 사이에 슬그머니 자리 잡기 시작했다. 피로와 낙담이 수많은 사람들에게 번지고 있었다. 내 보좌관들은 무기력하고 서투르며 어설퍼졌으며 따라서 그들은 불행해졌다. …… 나는 그들에게 너무나 많은 명예와 부귀를 듬뿍 안겨 주었던 것이다. 그들은 향락의 잔을 마셨고, 이젠 휴식만을 원했던 것이다. 그들은 어떤 값을 치르더라도 그 휴식을 얻으려 했을 것이다. 성스러운 불은 꺼져 버리고 있었다. 그들은 루이 15세의 원수(元帥)들이기를 바라는 듯 보였다.

***

운명이란 어떤 것인가를 보도록! 나는 아르시 쉬르 오브 전투에서 조국의 땅을 지키기 위해 결사적으로 쟁탈전을 벌이면서 영광스런 전사를 하려고 내가 할 수 있는 모든 일을 다 했다. 나는 조심하지 않고 가차 없이 내 몸을 위험 속에 던졌다. 총탄은 내 주위에 비 오듯 떨어졌고, 내 군복은 그 총탄에 구멍투성이가 되었으나, 그 총탄의 어느 하나도 내 몸에 미치지 못하였다. 단지 내 절망 때문에 맞게 될 죽음은 하나의 비굴한 짓이 될 것이다. 자살은 내 원칙에 걸맞지 않는 것이다. 그리고 세계 무대에서 내가 차지해 온 지위에도 걸맞지 않는다. 나는 어쩔 수 없이 살아야만 되는 인간이다.

***

나는 배반을 당했다기보다는 버림을 받은 것이다. 내 둘레에는 배신 행위보다는 나약함이 더 많았던 것이다. 그것은 예수를 모른다고 부인한 성 베드로의 배신과 마찬가지이다. 나를 버린 자들은 후회를 하고 눈물을 흘리며 안으로 들어오지 못하고 문 밖에 있는 것이다. 그것과는 별도로, 누가 역사상 나보다 더 많은 지지자들과 친구들을 가졌단 말인가? 누가 나 보다 더 인기가 있고 나보다 더 사랑을 받았던가? 누가 나보다 더 열렬하고 더 생생한 애석함을 갖게 했던가? …… 프랑스를 보라. 내가 있는 바위 위 이곳 세인트헬레나에서 나는 아직도 프랑스를 다스리고 있다고 사람들은 말하고 싶어 하지 않나? 나의 동맹자였던 왕들과 제후들은 힘이 다할 때까지 나에게 충실하였다. 그들은 집단을 이룬 민중들에 의해 탈취를 당했다. 내 둘레에 있던 내 편 사람들은 거스를 수 없는 회오리바람 속에서 완전히 얼이 빠져 말려들었던 것이다. …… 아니야. 인간성은 더 한층 추악한 모습을 보일 수도, 나는 더 한층 측은한 인간이 될 수도 있는 것이다.

＊＊＊

나는 여기서 죽든가 아니면 프랑스가 나를 찾으러 오든가 해야만 한다. 만일 예수그리스도가 십자가에서 죽지 않았다면, 그는 하느님이 되지 못했을 것이다.

＊＊＊

지상의 평온함을 위해 루소나 내가 태어나 살지 않았던 편이 더 좋지 않았을는지 어떤지는 미래가 가르쳐 줄 것이다.

＊＊＊

그렇지만 나의 생애는 얼마나 놀라운 소설인가!

VIII

전쟁에 관하여

전쟁에선, 많은 인간이란 아무것도 아니다.
바로 한 인간이 전부인 것이다.

***

전쟁은 자연의 상태이다.

***

피할 수 없는 전쟁들은 언제나 정의로운 전쟁이다.

***

전쟁은 내 수중에선 무정부상태에 대한 해독제였다.

***

전쟁은 기묘한 기술이다. 나는 육십 회의 교전을 했다. 그런데 첫 번째 교전 때에 안 것 이외에 아무것도 배운 것이 없다.

***

전쟁에서의 천재란 사실 속에서 생각하는 능력을 지닌 자이다.

***

모든 공격전은 침략전쟁이다. 전술 규칙에 따라 지휘되는 모든 전쟁은 방법에 따른 전쟁이다. 작전 계획은 상황, 지휘관의 천재성, 부대의 성격, 그리고 지형에 따라 무한하게 변화하는 것이다. 작전 계획에는 좋은 계획과 나쁜 계획 두 종류가 있다. 때때로 좋은 작전 계획이 뜻밖의 상황 때문에 실패를 하며, 이따금 나쁜 작전 계획이 운명의 변덕스러움에 의해 성공을 한다.

***

군사학이란 주어진 여러 지점에 얼마의 병력을 투입하느냐에 대한 계산인 것이다.

***

전쟁에 있어선, 언제나 크나큰 패배가 있으면 크나큰 죄인이 있다는 것을 의미한다.

***

    끊임없이 전투 준비를 갖추고 있는 제일선 부대의 중요성을 못 보고, 징집병이나 국민군을 믿고 맡기는 국민은 갈리아 족의 운명을 겪게 될 것인데, 갈리아 족이 하던 것과 같은 저항심을 지니고 대치를 한다는 영광은 갖지도 못하고 말이다. 그 저항은 그 당시의 야만적인 상태가 갖다 준 결과로서, 그 상태란 숲으로 둘러싸인 지형, 늪 그리고 길 없는 습지 등과 같은 것이었다. 그것은 갈리아 땅의 정복을 어렵게 했으며 방어는 쉽게 해 주었던 것이다.

***

    하나의 전투는 그 시작과 중간과 종결이 있는 극적인 행동이다. 양쪽 군대가 취하는 전투 질서, 드디어 싸우기에 이르는 첫 움직임들은 도입부이다. 공격을 당한 군대가 하는 반대 운동은 연극의 절정을 이룬다. 그것은 새로운 조치를 취하지 않으면 안 되게 한다. 또한 위기를 끌어 들이고 그 위에서 결과 또는 결말의 대단원이 생겨나는 것이다.

***

전투의 운명은 한 순간의 결과이고, 한 생각의 결과이다. 우리는 여러 가지 책략을 갖고 서로 접근하고, 뒤섞이며, 한 동안 서로 싸운다. 그리고 결정적인 순간이 나타나면, 하나의 정신적인 불꽃이 결정을 내린다. 그렇게 되면 아주 적은 예비대로도 그 임무를 완수하는 것이다.

***

100에서 60이라는 성공의 찬스가 자기에게 있다고 계산되지 않을 때에는 전투를 해서는 안 된다. 마찬가지로 더 이상 새로운 기회를 바랄 수 없게 되었을 때 이외엔 전투를 벌여서는 안 된다. 비록 그 성질상 전투의 운이란 늘 모호한 것이긴 해도 말이다. 그러나 일단 전투를 하기로 결심이 서면, 이기든 패하든 해야만 된다. 그리고 프랑스의 독수리 군기(軍旗)는 모든 군기가 다 같이 고르게 분투를 한 뒤가 아니고서는 굴복하여 후퇴를 해서는 안 된다.

지휘에 관하여

전쟁이 어떤 것인지를 이해하려면 오랫동안 전쟁을 해 보아야 한다. 아주 사소한 사건이나 징후가 어떻게 용기를 주거나 혹은 사기를 저하시키는지를, 어떻게 하나의 작전 혹은 다른 작전을 결정하는가를 알기 위해선 수많은 공격 작전을 해 보았어야만 하는 것이다.

전쟁에선, 많은 인간이란 아무것도 아니다. 바로 한 인간이 전부인 것이다.

***

지휘의 통일은 전쟁에 있어서 가장 중요한 것이다. 두 개의 군대는 결코 같은 무대 위에 놓여서는 안 된다. 근대의 부대들도 로마인들처럼 빵이나 비스킷은 필요로 하지 않는다. 그들이 행군을 하는 동안 밀가루나 쌀이나 야채를 주도록. 그러면 그들은 고통을 받지 않을 것이다. 고대의 장군들이 자기네 양식 곳간에 대해 큰 주의를 기울이지 않았던 것으로 추측하는 것은 큰 잘못이다. 특히 카이사르의 역사적 기록을 보면, 여러 전역에서 그것에 대한 중요한 배려가 그를 얼마나 사로잡고 있는가를 알게 된다. 고대의 장군들은 양식 곳간의 노예가 되지 않는 비법을 갖고 있을 뿐만 아니라 자기네에게 보급을 하는 군수품 납품업자에게 예속되지 않는 비법을 터득하고 있었다. 그와 같은 비법은 모든 위대한 지휘관들의 비법인 것이다.

군을 지휘하는 사령관들은 자신들의 경험이나 자신들의 천재성에 의해 인도를 받는다. 전술이나, 기동이나, 기술자나 포수로서의 학문은 기하학이나 거의 마찬가지로 개론서에서 배워 익힐 수 있다. 그러나 전쟁에 있어서의 고도의 분야에 대한 지식은, 경험에 의해서나 전쟁사 또는 위대한 지휘관의 전투사 연구에 의해서만 얻어지는 것이다. 문법책에서 『일리아드』의 노래나 코르네유의 비극을 쓰는 법을 배울 수 있겠는가?

***

지휘를 할 수 있으려면 복종을 할 줄 알아야만 한다고들 말한다. 사십년 동안 복종하는 것밖에 몰랐던 자는 이젠 지휘를 할 능력이 없다고 나는 생각한다.

***

육십이 넘은 장군이 그대로 더 있어선 안 될 것이다. 그들에겐 명예로운 자리를 마련해 줘야만 할 것이다. 그러나 그것은 아무런 일도 할 게 없는 자리가 될 것이다.

* * *

군을 지휘하는 사령관은 승리를 한 군대이건 패배를 한 군대이건 휴식을 하도록 놔두어서는 결코 안 된다.

* * *

군사학은 우선 모든 기회를 잘 계산한 다음, 우연의 몫을 거의 수학적으로 정확하게 참작하는 데 있다. 바로 그 점에 대해서 잘못을 범해서는 안 되며, 거기에선 소수점 이하의 수가 하나 더 있는가 혹은 적은가에 따라 모든 것이 바뀔 수 있는 것이다. 그런데 과학과 작업의 배분은 오직 천재의 머릿속에서만 자리잡을 수밖에 없다. 그것은 창조가 있는 곳에선 어디서나 과학과 작업이 있어야만 하기 때문이다. 확실한 것은 인간 정신의 가장 위대한 즉흥곡(卽興曲)은 존재하지 않는 것에다 존재를 부여하는 즉흥곡이라는 것이다. 따라서 우연은 범용한 정신의 소유자에겐 신비로운 것이지만 뛰어난 사람들에겐 하나의 현실이 되는 것이다. 튀렌[173]은 우연에 대하여 전혀 생각하지 않고 단지 방법만을 알고 있었다. 나였다면 그를 격파했을 것이라고 생각한다. 콩데[174]는 튀렌보다는 우연의 존재를 더 알아차리고 있었다. 그러나 그가 우연에다 몸을 맡긴 것은 그의 성급함 때문이었다. 외젠 대공은 그 우연을 가장 잘 평가한 사람 중 하나다. 앙리4세는 늘 용감함이 모든 일을 대신하게 했다. 그는 국부적인 전투들만 벌여 놓았지, 양군이 전열을 갖춘 당당한 전투를 해내진 못했다. 카티나[175]가 그렇게 많은 찬양을 받은 것은 다소간의 민주주의 때문이었다. 나의 경우 그가 패한 곳에서 승리를 거두었다.

***

아무나 작전 계획을 세울 수 있다. 그러나 전쟁을 할 수 있는 사람은 적다. 왜냐하면 일어난 사건들과 정황들에 따라서 행동하는 것은 참된 군사적인 천재에게만 속한 것이기 때문이다. 최상의 전술가들도 장군으로선 아주 범용한 사람들이었다는 것은 바로 그 때문이다.

---

173) 프랑스의 원수(元帥)로서 여러 전투에서 승리를 거둔 군인. 특히 1652년 생-앙트완느 교외에서 콩데를 격파했다(1611~1675).
174) 프랑스의 장군으로 라크로와에서 스페인을 정복한 군인(1621~1686).
175) 프랑스의 원수. 루이 14세의 대(大) 전략가 중 한사람이었으며, 협상의 명수였음 (1637~1712).

＊＊＊

　군사회의를 거듭해서 한 나머지, 어느 시대에나 일어났던 일이 일어나고 만다. 즉 마침내는 가장 최악의 방책을 채택하고 만다. 그러한 최악의 방책이란, 전쟁에 있어선 거의 언제나 가장 소심한 방책인 것이다.

　　　　　　　　　＊＊＊

　전투의 다음 날을 위해 참신한 부대들을 잡아두는 장군들은 거의 언제나 늘 패한다. 필요하다면, 자신이 갖고 있는 최후의 한 병사까지도 투입해야만 한다. 왜냐하면 승리를 거둔 완전한 성공을 이룬 다음날에는 자기 앞에 더 이상 장애물이란 없기 때문이다. 하나의 의견만이 정복자에게 새로운 승리를 확보해 주는 것이다.

　　　　　　　　　＊＊＊

　장군의 존재는 없어서는 안 되는 것이다. 장군은 군의 머리이고, 전부인 것이다. 갈리아를 굴복시킨 것은 로마의 군대가 아니라 카이사르이다. 로마의 문 입구에서 공화국을 부들부들 떨게 한 것은 카르타고의 군대가 아니라 한니발이다. 인더스 강까지 밀고 갔었던 것은 마케도니아의 군대가 아니라 바로 알렉산더 대왕이다. 베제르 강과 인 강[176] 위에서까지 전쟁을 확대해 간 것은 프랑스 군대가 아니라 튀렌이다. 유럽의 3대 강국에 대항해서 7년 동안 프러시아를 방어한 것은 프러시아 군대가 아니라 프레데릭 대제인 것이다!

***

군인은 재치와 같은 만큼의 성격을 지니지 않으면 안 된다. 재치는 많으나 성격이 없는 사람은 군인으로서 가장 부적절하다. 그것은 균형을 잡기 위해 있는 바닥짐과 균형이 맞지 않는 돛대를 가진 배와 마찬가지다. 재치는 거의 없고 많은 성격을 갖고 있는 편이 오히려 좋다. 별로 재치는 없으나 균형 잡힌 성격을 지닌 사람들이 그 군인이란 직업에선 자주 성공을 거두게 되리라. 높이와 마찬가지로 기초도 있어야만 한다. 재치도 많고 그와 같은 정도로 성격을 지닌 장군은, 카이사르, 한니발, 튀렌, 외젠 대공, 그리고 프레데릭 등이다.

---

176) 둘 다 독일의 강.

***

군대의 영광과 명예는 교전하고 있는 장군이 고려해야 할 제일의 의무인 것이다. 병사들을 구원하고 보존하는 것은 부차적인 것이다. 장군의 대담함과 집요함 속에 부하 병사들의 구원과 보존이 있는 것이다.

***

적은 예외를 제외하면, 수가 가장 많은 부대에게만 승리가 보장되는 것이다. 따라서 전술이란 싸우려는 지점에 이르러서, 어떻게 하면 적군보다 수적으로 우세한 위치에 있게 하느냐에 있다. 귀관의 군대가 적의 군대보다 수적으로 적다면, 적이 자신의 병력을 집결시킬 틈을 주지 말고 이동 중의 적병을 기습하도록. 그리고 적의 여러 군단을 교묘하게 고립시킨 다음 고립된 군단에게 신속하게 다가가서 모든 회전에서 귀관의 전군이 적의 수개 사단에 대치할 수 있게 기동할 수 있도록 고안을 해야 할 것이다. 그렇게 함으로써 적의 군대보다 절반이나 약한 병력으로 귀관은 전장에서 늘 적군보다 더 강할 수 있을 것이다.

***

하사관은 병사와 같은 계층이며, 같은 성분이다. 그리하여 하사관은 병사들을 지휘하면서 그들과 뜻이 통해 그들을 설득하고, 그들에게 정신적인 영향력을 행사할 수 있다. 그 영향력은 병사들을 복종케 할 뿐만 아니라 그들을 이끌어 간다. 하사관은 병사들에게 무슨 말을 해야 하는지 알고 있어, 그들의 감정을 결코 상하게 하지 않는다. 왜냐하면 하사관은 병사들과 대등한 사람이기 때문이다. 어찌하여 프랑스 군대가 세계에서 제일 무서운 군대가 되었는가? 그것은 장교들이 망명을 해 떠나 버려서, 하사관들이 그 장교들의 자리를 대체하였고 이어서 그들이 프랑스의 장군이 되고 프랑스의 원수가 되었기 때문이다. 하사관과 더불어 세상을 이끌어 가고 있으며, 바로 하사관과 함께 세상을 움직일 수 있는 것이다. 왜냐하면 하사관들은 그 세상에 속한 일원이기 때문이다. 니보즈[177] 3일 사건이 일어났을 때, 나는 기회를 포착하여, 대혁명 때의 하사관들, 9월 학살[178]에 가담한 학살자들, 변두리의 선동자들을 강제 수용소에 넣도록 하였다. 그런 다음부터 나는 조용히 잠을 잘 수 있게 되었다. 그 까닭은 아침 아홉시에 일어나 흰 셔츠를 입는 음모자들을 나는 무서워하

---

177) 공화력 4월로 실제로는 12월 21일에서 1월 19일까지이다.
178) 프랑스 대혁명 시 1792년 초에 반 혁명파들이 옥중에서 대량 학살당한 사건.

지 않았기 때문이다.

***

 프랑스 병사는 다른 나라의 병사보다 통솔하기가 더 어렵다. 그것은 그들이 움직여야 할 기계가 아니라 인도해야만 할 분별이 있는 인간이기 때문이다.

 프랑스 병사는 성급한 용감함과 명예 의식을 갖고 있는데, 그 명예 의식을 위해선 어떠한 큰 노력도 할 수 있는 것이다. 그러나 프랑스 병사에겐 엄격한 규율이 필요하다. 그리고 프랑스 병사에겐 오랜 휴식을 하게 놔둬선 안 된다.

 프랑스 병사는 이치를 따지는 것을 좋아하는데, 그것은 머리가 총명하기 때문이다. 프랑스 병사는 장교들의 재능과 용기를 가혹하게 판단한다. 프랑스 병사는 작전 계획과 모든 기동 연습을 논의한다. 프랑스 병사가 작전에 동의하고 자기네 부대장을 존경하면 무슨 일이든 다 한다. 그러나 그 반대의 경우엔 성공을 기대할 수 없다.

 프랑스 병사는, 유럽에서 굶으면서 싸울 수 있는 유일한 군대이다. 전투가 아무리 길게 전개된다 하더라도 위험이 있는 한은 먹는 것을 잊어버린다. 그리고 눈앞에 더 이상 적이 없으면 다른 어느 나라의 병사보다 많은 것을 요구하는 까다로운 병사가 된다.

프랑스 병사는 퇴각하는 적을 추격할 때엔 피로할 줄 모른다. 프랑스 병사는 10~12리외를 낮에 행군하고서도 저녁에 두 시간 내지 세 시간을 싸울 수 있다. 나는 나의 첫 이탈리아 원정에서 그와 같은 소질을 자주 이용하였다.

프랑스 병사는 러시아 장교보다도 더 전승에 관심을 갖는다. 그러나 프랑스 병사는 승리의 첫 몫을 자신이 속해 있는 군단에다 늘 돌린다.

후퇴 전술은 프랑스인들의 경우엔 북유럽의 병사들의 경우보다 더 어렵다. 프랑스 병사에게 있어 전투에서의 패배는 자기네의 부대장들에 대한 신뢰를 잃게 하고 그들을 불복종에로 내모는 것이다.

러시아 병사, 프러시아 병사, 독일 병사들은 의무 때문에 부서를 지킨다. 프랑스 병사는 명예 때문에 부서를 지킨다. 앞에 열거한 병사들은 패배에 대해 거의 무감각하지만 프랑스 병사들은 패배를 당하면 모욕감을 느끼는 것이다.

프랑스 병사가 성공을 바라거나 추구할 때엔, 궁핍이나 고약한 길, 비나 바람 등의 그 무엇도 그들을 뒷걸음질 치게 하지 못한다.

프랑스 병사를 움직이게 하는 유일한 동기는 명예이다. 따라서 바로 그 명예라는 동기 속에서 상을 베풀고 벌을 주어야만 한다. 언제든 북 유럽군에서 통용되고 있는 매질하는 체벌이 우리 군 안에 채용이 된다면, 우리 군은 그 참신함을 잃게 될 것이고 더 이상 강력한 군대로서 존재하지 않게 될 것이다.

프랑스 병사의 자기네 장군에 관한 재치 있는 경구 한 마디나 자기네의 곤궁한 처지를 묘사하는 샹송은 자주 갖가지의 궁핍함을 잊어버리게 하고 가장 어려운 장애물도 극복하게 해 주었다.

프랑스 병사는 대범하다. 그들은 결코 쓰기 위해 약탈을 하지, 돈을 모아 부자가 되기 위해 약탈하지 않는다. 그 점에 관해 나는 라리브와지에르 장군에게서 다음과 같은 이야기를 들었다. 장군이 독일의 어느 역마 역참에서 네 명의 프랑스 척탄병을 만났는데, 역마비를 내게 되어 있는 병사 하나가 마부에게 황제께서 '길 안내'의 대금으로 얼마를 주었냐고 물어 보았다. 그러자 역마비로 한 구획당 3프랑을 주더라는 그 마부의 대답에, 그 병사는 6프랑을 마부의 손에 쥐어 주면서, 자신이 황제에게 너그러움에 관한 교훈을 주게 되어 퍽 기분이 좋다고 말하고선, 황제가 다시 와서 지나가면 잊지 말고 그 일을 전해주라고 했다는 것이다.

***

누구이건 나라의 영광이나 전우의 존경보다 목숨을 더 중하게 여기는 사람은, 프랑스군에 소속되어서는 안 된다.

***

군대란 복종하는 국민이다.

***

가장 훌륭한 병사는 싸우는 병사보다 전진을 하는 병사이다.

***

병사의 첫째 가는 특질은 피로를 견디어 내는 집요함이요, 용맹심은 이차적인 것이다.

***

우리 부대들은 기꺼이 앞으로 전진해간다. 즉 침략 전쟁이 그들 마음에 드는 것이다. 그러나 한 곳에 머물러 있는 방어 태세는 프랑스 사람의 타고난 체질에 맞는 것이 아니다.

***

최대의 위기는 승리의 순간에 있는 것이다.

***

전쟁 포로들은 그들이 그것을 위해 싸운 강국에 속해 있지 않다. 그들은 모두 자기네를 무장해제시킨 국민의 명예와 아량에 의해 보호를 받고 있는 자들이다.

***

평화란, 서로 다른 국가의 진정한 이해관계―모든 나라에게 명예가 되는 이해관계―에 기초를 두고 심사숙고가 잘 된 시스템의 결과여야만 한다. 항복이 되어도 안 되고, 위협의 결과가 되어도 안 된다.

***

전쟁은 하나의 시대착오가 될 참이다. 우리가 전 대륙에서 교전을 벌인 것은, 두 개의 사회가 대치하고 있었기 때문이다.

1789년부터 시작한 사회와 구제도로 말이다. 그 두 사회는 함께 존속할 수가 없었다. 젊은 사회가 오래된 다른 사회를 모조리 먹어치웠다. 마침내 전쟁은 나를 프랑스 대혁명의 대표이며 그 혁명 원리의 도구인 나를 타도하였다는 것을 나는 잘 알고 있다. 그러나 아무래도 좋다! 그것은 문명을 위한 싸움에서 패한 것이다. 문명은 보복을 할 것이라는 것을 믿어주도록. 두 개의 체제가 있다. 즉 과거와 미래가 있는 것이다. 현재는 고통스런 과도기에 불과하다. 무엇이 승리를 할 것인가? 미래가 아니겠는가? 그렇다면 미래는 지성이고, 산업이며, 평화이다. 과거는 난폭한 세력이고 특권이며 무지였다. 우리가 이룩한 개개의 승리는 프랑스 대혁명 사상의 승리였다. 승리는 어느 날엔가 대포 없이, 그리고 총검 없이 이루어지리라.

# IX
명상과 격언

세계를 이끄는 데 있어 하나의 비결밖에 없다.
그것은 강하게 되는 것이다. 왜냐하면 힘에는 오류도 없고 착각도 없기 때문이다.

***

천재들이란 자기네 세기를 비추어주기 위해 타버리도록 운명 지워진 유성(流星)들이다.

***

뛰어난 사람은 어느 누가 간 길도 되밟아 가지 않는다.

***

천재가 형식 밑에 짓눌려 버리고 만다고 생각하는 것은 천재의 걸음걸이를 전혀 모르는 것이다. 형식은 평범한 사람을 위해 만들어진 것이다. 평범한 사람이 규칙의 범위 안에서만 움직일 수밖에 없다는 것을 인정한다. 그러나 유능한 사람은 그를 둘러싸고 있는 족쇄가 어떤 것이든 그것을 벗어나 비약을 하는 것이다.

***

인간은 숫자와 같은 것이다. 즉 그들은 그 위치에 의해서만 오직 가치를 얻는 것이다.

***

세계를 이끄는 데 있어 하나의 비결밖에 없다. 그것은 강하게 되는 것이다. 왜냐하면 힘에는 오류도 없고 착각도 없기 때문이다. 즉 그것은 벌거벗은 진실인 것이다.

***

정치가의 심장은 그의 머릿속에 있어야 한다.

***

승리로부터 몰락까지의 거리는 단지 한 걸음밖에 되지 않는다. 나는 가장 중대한 상황에서 아무것도 아닌 사소한 일이 가장 큰 사건들을 결정하는 것을 보아왔다.

***

짐 싣는 안장을 흔들어 떨어트린 국민에게 마구를 다는 것처럼 어려운 일은 없다.

***

사람은 자신이 어디로 가는지 모를 때만큼 높이 오르는 일은 결코 없는 것이다.

***

악덕이나 미덕이나 그 사정(상황)이 있는 것이다.

***

사람은 자기가 입은 제복의 인간이 되는 것이다.

***

어리석은 사람들은 과거에 대해, 현명한 사람들은 현재에 대해, 미친 사람들은 미래에 대해 말을 한다.

***

그대 세기의 사상의 선두에서 걸어라. 그러면 그 사상은 그대의 뒤를 따를 것이고 그대를 지지할 것이다.

그 사상의 뒤를 따라 걸어라. 그러면 그 사상은 그대를 끌고 갈 것이다.

그 세기의 사상에 반대를 해서 걸어라. 그러면 그 사상은 그대를 쓰러트릴 것이다.

＊＊＊

지성은 힘의 권리 이전에 권리를 갖고 있다. 힘 자체로는 지성이 없으면 아무것도 아니다. 영웅적인 시대엔, 장군이란 가장 강한 인간이었다. 문명 시대에 있어서 장군이란, 용감한 사람들 중 가장 지적인 인간을 가리킨다.

＊＊＊

용서를 할 줄 알아야만 된다. 적대적이고 꽤 까다로운 태도 속에 머물러 있어선 안 된다. 그것은 이웃 사람에게 상처를 주고 자기 자신을 즐기는 것을 방해한다. 인간의 약점을 인정하고 그것과 싸우기보다는 그 약점에 따라 주어야 하는 것이다.

***

약속을 지키는 가장 좋은 방법은 절대로 약속을 하지 않는 것이다.

***

불가피한 혁명들이 있다. 그것은 화산의 물리적인 분출(噴出)들과 같은 정신적인 분출들이다. 분출을 일으키게 하는 화학적 결합이 완성되면 그것들은 폭발한다. 마찬가지로 정신적인 결합이 무르익으면 혁명이 폭발한다. 그와 같은 혁명이 일어나지 않게 하려면, 사상의 움직임을 감시해야만 한다.

***

민중들은 그들의 뜻과 상관없이 구제하여야 한다.

***

자기 조국을 구하는 자는 어떠한 법도 위반한 것이 되지 않는다.

***

군왕은 불행의 밑까지 내려가서는 안 된다.

***

위대한 권력들도 소화불량으로 소멸하는 것이다.

***

한 사람의 성격을 알면, 그 사람의 행동을 설명하는 실마리를 갖고 있는 것이 된다고들 한다. 그러나 그것은 잘못된 말이다. 본바탕이 성실한 사람이 고약한 행동을 하는가 하면, 본래 나쁜 사람이 아닌데 나쁜 짓을 한다. 그것은 인간은 거의 그 성격의 선천적인 작용에 의해 행동하는 것이 아니라, 마음속 깊은 곳에 숨겨져 감추어져 있던 내밀한 정념이 순간적으로 움직여서 행동하기 때문이다. 또한 얼굴이 마음의 거울이라고 말하는 것도 틀린 말이다. 인간을 안다는 것은 아주 어려운 일이고, 또한 속지 않기 위해 그 행동에 따라서만 오직 판단해야만 하는 것이 진실된 것이다. 더욱이나 그 행동이라는 것도 그 순간의 행동, 그 순간만의 행동을 뜻해야만 할 것이다.

* * *

야망은 인간 행동의 주된 원동력이다. 자신이 높이 올라서겠다고 희망하는 한 자신의 재능을 쏟아 놓는다. 그러나 제일 위의 단계에 다다르면 이젠 휴식만을 생각하는 것이다.

* * *

참된 진실을 역사에 의해 얻기는 아주 어려운 것이다. 다행스럽게도 대개의 경우, 참된 진실을 정말 중요한 것으로 보기보다 그것을 호기심의 대상쯤으로 여기고 있다. 진실은 그만큼 많이 있는 것이다!

* * *

철학자는 어느 무엇으로도 되게 할 수 없다.

* * *

정해진 원칙을 가진 교원이 없으면, 고정된 정치 국가는 없을 것이다. 어렸을 때부터 공화주의자가 되어야만 하는가, 또는 왕정주의자가 되어야 하는가, 가톨릭이 되어야만 하는가, 또는 무종교

주의자가 되어야만 하는가를 배우지 않는 한 국가는 하나의 국민을 형성하지 못할 것이다. 그 국가는 그렇게 되면, 불확실하고 막연한 기초 위에 놓여 끊임없이 무질서와 변화에 노출될 것이다.

***

행정에 관한 한, 경험이 전부이다.

***

훌륭한 농업에 기초를 둔 재정은 절대로 파탄을 맞지 않는다.

***

외교란 성대한 복장을 한 경찰이다.

***

외교관들에게 주는 조언, 즉 그대들이 대화를 할 때 상대방의 감정을 상하게 할 수 있는 모든 것을 조심스럽게 피하도록…….

어떠한 관습도 비난하지 말고, 어떠한 웃음거리도 지적하지 말도록. 어느 국민이건 제 나름의 관습을 지니고 있는 것이다. 프랑스인들은 무엇이건 자기네 관습에 비추어 생각하고, 자기네를 본보기로 삼는 버릇이 너무나도 두드러진다. 그런 행동은 그대를 사회 전체의 비위를 거스르는 참을 수 없는 사람으로 만들어서, 그대의 성공을 방해하는 고약한 결과를 가져올 것이다.

***

가장 부도덕한 행위는, 자신도 잘 알지 못하는 직업의 일을 하는 것이다.

***

큰일을 하는 데 있어, 부득이하게 무엇인가를 우연에 맡길 수밖에 없는 경우는 늘 있다.

***

친절함에 대해, 추상적인 정의에 대해, 자연법칙에 대해 사람들은 나에게 무엇을 말할 것인지? 제일의 법칙, 그것은 필연성인 것이다. 제일의 정의는 공공의 안녕이다. 매일매일 나름의 고통이 있고, 상황마다 나름의 법칙이 있으며, 사람마다 자기 나름의 성격이 있는 것이다.

＊＊＊

 인기란 무엇인가? 사람이 좋다는 것은 무엇인가? 저 불행한 루이 16세보다 더 인기가 있고 또 더 좋은 사람이 누구였던가? 하지만 그의 운명은 어떻게 되었는가? 그는 끔찍하게 세상을 떠났다. 민중을 위엄을 갖고 당당하게 돌봐줘야지 민중의 마음에 영합하여 그들의 환심을 사려고 해서는 안 된다. 민중의 마음을 얻을 수 있는 훌륭한 방법은 그들에게 좋은 일을 해주는 것이다. 민중에게 아첨하는 것보다 더 위험한 일은 없다. 즉 아첨을 받은 후 자기네가 바라던 것을 얻지 못하면 민중은 화를 내고 우리가 그들에게 약속을 지키지 않은 것이라 생각한다. 그때 그렇지 않다고 민중에게 맞서면 자기들은 기만당했다고 생각하고, 그만큼 더욱더 우리를 증오한다.

＊＊＊

 모든 생애의 행로에 있어서 영광은 그 마지막에나 있을 따름이다.

***

죽은 인간이란 이젠 아무것도 아니라는 것을 인정하지 않을 수가 없다. 따라서 조금이라도 자신의 구실을 갖는 사람은 죽은 인간의 사후 명성보다는 더 강한 것이다. 자기 조국에 가장 많은 공헌을 한, 최고의 위대한 사람이 죽었을 때, 사람들이 느끼는 최초의 감정은 만족스러움이다. 사람들은 무거운 짐에서 벗어난 느낌을 갖는 것이다. 그것은 갖가지 모든 야심가들이 머리를 들고 움직이게 하는 것이다. 아마도 일 년 후, 혼란스러움이 조국을 분열시켜 놓았을 때에나 사람들은 그의 죽음을 슬퍼할 것이다. 그러나 그 위인이 죽은 직후의 최초의 움직임에선, 그 죽음을 애석하게 여기는 일은 없을 것이다. 그리고 그 위인의 유언 같은 것은 전혀 참작도 하지 않을 것이다.

***

인간들 사이에서 가장 성스러운 것은 양심이다. 즉 인간에게는 내밀한 하나의 목소리가 있다. 그 목소리는 인간에게 외치고 있는데, 그것은 이 지상에서 어느 것도 인간이 자신이 믿지 않는 바의 것을 강제로 믿게 할 수 없다는 것이다. 모든 압제 중에서도 가장 끔찍한 압제는, 국민의 20분의 18(즉 90퍼센트를 점하는 사람들)을 자기네의 믿음에 어긋나는 종교를 신봉토록 강제하는 것으로서, 그 종교를 믿지 않을 경우 시민으로서의 여러 권리를 행사하지 못하며 어떠한 재산도 소유하지 못하게 하는 것이다. 그와 같은 압제를 받는 것은 지상에 이젠 조국을 갖고 있지 않는 것이나 마찬가지인 것이다.

***

힘은 늘 힘이지만, 열광은 단지 열광에 불과한 것이다. 그러나 설득은 마음속에 남아서 새겨지는 것이다.

***

기독교는 그것을 이용할 줄 알 만큼 충분히 숙달된 모든 정부에게는 늘 가장 확실한 버팀목이 될 것이다.

***

요컨대 종교는 영혼의 휴식이며, 희망이고, 불행한 사람들을 구원하는 닻이다. 기독교가 인류에게 얼마나 많은 봉사를 해 주었던가! 만일 기독교 사제들이 자기네의 사명이 어떤 것인가를 이해한다면, 기독교는 여전히 대단한 힘을 갖고 있을 것인데!

***

정직한 사람은 결코 신의 존재를 의심하지 않는다. 그 까닭은 그것을 이해하기엔 이성만으로 충분치 않을 경우라도, 영혼의 본능이 그렇게 생각하게 하기 때문이다. 영혼과 관련이 있는 모든 것은 종교 감정과 상통하는 것이다.

***

세상에는 두 개의 힘이 있는데, 그것은 검과 정신이다. 정신이란 시민적, 종교적인 여러 제도들을 뜻한다. 결국에 가서 검은 정신에 의해 늘 패배당하는 것이다.

| 역자후기 |

옥타브 오브리의 「나폴레옹의 불멸의 페이지」

    이 책은 나폴레옹이 생전에 쓰고 발표한 글 중에서 대표적인 것들을 선별하여 연대순에 맞게 차례로 배열한 것이다.

    나폴레옹은 역사적인 거인(巨人)의 한 사람이다. 모든 거인들의 경우가 그러하듯 나폴레옹도 상반되는 평가를 받고 있다.

    나폴레옹에 관한 연구서들은 그에게 호의를 갖고 그가 이룬 일을 긍정적으로 보는 것과 그에게 적의를 품고 그를 부정적으로 평가하는 것으로 나뉜다. 또한 그를 객관적으로 보고 그가 가졌던 장단점을 엄정하게 평가하고 그의 공과를 헤아려 보려는 역사가들 또한 없지 않다.

    그렇다면 연구서나 역사가들의 전기 또는 평전이 아닌 다른 방법으로 그의 본모습을 볼 수 있는 길은 무엇일까? 그것은 직접 나폴레옹의 말과 글 그리고 서한 등을 읽는 것이라고 생각한다. 따라서 이 선집은 그러한 방법의 하나가 될 것이다.

나폴레옹은 특출한 군인이었고, 정치가였으며, 프랑스 대혁명 후 혼돈과 무질서로 뒤범벅이 되었던 프랑스에 질서를 세운 입법자였고, 새로운 사회와 행정의 틀을 잡은 사람이다.

그리고 구체제의 유럽 여러 왕국을 제압하고, 프랑스 대혁명 정신을 내세우며 새로운 대제국(大帝國)을 세운 패자이고 대행동인이었다. 또한 그는 프랑스 대혁명의 계승자임을 자임하였다.

나폴레옹은 그가 태어나기 2년 전에 프랑스에 귀속이 된 지중해안의 조그마한 섬, 코르시카에서 1769년에 태어났다. 프랑스 지배에 저항하는 가문에서 자란 그는 브리엔의 왕립유년사관학교에 그리고 파리의 사관학교에 입학하게 된다. 그것은 프랑스 본국 정부의 정책적인 배려로 인한 것이었다.

그는 고향과 가족을 떠난 외로움 속에서 사관학교 공부를 했다. 그는 끊임없는 독서를 통해 자신의 소양을 쌓는 한편 미래의 원대한 꿈을 키웠다. 그는 천재였으며, 비범한 청년이었다. 졸업 후 군인이 된 그는 대단한 전략가였던 한편, 역사의 흐름을 파악하고 그 역사의 상황을 이용할 줄 알았던 탁월한 정치가의 자질을 갖춘 군인이 된다.

그리하여 1793년에 24세의 나이로 장군이 되고 1799년 30세의 나이로 제1집정(執政)이 되어 정권을 잡는다. 이어 종신 제1집정이 된 다음 35세의 나이로 황제가 되어 제정(帝政)을 선포한다. 1814년에 45세의 나이로 황제에서 퇴위하고 엘바섬에 유배되었다가 1년 후 1815년에 엘바섬을 탈출하여 파리 튈르리 궁전으로 다시 돌아온다. 그리하여 백일천하(百日天下)를 갖는다.

그러나 그해 6월에 워털루에서 연합군과 대결전을 갖게 되었으나 대패하여, 파리가 점령되고 그는 퇴위를 하게 된다. 그 뒤 그는 영국군함에 실려 67일의 지루한 항해 끝에 대서양의 섬 세인트헬레나에 도착하여 유배생활을 하게 되고, 그 곳에서 1821년에 52세의 나이로 숨을 거둔다.

그는 영광과 유배에 이르는 급변하는 운명의 주인공으로 전설을 낳은 인물이다. 다비드가 그린 그의 대관식을 보면 그의 영광의 극치를 볼 수 있다. 패전과 퇴위, 그리고 외로운 섬에의 유배 속에서도 그는 자살을 기도하지 않는다. 그는 그것을 비겁한 짓이라 생각했기 때문이다. 불운을 극복하는 것이 용감하고 고귀하다고 보았기 때문이다. 그가 세운 제국이 무너진 다음, 그 시대를 산 관계자들의 회고록, 수기 등에서 동시대인들의 나폴레옹에 관해 쓴 글을 많이 볼 수 있다. 그 속에서 그는 정치가(homme d'Éta), 또는 초인(超人)으로 흔히 소개되고 있는데 때로는 그저 단순한 인간으로 묘사되기도 한다. 그는 전설을 낳게 한 사람이다. 그러나 그 나폴레옹에 관한 전설은 그저 단순하게 프랑스 민중의 심정에서 생겨난 것이 아니라 프랑스 국내외의 작가들이 그 전설을 만들어내는 데 큰 역할을 했다.

프랑스의 경우 드 스탈 부인, 샤토브리앙, 스탕달, 위고, 발자크 등을 들 수 있고 영국의 경우 쉐리, 바이론, 독일의 괴테, 하이네, 그리고 러시아의 푸시킨, 톨스토이를 들 수 있는 것이다. 그들은 자기네 나라의 문학에서 크나큰 영향을 미치는 작가들일 뿐만 아니라 자기네 국가의 영역 너머의 외국에 대해서도 그 영향이 큰 작가들이었다.

1837년 스탕달은 『나폴레옹의 생애』라는 작품 속에 다음과 같이 쓰고 있다. 《나폴레옹은 프랑스 민족의 정신을 다시 만들었는데, 바로 거기에 그의 가장 진실된 영광이 있는 것이다. 카이사르 이래 이 세상에 나타난 가장 위대한 인물인 것이다. 그는 우리의 유일한 종교였다…….

우린 후에 그 종교에 대해 배신을 했다. 그러나 모든 중대한 상황 속에선, 가톨릭 종교가 자기네 신도들에게 그렇게 했듯이, 그 종교는 우리의 마음에 그 영향력을 다시 갖게 되었던 것이다.

오늘날 1837년에 유럽의 문명화된 모든 나라의 농민과 하층민들은 다음과 같은 사실을 대략 이해하게 되었다. 그것은 프랑스 대혁명이 자기네들을 소유자로 만들어주는 방향으로 나아가고 있다는 것, 그리고 그와 같은 교육을 자기네에게 부여해 준 것은 나폴레옹이라는 사실을.》

나폴레옹은 말했다. "그렇지만 내 생애는 얼마나 놀라운 소설인가!"라고.

우리는 이 선집에 나오는 나폴레옹의 글을 통해 프랑스 대혁명 및 그 후의 프랑스가 겪는 내외의 사정을 볼 수 있고 그가 이루어 놓은 과업의 내용을 살펴볼 수 있다. 그리고 그것이 오늘날 프랑스의 행정, 사법, 교육, 산업의 틀이 된 사연을 알게 되는 기회를 얻게 될 것이다. 따라서 이것은 오늘날의 프랑스와 유럽의 사회구조와 정신을 이해하는 하나의 길잡이가 될 수 있다고 하겠다.

　편자 옥타브 오브리(Octave Aubry)는 1881년 파리에서 태어났다.

　그는 역사, 법률 등을 공부하고 소설 등을 썼으나. 관청에 들어가 내무부, 사법부, 교육부 등에서 근무를 하였다. 그 후 그는 역사적인 저술을 많이 했는데, 특히 나폴레옹에 대한 책이 많았다. 1936년에 『나폴레옹』과 1943년 『프랑스 대혁명사』라는 작품을 출간하였다. 이 선집은 독일군 점령하의 프랑스에서 1941년에 프랑스사람들이 용기를 되찾고 분발하게 하기 위해 내놓은 책이다. 그와 같은 취지는 문인작가 나폴레옹 글 안에 서술이 되어 있다. 오브리는 1946년 2월에 아카데미 프랑세즈 회원으로 선출되었는데, 입회식을 갖지 못한 채 그해 3월에 서거하였다.

2008년 6월
역자 원윤수

Les pages immortelles de Napoléon

choisies et expliqées

PAR Octave Aubry

Éducation corrêa, Paris, 1941.

나폴레옹의
불멸의 페이지

초판 인쇄 | 2008년 11월 21일
초판 발행 | 2008년 11월 28일

엮은이 | 옥타브 오브리
옮긴이 | 원윤수
펴낸이 | 심만수
펴낸곳 | (주)살림출판사
출판등록 | 1989년 11월 1일 제9-210호

주소 | 413-756 경기도 파주시 교하읍 문발리 파주출판도시 522-2
전화 | 영업부 031)955-1350 기획편집부 031)955-1373
팩스 | 031)955-1355
이메일 | book@sallimbooks.com
홈페이지 | http://www.sallimbooks.com

ISBN   978-89-522-1038-8 03920

* 잘못된 책은 구입하신 서점에서 바꾸어 드립니다.
* 저자와의 협의에 의해 인지를 생략합니다.

책임편집 · 교정 : 김태권

값 13,000원